KB064552

전쟁과 약, ─────
기나긴 악연의 역사

전쟁과 약,
기나긴 악연의 역사

초판 1쇄 펴낸날	2022년 9월 13일
초판 5쇄 펴낸날	2024년 5월 13일
지은이	백승만
펴낸이	한성봉
편집	최창문·이종석·오시경·권지연·이동현·김선형·전유경
콘텐츠제작	안상준
디자인	최세정
마케팅	박신용·오주형·박민지·이예지
경영지원	국지연·송인경
펴낸곳	도서출판 동아시아
등록	1998년 3월 5일 제1998-000243호
주소	서울시 중구 필동로8길 73 [예장동 1-42] 동아시아빌딩
페이스북	www.facebook.com/dongasiabooks
전자우편	dongasiabook@naver.com
블로그	blog.naver.com/dongasiabook
인스타그램	www.instargram.com/dongasiabook
전화	02) 757-9724, 5
팩스	02) 757-9726

ISBN	978-89-6262-446-5 03900

※ 잘못된 책은 구입하신 서점에서 바꿔드립니다.

만든 사람들

책임편집	이종석
교정 교열	김선형
디자인	정명희
크로스교열	안상준
본문 조판	박진영

전쟁과 약, ─────
기나긴 악연의 역사

백승만
지음

동아시아

여섯 살짜리 아들은 최근 들어 블록에 조금 흥미가 생겼다. 이리저리 끼워보고 돌려보고 또 다른 블록들과 맞추면서 모양을 완성해 간다. 한참을 열중하다 이상한 모양을 들고 오며 환하게 웃는 아들의 모습은 나와 무척이나 닮았다. 외모를 말하는 것이 아니다. 하는 행동이 똑같다. 아들의 블록 조립 과정은 나의 신약 개발 과정과 본질적으로 똑같다.

　나는 생리적으로 중요한 단백질과 결합하는 물질을 찾기 위해 열심히 화합물 구조를 변경한다. 오늘도 했고 내일도 할 것이다. 그런데 화합물 구조를 변경하는 일은 사실 블록 맞추기와 별반 다를 것이 없다. 물론 내가 아는 지식이 여섯 살 아들보다는 더 많을 것이다. 화합물 구조에 산소를 연결하거나 탄소를 제거하고 적절하게 길이를 조절하며 유전자 서열을 조작해서 항체를 최적화하는 기술들은 지난 100여 년간 눈부시게 발전해 왔다. 하지만 지구의 역사는 약 46억 년에 이르고 인류는 수십만 년 넘게 진화해 왔다. 이런 인체의 신비 앞에, 우리가 가지고 있는 지식은 과연 여섯 살 아들의 블록 놀이보다 수준 높다고 자신 있게 말할 수 있을까?

그런데 세상에는 이미 많은 약이 개발되어 있다. 신약 개발이 매우 어려운데도 매년 50개 가까운 약이 새로이 허가받고, 그보다 훨씬 더 많은 약이 날마다 처방되고 있다. 우리 가족이 먹는 해열제나 항생제는 도대체 어떻게 개발된 것일까? 그 옛날 우리가 DNA에 대해 아무것도 모르던 시절, 아스피린과 타이레놀, 페니실린이 어떻게 시장에 나올 수 있었을까?

관련 자료도 뒤적이고 설명도 듣다가 풍월을 읊는 서당개가 되어 약의 역사를 강의한 지 벌써 7년째다. 하지만 여전히 이런 질문에 명확하게 답을 내릴 수는 없는데, 다행히 한 가지는 확실하다. 합리적 설계를 통해 개발된 약보다는 특별한 계기에 의해 개발된 약이 훨씬 많다는 사실이다. 최근에는 합리적인 설계에 기반해서 개발되거나 시판되는 약이 늘어나고 있지만, 오래전부터 우리가 사용한 약 중에는 그렇지 않은 경우가 많다. 우연히 찾아낸 의약품도 있고, 지금이라면 승인이 되지 않을 법한 약이 오랜 시간 사용되면서 사회에 자연스럽게 뿌리내린 예도 있다. 의약품의 합리적인 설계를 강의하는 나로서는 당혹스러운 일이지만, 우연과 같은 특별한 계기로 만들어진 약이 많다는 사실은 부정하기 어렵다.

전쟁도 그러한 계기다. 국가 또는 집단이 모든 역량을 투입하는 총력전의 양상을 띠게 되면서 과학기술도 전쟁에 일조하게 되는데, 그 과정에서 질병 극복은 중요한 이슈가 된다. 병사들이 열악한 상황에서 오랫동안 모여 있게 되면 당연히 질병이 생기지 않겠는가? 군대 내무반에 한 명이 기침하는 순간, 일주일도 지나지 않아 대부분의 부대원들이 함께 기침하는, 쓸데없이 아름다운 전우애의 현장을 우리는 잘 알고 있다. 더군다나 교전 중인 군인이라면 넘쳐나는 부상병과 사체 속에서 끓어오르는 균과 바이러스를 피해 슬기롭게 생활해야만 한다. 전쟁이 질병을 퍼뜨린다. 그리고 그러한 질병을 정복하는 군대가 전쟁에서 유리한 고지를 점령하는 것은 당연한 이치다.

피와 관련된 연구는 전쟁과 질병, 의약품이 얼마나 밀접하게 연결되어 있는지를 보여주는 좋은 예다. 빅토리아 여왕Alexandrina Victoria이 전 유럽 황실에 퍼뜨린 혈우병 유전자로 인해 각국 황실의 귀족들이 혈우병에 관한 연구를 독려했지만, 실제 성과를 나타낸 것은 두 번의 세계대전을 전후해서다. 예를 들어, 카를 란트슈타이너Karl Landsteiner에 의해 1901년 ABC^{ABO}식 혈액형 분류 체계가 제시되었고, 그에 맞는 수혈 시스템이 자리 잡은 후 제1차 세계대전에서는 부상병에게 혈액형에 맞는 피를 수혈하는 제도가 시작되었다. 다만 급박한 현장에서 일일이 혈액형을 확인하며 수혈하는 것이 번거로웠기에 전쟁 후에 대대적인 개선이 이루어졌다. 1922년 영국의 보건 공무원 퍼시 올리버Percy L. Oliver는 자원자들을 미리 모집하고 혈액형을 사전 등록해 필요할 때 연락만 해도 채혈이 가능하도록 시스템을 개선했고, 1930년 러시아에서는 아예 갓 죽은 사람의 피를 뽑아서 수

혈에 쓰기도 했다. 이러한 혁신적인 시도는 사전에 피를 뽑아둔 후 필요할 때 수혈하는 혈액은행blood bank이라는 시스템의 개발로 이어졌다. 영국이 독일에 전쟁을 선포하기 이틀 전인 1939년 9월 1일, 혈액은행에 채혈을 시작하라는 명령이 온 것은 이러한 시스템 개발의 성과이기도 했다. 그렇게 6년 동안 이어질 제2차 세계대전이 시작되었다.

헌혈이 꼭 좋은 변화만 가지고 온 것은 아니었다. 전쟁이 길어지면서 전혈보다는 보관이나 이송이 쉬운 성분혈이 유행했는데, 이 과정에서 간염 바이러스 오염이 빈번하게 발생했다. 전혈은 일대일 수혈인 반면 성분혈은 한데 모아서 배송 후 다시 나누었기 때문에, 한 팩의 나쁜 피가 전체를 오염시킨 것이었다. 특히 한국전쟁 당시에는 성분혈이 대세를 이루었는데, 수혈을 경험한 군인 중 22퍼센트가 간염에 걸리는 참사가 발생했다. 대부분 B형 간염이었는데, 이후 연구가 이루어지며 B형 간염 백신과 치료제 등이 개발되었고 이 공로에는 노벨상이 주어졌다. 하지만 참전용사들에게는 그다지 위로가 되지 않았을 것이다.

성분혈은 새로운 발견을 이끌기도 했다. 혈액의 구성 성분을 연구하면서 HDLhigh density lipoprotein과 LDLlow density lipoprotein을 찾아낸 것이다. 지금 우리가 흔히들 '좋은 콜레스테롤', '나쁜 콜레스테롤'이라고 부르는 지질단백질이다. 다만 발견 초기에는 그 역할을 제대로 알지 못했는데, 이름과는 다르게 비중이 명확하게 차이가 나지 않아 효율적인 분리가 어려웠기 때문이었다.

이들과 고지혈증의 관계도 전쟁을 계기로 드러났다. 초원심분리기를 이용해 혈액 속 HDL과 LDL을 훨씬 더 정밀하게 분리하는 기술이 개발되었기 때문이다. 1950년대 초반 초원심분리기를 이용해 혈액의 세계를 보다 세밀하게 들여다본 사람은 존 고프만John Gofman. 그는 제2차 세계대전 당시 핵폭탄의 원료인 방사성 동위원소를 초원심분리기로 분리하던 사람이었다.

혈액 연구의 예에서 보듯이 전쟁과 질병, 의약품은 잘 맞춘 세 바퀴 물레방아처럼 얽혀 있다. 그런데 이러한 관계는 꼭 혈액에만 국한되지는 않는다. 제국주의 시절 아프리카 탐험가에게 지급된 기생충 약, 제2차 세계대전 중 개발된 페니실린, 병사들의 전투력을 높이기 위해 사용된 마약류 각성제는 우연의 산물이 아니다. 모르핀은 남북전쟁 당시 진통제로 더없이 소중한 약이었지만 정작 모르핀의 원료인 아편은 아편전쟁의 직접적인 원인이 되기도 했다. 스페인 독감은 제1차 세계대전을 타고 전 세계로 퍼져 나갔으며, 역설적으로 제1차 세계대전을 종식하는 데 일조하기도 했다.

전쟁과 질병은 끊임없이 교류하며 인류를 괴롭혀 왔다. 인류의 역사는 전쟁의 역사이기도 하지만 질병의 역사이기도 하다. 당장 우리는 코로나19가 세상을 어떻게 멈추게 하는지 그리고 어떻게 다른 방향으로 흘러가게 하는지를 생생하게 목격하고 있다. 인류사에 끼친 영향으로 둘째가라면 서러울 위험한 악당들이 서로 영향을 주고받지 않았다면 그것이 더 이상하지 않을까? 그리고 전쟁과 질병의 역사에 의약품이 끼어들면서 상황은 더 복잡해진다. 의약품이 때로는 전쟁의 선봉에 서기도 하고 때로는 다친 병사들을 위로하기 위해 이용되기도 한다. 전쟁과, 전쟁이 남긴 질병, 의약품과 함께 우리는 하루를 보낸다.

전쟁과 질병, 의약품의 역사를 개별적으로 소개하는 책이나 영상은 시중에 많이 있어 굳이 한 권을 추가하고 싶지는 않다. 하지만 관점을 바꿔서 이들이 서로 얽혀왔던 역사와 현실에 집중한다면 괜찮은 이야기가 나올 것 같다는 생각을 하고는 했었다. 전쟁, 질병 그리고 의약품에 관한 자료를 모으고 내용을 정리하면서 가능한 한 쉽게 이야기를 풀어보려고 했다. 앞으로 소개할 수많은 전쟁이나 질병, 의약품, 인물은 관련 역사에서 미친 존재감을 자랑할 것이니 편하게 읽기를 바란다.

전쟁, 질병, 약. 이들이 펼친 기나긴 악연의 역사에 들어온 것을 환영한다.

CONTENTS

들어가며   5

1부 전쟁에 사용하다: 선을 넘은 자들

1장 생물학무기: 페스트와 천연두   17
조용한 비행 | 악마의 부대 | 흑사병과 팬데믹 | 생물학 병기 | 페스트를 막아라 | 첫사랑이 준 선물 | 퍼뜨리는 자들 | 페스트와 천연두 | 천연두는 사라졌을까? | 40년간 환자 하나 없이 개발된 신약
더 들어가기: 남아메리카인은 유럽인과 무엇으로 싸웠나?

2장 마약, 전쟁을 지배하다   52
삼림지대와 전격전 | 메스암페타민 | 베른의 기적 | 일상으로 파고든 향정신성의약품 | 아편과 모르핀 | 헤로인 | 합성 마약류의 등장 | 모스크바 극장 테러 사건
더 들어가기: 메스암페타민은 어떻게 사람을 중독시킬까?

3장 화학무기와 해독제   82
사막의 폭풍 | 화학무기 | 자율신경계 | 걸프전 증후군 | 죽음의 고속도로 | 테러와 암살에 사용한 화학무기 | 알렉세이 나발니 중독 사건 | 계속되는 전쟁 | 백신 작전
더 들어가기: 아프가니스탄, 세계 최대 아편 생산지

2부 전쟁을 끝내다: 답을 찾는 자들

4장 비타민 전쟁   113

203고지를 점령하라 | 러일전쟁의 분수령 | 향료는 왜 비쌌을까 | 향료
전쟁 | 향료 무역과 괴혈병 | 괴혈병을 이겨라 | 각기병을 이겨라 | 카
레라이스의 활약 | 지나친 자신감의 끝 | 여순항 전투 | 러일전쟁 이후

더 들어가기: 비타민C는 어떻게 괴혈병을 예방할까?

5장 전쟁의 골칫거리, 말라리아   148

코코다 트랙의 전투 | 천적 | 말라리아를 근절하기 위한 노력 | 신코나
가루 | 퀴닌 | 값싸고 효능 좋은 퀴닌 유도체 | 군의관들의 활약 | 인류
가 잠깐이나마 말라리아를 압도하던 시기 | 베트남전쟁 | 온고지신 |
아르테미시닌 | 끝없는 전쟁

더 들어가기: 아프리카인은 어떻게 말라리아를 견뎌냈을까?

6장 스페인 독감, 그 시작과 끝   178

최초의 환자 | 늘어지는 전황과 미국의 참전 | 억울한 '독감균' | 패닉 |
돌연변이를 막아라 | 독감 바이러스의 규명과 백신 생산 | 스페인 독감
과 생물학무기 | 요한 훌틴 | 괄목상대 | 시간이 지나도 퇴색되지 않는
열정 | 검증과 확인

더 들어가기: 바이러스 치료제는 어디까지 와 있을까?

3부 전쟁이 남기다: 선물과 청구서

7장 대륙봉쇄령과 아스피린 그리고 타이레놀 219

전투의 순간: 트라팔가르해전 | 대륙봉쇄령과 해열제 품귀 | 살리실산 | 아세틸 살리실산 | 전쟁과 아스피린 공급 위기 | 아스피린의 한계와 대체재의 등장 | 타이레놀의 운명 | 타이레놀 적정량

더 들어가기: 아스피린은 어떻게 작용하는가?

8장 마법의 탄환 244

대륙을 넘어선 공조 | 100년의 시간 | 비소, 구원의 약이 되다 | 기적의 빨간 약 | 40 나누기 9 | 휴가 중에 터진 대박 | 초특급 대우 | 뚜렷한 한계 | 신대륙으로 | 세계로 | 앞으로

더 들어가기: 페니실린 생산을 위해 화학자들은 무엇을 하고 있었을까?

9장 공포의 전쟁, 전쟁의 공포 288

덩케르크 탈출 작전 | 인공동면 요법 | 고참 병장 증후군 | 군대 가기 싫었던 청년 이야기 | 외상후스트레스장애 | PTSD 치료법 | 미군의 비밀 무기 | 슈퍼히어로의 PTSD

마치며 316

전쟁이 없으면 약을 못 만들까? | 전쟁과 질병에 대비하는 우리의 자세

참고 문헌 322

1부

전쟁에
사용하다

선을 넘은 자들

1장

생물학무기 : 페스트와 천연두

조용한 비행

아치볼드 크라우치Archibald Crouch는 남기로 결심했다. 중일전쟁이 길어지고 일본과 미국의 외교적 마찰이 심해지자 미국 정부가 중국에 있는 선교사들에게 귀국을 명령했다. 하지만 크라우치로서는 닝보Ningbo시의 어린 학생들을 저버릴 수 없었다. 일본이 중국 본토를 공격한 지 3년이 지났다. 초기의 기세는 당장에 대륙을 집어삼킬 듯 대단했지만, 그 넓은 대륙을 정복한다는 것은 쉬운 일이 아니었다. 실제 전쟁도 장기전으로 바뀌지 않았던가? 그는 조만간 닝보시에서 평화롭게 선교 활동을 재개할 수 있으리라 생각했다.

그러던 1940년 10월 27일 황혼이 질 무렵, 크라우치는 약간

생소한 장면을 목격하게 되었다. 일본군 소속으로 보이는 비행기가 상공을 돌고 있었다. '이 시간에 무슨 일이지?' 사람들을 폭격하려면 사람들이 많이 모이는 시간과 장소를 선택하는 것이 당연한 일이었다. 실제 일본군은 으레 오전 10시부터 오후 3시 사이에 폭격기 전단을 이끌고 폭격을 하고는 했었다. 그런데 지금 이 시간에 비행기라니. 심지어 비행기는 단 한 대뿐이었다. '한 대의 비행기로 무슨 작전을 수행한다는 것일까?' 크라우치는 신기하게 바라보고 있었다.

3일 뒤 닝보시에서는 페스트plague로 인한 사망자가 발생했다.

악마의 부대

731부대는 일본군이 대륙 점령을 목표로 1936년 만주 지역에 설립한 부대다. 다른 부대와의 차이라면 부대 지휘관인 이시이 시로石井四郎 중장이 의사라는 점. 그는 부대에 부임하기 전 도쿄에 머물면서 생물학무기에 대해 연구했다. 731부대는 그의 집념이 그대로 투영된 부대였다. 이후 하얼빈 근교에서 인체 실험과 생물학무기 개발 등으로 악명을 떨치게 되는데, 인체 실험을 위해 '마루타'로 불리는 전쟁 포로들을 주로 이용했다. 마루타는 통나무를 뜻하는 말이다. 사람들을 어떻게 바라보는지를 짐작할 수 있게 하는 표현이다. 그들의 인체 실험으로 희생된 포로의 수는 3,000명에 이르렀으며, 대부분은 중국인이었지만 조선인도 상당수 포함되어 있었다. 그들의 실험은 잔인함과 집요함을 동시에 보여준다. 세균을 투여해서 치사율을 측정하거나 임산부에게 독을 투입했을 때 태아에서 독이 검출되는지를 확인하는 등의 만행을 저질렀다. 그리고 731부대는 교착상태에 빠진 중일전쟁을 승리로 이끌기 위해 세균전을 펼치기로 결심했다. 그렇게 페스트균Yersinia pestis이 닝보시에 살포되었다.

페스트균이 직접 사람을 공격하는 일은 드물다. 일반적으로 사람에게 오기까지 매개체를 이용하는데, 일단 쥐벼룩의 몸 안에 들어갔다가 쥐를 타고 사람에게 가까이 온다. 이후 쥐벼룩이 사람 몸에 붙어서 무는 순간 페스트균은 사람 몸에 들어간다. 일반적으로 림프절에 머물다가 3, 4일 이내에 폭발적으로 그 수가 늘어나며, 림프절이 부으면 육안으로도 이상 여부를 확인할 수 있다. 물론 그 전에 온몸을 휘젓는 통증과 발열, 무기력감이 따라오기에 이미 환자가 되어 쉬고 있을 것이다. 신체 부위가 까맣게 변하는 증상도 빈번하게 나타난다. 이 상태에서 죽는 경우도 많지만 페스트균이 폐로 전이되면 비말을 통한 전염이 가능해서 대인 감염이 가능해진다. 페스트균이 쥐벼룩이나 쥐를 이용하지 않고 사람에게 직접 공격하는 단계다. 그런데 이런 과정은 페스트가 창궐했을 때의 경우다. 보통의 경우 쥐벼룩은 쥐에게 기생하는 것만으로도 충분히 잘 서식한다. 쥐벼룩이 너무 많고 쥐들이 다 죽었을 경우에만 사람에게 올라탄다. 앞서 말한 것처럼 페스트균이 직접 사람을 공격하는 일은 자연적이지 않다. 자연적이지 않은 이러한 감염을 위해 731부대는 부단히도 노력했다.

우선 그들은 자연 상태의 살포 방식, 즉 쥐를 통한 전파를 연구했다. 하지만 이러한 자연적 살포 방식은 확산이 너무 느렸다. 1340년이 아니었다. 1940년이었다. 쥐보다는 비행기가 더 빠른 시대였다. 그래서 그들은 페스트균에 감염된 쥐벼룩을 비행기에서 살포하기로 했고 실제 연습까지 했다. 하지만 두 가지 문제에 봉착했다. 우선 투하 고도가 너무 높아 쥐벼룩과 균이 대부분 죽는 것이다. 이는 상식이다. 비행기에서 떨어지면 대부분 죽는다. 비행고도를 200미터나 300미터로 낮추면 어떨까? 이럴 경우 항공기를 요격하는 대공포를 걱정해야 했다. 결국 높은 곳에서 효율적으로 균을 착지시키는 기술이 필요했다. 모순적인 이 상황을 해결할 수 있을까?

두 번째 문제도 어려운 것은 마찬가지였다. 치명적으로 페스트를 전파하기 위해서는 쥐벼룩이 하늘에서 떨어지는 것만으로는 부족했고 잘 퍼져 나가야만 했다. 이러한 목표를 위해 731부대 연구원들은 쥐벼룩을 폭탄에 담았다. 공중에서 폭탄이 터지면 쥐벼룩이 퍼져 나갈 것으로 생각한 듯한데, 이 방식은 너무 비효율적이었다. 폭탄이 터지면서 쥐벼룩부터 죽었다. 역시 상식이다. 폭탄이 옆에서 터지면 대부분 죽는다.

이 정도면 포기할 법도 하지만 불굴의 일본군은 포기하지 않았다. 폭탄을 사용하지 않고 쥐벼룩을 퍼뜨리기 위해 작은 도자기 폭탄clay bomb을 개발한 것이다. 쥐벼룩을 도자기에 잔뜩 담아서 떨어뜨린 후 착륙 직전에 폭발시키면 80퍼센트 이상의 쥐벼룩이 살아서 땅에 도착했다. 도자기는 소량의 화약으로도 잘 폭발해서 파편이 흩어졌다. 또한 높은 고도에서 투하해도 효과적으로 균을 착지시키기에 적합했다. 그런데 이런 결과를 얻기 위해 그들은 벌판에 마루타를 세워놓고 고도별로 잘 퍼지는 높이를 확인하는 실험을 했다. 마루타가 도자기 파편에 맞아서 죽으면 실험 데이터로 쓸 수 없으므로 마루타를 이불 등으로 감싼 채 세워놓는 만행을 저질렀다.

이것으로 끝이 아니다. 그들은 쥐벼룩의 생존율을 높이기 위해 산소를 도자기 안에 채워서 떨어뜨리기도 했다. 나중에는 쥐벼룩이 아니라 사람에 기생하는 벼룩에 페스트균을 감염시켜 투하했다. 목표는 사람이었으니까. 이 정도면 집요하다고 평가할 수밖에 없다.

그런데 도자기 투하 방식에는 결정적인 단점이 있었다. 사람들이 몰려들지 않는다는 것이었다. 무엇을 퍼뜨리든 사람이 가까이 올수록 감염은 더 빨라질 것이 분명했다. 하지만 일본군 비행기가 떨어뜨린 도자기 파편을 굳이 찾으러 오는 사람은 별로 없었다. 오히려 사람들이 의심스럽게 생각하며 피하기 시작했는데, 이럴 바에는 차라리 재래식 폭탄을 떨어뜨리는 것이 살상력에 더 좋을 노릇이었다.

731부대는 페스트균을 안전하게 떨어뜨리되 사람들을 끌어모을 방법을 고민했다. 그러면서 내린 결론은 밀이나 솜 등에 쥐벼룩을 묻혀서 직접 살포하는 것이었다. 도자기보다 더 안전하게 균을 착륙시킬 수 있고, 하늘에서 곡식이 떨어지니 사람들도 일단 모이게 할 수 있을 것이 분명했다. 그렇게 크라우치에게 목격되었다.

닝보시에서는 그 후 약 한 달 동안 165명이 페스트균에 감염되었고, 그중 112명이 사망했다. 치사율 68퍼센트라는 놀라운 수치였는데, 사실 731부대가 원했던 목표에는 크게 모자랐다. 그들은 수많은 시뮬레이션을 통해 1,450명의 시민들을 죽일 수 있다고 생각했다. 이 정도 파급력이라면 중국을 무너뜨리고 나아가 소련까지 아시아에서 몰아낼 수 있을 것이 분명했다. 하지만 기대했던 만큼의 효과는 발생하지 않았다. 무엇이 부족했던 것일까? 그들이 페스트를 세균전에 채택했던 이유는 페스트균이 과거에 보여준 놀라운 살상력 때문인데, 사람들은 어느덧 페스트에 대응하는 방법을 찾아가고 있었다.

흑사병과 팬데믹

페스트는 영어로 'pest' 또는 'plague'라고 부른다. 'plague'는 직역하자면 '역병'이라는 말이지만 이제는 그냥 'plague'를 페스트로 번역해서 쓰는 경우가 더 많다. 그만큼 역병의 대명사처럼 각인되었다는 것을 뜻한다. 페스트는 기원전부터 끊임없이 사람들을 괴롭혀 온 질환이기도 하다. 가장 대표적인 페스트는 우리가 흔히 '흑사병'이라고 부르는 1347부터 1351년까지의 페스트다. 그리고 이 당시 흑사병의 유행에도 전쟁이 직접적으로 관여했다.

1343년 유럽은 몽골 기마부대의 공격을 막기 위해 흑해 연안의 카파성에서 연합군을 형성했다. 몽골 기마대는 그 명성에 걸맞게 순식간에 공격해 들어왔고 일반적인 기마대와는 다르게 공성전에서도 능력을 보여주었다. 하지만 유럽 연합군의 기세도 만만치 않았다. 특히 바다를 끼고 있는 카파성을 공격하는 데는 내륙의 지배자 몽골군도 어려움을 겪을 수밖에 없었다. 자연스럽게 두 전력의 대치가 길어졌고, 이 틈을 타고 제3의 세력, 페스트균이 끼어들었다. 전장에 널린 시체들은 페스트균에게 더할 나위 없는 안식처였던 셈이다.

3년간의 공성전 후 몽골군이 물러가고 유럽 군대 역시 해산해 자신들의 고국으로 돌아갔다. 하지만 이때 페스트균도 귀국 행렬에 동참했으며, 해상으로 이동하는 배에서 훨씬 더 많이 증식했다. 밀폐된 공간이라서 그랬을 것으로 추측할 뿐이다. 이탈리아의 시칠리아섬에 안착한 페스트균은 그때부터 이탈리아를 초토화했고 3년간 유럽 대륙을 정복해 나갔다. 몽골군이 이루지 못한 유럽 정복을 전혀 다른 방식으로 해나간 것이다. 페스트로 인한 사망자는 당시 유럽 인구의 30퍼센트 정도에 해당하는 2,000만 명에 이른다고 한다. 이 정도면 유럽 사회의 근간을 바꾸기에 충분한 규모다. 하지만 몽골군 역시 전쟁 이후 흑사병으로 피폐해졌다고 평가되고 있다. 유럽과 몽골 모두 패한 전쟁이었던 셈이다.

두 개 이상의 대륙에 집단 감염을 일으키는 질환을 '팬데믹pandemic'이라고 한다. 페스트가 팬데믹으로 규정된 경우는 이 흑사병 시절 외에 두 번이 더 있다. 첫 번째는 흑사병 이전, 동로마제국의 유스티니아누스 대제 시절인 서기 541년 전후다. 이때 동로마제국은 무역의 중심지로서 전성기를 향해 가고 있었는데, 정작 아프리카와 아시아의 그 소중한 무역로를 따라 페스트균이 들어오면서 제국의 존립까지 휘청일 정도로 페스트에 시달려야 했다. 황제마저 투병 생활을 해야 했던 이 시절의 페스트를 우리는 '유스티니아누스 페스트Plague of Justinian'라고 부른다.

마지막 페스트로 인한 팬데믹은 1850년대 홍콩에서 시작했다. 마약과 상업의 중심지인 홍콩과 광저우 일대로 사람들이 몰리면서 페스트가 발생했는데, 이때는 많은 중국인이 망해가던 고국을 버리고 해외로 나가던 때이기도 했다. 페스트는 증기선을 타고 인도, 미국, 유럽으로 퍼져 나갔고, 이로 인해 전 세계는 다시 페스트로 몸살을 앓게 되었다. 이때의 팬데믹은 60년 정도 이어졌으며, 1,000만 명가량의 사망자가 발생했다. 만주 지역에서도 1911년까지 발병했는데, 1905년까지 서로 혈전을 벌였던 러시아, 일본, 중국이 사이좋게 선양시에 모여서 페스트 대책 회의를 연 것은 유명한 일화다. 이 당시 페스트와 투쟁했던 경험은 1940년 닝보시에 전수되어 닝보시의 피해를 최소화하는 데도 일조했다.

팬데믹까지는 아니더라도 국지적으로 '미친 존재감'을 보였던 적도 많다. 대표적인 경우가 1665년부터 1666년까지 있었던 런던 페스트Great Plague of London인데, 이때도 6만 명 이상의 시민이 사망했다. 당시 죽어가던 사람들을 피해 대학들은 모두 휴교령을 내리고 학생들을 집으로 돌려보냈는데, 이때 대학생이던 아이작 뉴턴Issac Newton은 고향 집 사과나무 아래에서 비대면으로 공부하면서 만유인력의 법칙과 미적분학의 기초를 완성했다. 영국으로서는 기뻐할 일이다. 하지만 당시 진행 중이던 네덜란드와의 전쟁에서는 힘 한번 써보지 못하고 패하는 바람에 네덜란드까지 불려 가 굴욕적인 종전 협정에 서명하기도 했던 안타까움도 있었다.

가끔 "페스트가 어떻게 사라졌나?"라는 질문을 받는데, 항상 같은 답변을 한다. 페스트는 사라지지 않았다. 1800년대를 지나면서 결핵이나 소아마비, 폐렴, 매독, 말라리아 같은 다른 감염성 질환이 더 심하게 창궐하며 페스트의 권위를 떨어뜨리기는 했지만 페스트가 사라진 적은 없다. 지금도 페스트는 꾸준히 발병하고 있다. 우리가 강해졌을 뿐이다. 하지만 페스트 역시 최근에 더 강해지고 있다. 원인을 알 수 없지만 일부 항생제에 내성을 가진 페스트균이 보고되었다. 마다가스카르에서는 2017년 4개월간 2,417명의 페스트 환자가 발생했고, 그중 209명이 사망하기도 했다. 아프리카의 그 섬이 우리에게 너무 멀게 느껴진다면, 2020년 중국 네이멍구 지역에서 페스트 의심 환자가 사망한 사건이나, 2021년 4월 페스트균 감염 다람쥐가 발견된 사건을 언급하고 싶다. 우리는 항상 전쟁하고 있다.

생물학병기

페스트를 전쟁 무기로 사용하는 것은 효과적인 전략일까? 적어도 우리나라나 미국 정부는 그렇게 생각하고 있다. 우리나라는 페스트를 천연두, 보툴리눔독소증, 탄저병 등과 함께 생물테러감염병으로 지정해 특별히 관리하고 있다. 대한민국 건국 이래 발병 사례 없는 페스트지만, 그 위험도는 익히 알고 있기 때문에 조심 또 조심하는 것이다. 미국에서도 페스트를 가장 위험한 등급인 A급 생물테러감염병으로 분류하고 있다. 우리는 페스트를 과거의 질병으로 알고 있지만, 막상 보건 당국은 절대 그렇게 생각하지 않는다.

전문가들은 왜 이렇게 페스트를 두려워하는 것일까? 일단 페스트는 무기화하기 좋다. 페스트가 아프리카, 특히 마다가스카르 같은 곳에서는 빈발하고 있으며 과거 자국에도 나타난 적이 있기에, 자국의 사체를 뒤지든 아프리카로 채집 여행을 떠나든 페스트균주를 확보하기가 비교적 용이하다. 페스트균에 관해서는 연구가 많이 되어 있다는 것도 무기화하기 좋은 점이다. 다양한 유전공학 기술을 이용하여 독성을 극대화하는 것이 가능하며, 테러리스트 입장에서는 자신들이 변형했기 때문에 해독제를 찾는 것도 상대적으로 쉽다. 페스트균의 배양과 전파에 대해서도 많은 노하우가 공개되어 있으므로 테러리스트가 쓰기에는 더 없이 매력적일 수 있다.

이런 이유에서인지 세계보건기구World Health Organization, WHO는 인구 500만 명의 대도시에 50킬로그램의 페스트균을 살포했을 때 3만 6,000명이 사망할 수 있다고 1970년에 발표했다. 서울에서 7만 2,000명이 죽을 수 있다는 말인데, 우리나라의 코로나19 누적 사망자가 2022년 8월 기준으로 2만 5,000명가량인 것을 감안하면 얼마나 위험한지 알 수 있다. 보건 당국의 우려가 괜한 것이 아니다.

방어하는 입장에서는 참 피곤한 질환이다. 인수공통감염병이다 보니 사람을 아무리 격리해도 쥐가 돌아다니면서 전파한다. 또 치사율이 높고 감염 단계에 따라 비말 감염도 가능해지므로 전파 속도를 따라잡기는 점점 어려워진다. 페스트는 백신도 개발되어 있지 않다. 한동안 백신을 개발해서 미군에게 접종하기도 했지만 그다지 효과적이지 않아서 현재는 사용하지 않고 있다. 믿을 것은 치료제밖에 없다. 다행히도 각종 항생제가 개발되어 자연적으로 발생하는 페스트를 이제는 효과적으로 치료할 수 있게 되었다. 그간 우리 인류가 해온 노력이 이럴 때 도움이 되고 있으니 약을 연구하는 입장에서는 그나마 뿌듯한 일이다. 테러리스트가 특이한 돌연변이를 이용해서 공격하지 않는 이상, 그럭저럭 방어할 무기가 하나 정도는 있던 셈이다.

그런데 막상 이 항생제들이 개발된 시기는 1950년대 이후다. 세 번의 팬데믹이나 닝보시에 떨어진 세균 폭탄 모두 항생제가 개발되기 전에 발생한 일이다. 그들은 어떻게 페스트균과 싸웠던 것일까?

페스트를 막아라

사실 페스트균과 싸워서 승리한 적이 그렇게 많지 않다. 흑사병 시절 파리대학의 한 의사는 토성, 화성, 목성이 1345년 3월 20일 오후 1시에 일렬로 정렬하면서 공기가 오염되어 흑사병이 나타났다고 주장했다. 이처럼 무생물을 탓한 건 그나마 낫다. 기독교도와 이슬람교도는 흑사병의 원인을 서로에게 떠넘기기 바빴지만 막상 그들은 유대인을 또 다른 원인으로 지목하는 데는 사이좋게 합의했다. 그렇게 애꿎은 유대인은 우물에 독을 탔다는 누명을 쓰고 학살당했다. 유대인이 아니더라도 마음에 안 드는 사람을 마녀사냥 하기도 했고, 불쌍한 흑사병 환자를 채찍질하면서 마을을 돌게 해 슈퍼 전파자를 굳이 양산하기도 했다. 그때는 그랬다.

이후 노하우가 쌓이면서 사람들은 검역 시스템을 도입했다. 마을에 페스트가 들어오는 것을 막기 위해 일정 기간 격리한 후 마을에 들어오도록 했다. 이는 오늘날 시행하는 입국 시 자가격리와 유사하다. 환자가 발생했을 때도 환자가 머무는 곳을 격리했는데, 이는 오늘날의 발병 시 격리와 유사하다. 마을에 흑사병이 발병했을 때 일부 사람들은 마을을 떠나 있기도 했다. 1353년에 발표된 조반니 보카치오Giovanni Boccaccio의 『데카메론Decameron』은 흑사병을 피해 격리된 10명의 사람들이 열흘 동안 이야기를 나누는 형식으로 구성된 소설이다.

격리나 방역을 한다고는 했지만 오늘날처럼 빈틈없이 추적하는 시스템이 아니라 구멍이 숭숭 뚫린 방역 체계였기에 한계가 있었다. 일례로 1666년 런던 페스트가 창궐하던 시기, 영국 더비셔 지역의 성직자 윌리엄 몸페슨William Mompesson이 주변에 페스트가 창궐할 경우 마을을 봉쇄하자고 했다가 막상 봉쇄한 자기들의 마을에 쥐가 들어오면서 도시 전체가 페스트 환자로 넘쳐났다. 100퍼센트에 가까운 사람들이 감염되었으며, 그중 72퍼센트가 사망했다.

마르세유 이야기는 더 좋은 사례가 된다. 1720년 5월 25일 터키에서 프랑스의 마르세유로 입항한 상선은 40일의 입국 전 격리 기간을 거쳐야 했다. 하지만 무사안일에 젖은 지역 상인들의 생각은 달랐다. 그들은 하루라도 빨리 물건을 받아서 팔고 싶었다. 결국 당국이 그들의 요구를 받아들여 입국 전 격리를 열흘로 단축하고 터키에서 온 상인과 물품을 항구로 받아들였다. 그런데 이 일행에 페스트균이 섞여 있었다. 이후 마르세유 주민 10만 명 중 6만 명이 페스트로 사망했다. 마르세유 인구가 다시 10만 명이 되기까지는 40년이 걸렸다. 조급함이 이렇게 무섭다.

향료를 찾는 사람도 있었다. 쥐벼룩이 사람을 감염시키는 과정에서 쥐가 매개하는 경우가 종종 있었는데, 일부 향료가 쥐를 막아주기도 했다. 사람들의 눈에 띄는 것은 페스트균이나 쥐벼룩이 아니라 주로 더러운 곳을 헤집고 다니는 쥐였기 때문에 당시에도 쥐를 기피하는 사람들이 많았다. 그림Grimm 형제의 동화 『피리 부는 사나이』에서 주인공이 하멜른의 쥐를 몰고 가 모두 익사시킨 것은 이유가 있었다. 하지만 당시에도 페스트는 쥐나 쥐벼룩 못지않게 사람을 통해 많이 감염되었을 것으로 추정된다. 향료로 효과를 보기 위해서는 꽤 많은 양을 오랫동안 사용해야 하는데, 당시 향료 가격을 고려한다면 그 비용을 감당할 수 있었을지도 의문스럽다.

16세기로 접어들면서 마스크도 본격적으로 사용되었다. 흔히들 흑사병 마스크라고 부르는 코가 긴 마스크인데, 이 마스크는 주로 의사에게 지급되었다. 의료인에게 우선으로 지급하는 것이 합리적이기는 한데, 막상 의료인이 합리적으로 치료를 할 수 없었다는 점은 안타깝다. 하지만 어쩌겠는가? 시대의 한계였다. 온몸을 검은 천으로 휘감고 불길한 마스크를 쓴 채 거리를 돌아다니는 의사를 보며 페스트에 대한 공포감은 깊어져만 갔다.

첫사랑이 준 선물

알아야 이긴다. 페스트는 어떤 균이 감염시키는 것일까? 이 질문에 대한 해답은 평화로운 삶을 원하는 첫사랑을 따라 시골에서 일하던 평범한 의사에게서 시작한다. 로베르트 코흐Robert Koch는 프랑스-프로이센 전쟁에 군의관으로 종군할 정도로 모험심이 넘치는 프로이센의 의사였다. 첫사랑을 따라 한적한 시골에서 병원을 열기는 했지만, 환자도 오지 않는 시골에서의 의사 생활은 이 혈기왕성한 청년에게 따분하기 짝이 없었다.

그러던 차에 코흐는 아내가 사준 생일 선물에 빠져들었다. 코흐의 아내가 사준 것은 나로서는 상당히 난감해할 선물, 현미경이었다. 그리고 코흐는 아내를 사랑하는 남자답게 현미경도 사랑하게 되었다. 현미경을 돌려가며 세포 속 미생물의 모험을 관찰하던 코흐는 겁도 없이 탄저병Anthrax에 걸린 소에서 혈액을 채취해 탄저균Bacillus anthracis을 관찰하기 시작했다. 지금이라면 엄격하게 밀폐된 공간에서 세균 누출이 없는 조건에서 실험해야 하지만, 그때는 그랬다.

코흐가 유명해진 것은 탄저균을 관찰해서만은 아니다. 당장 코흐의 아내도 현미경을 돈 주고 사지 않았는가? 현미경을 이용한 미생물의 관찰은 이미 1670년대 네덜란드의 안톤 판 레이우엔훅Antoni van Leeuwenhoek이 발표해서 세상을 떠들썩하게 했던 주제였다. 코흐는 탄저균을 단순히 분리하는 것에 그치지 않고 더욱 겁도 없이 탄저균을 배양했다. 지금이라면 각종 안전장치를 마련하고 관련 서류를 한 무더기 낸 후에나 가능한 연구지만, 그때는 그랬다.

코흐는 적절한 배양을 위한 배지, 영양분, 온도 등의 조건을 확립해서 훨씬 더 효율적으로 배양하는 데 성공했다. 그는 여기에서 그치지 않고 배양해서 기른 탄저균을 더더욱 겁도 없이 새로운 개체에 투입해 탄저병이 발병하는 것을 확인했다. 마지막으로 새로이 발병한 개체에서 다시 동일한 탄저균이 검출되는 것을 현미경으로 관찰해 탄저균이 이 질병의 원인이라는 것을 발표했다. 이처럼 잘 짜인 검출, 배양, 접종, 재검출의 단계를 설계함으로써 특정 세균이 질병의 원인임을 확인할 수 있는 시스템을 확립했다는 데 코흐의 위대함이 있다. 이와 같은 확인 단계는 코흐의 가설postulate of Koch 또는 코흐의 공리principle of Koch라고 부르고 있다.

무명의 의사였던 코흐는 1876년 탄저균을 찾아내서 일약 독일 학계의 슈퍼스타가 되었다. 많은 사람들이 현미경으로 관찰했던 균이었다. 하지만 그것이 탄저병의 원인이라는 것은 쉽게 짐작하거나 확인할 수 없는 일이었다. 그런데 코흐가 누구도 반박할 수 없는 논리와 실험으로 증명했다. 그는 이에 그치지 않고 자신이 만든 원칙에 따라 결핵균, 콜레라균 등을 찾아내며 그동안 사람들을 떨게 했던 질병들이 세균 감염으로 인해 생긴다는 것을 주장했다. 즉, 세균학의 창시자가 된 셈이었다.

탄저균보다 더 큰 영향을 미친 것은 결핵균이다. 코흐가 결핵균을 찾아내기 전까지 사람들은 결핵을 일종의 유전질환으로 여기며 어쩔 수 없다고 생각하고 있었다. 결핵에 걸리면 그저 산좋고 물 좋은 곳에서 요양하는 것 외에는 딱히 답이 없었다. 스위스의 경치 좋은 도시 다보스는 그렇게 결핵에 걸린 유명인들이 모여들더니 이제는 매년 세계 경제 포럼을 개최하는 곳이 되었다. 왕이 손으로 직접 환자를 어루만져 주면 병이 낫는다는 속

그림 결핵을 치료하기 위해 환자를 손으로 쓰다듬던 영국의 찰스 2세

설을 따라 '왕의 손길royal touch'를 받기 위해 수도에 환자들이 몰려들었다. 먼 과거가 아니다. 프랑스에서는 1825년까지 '왕의 손길'이 있었다고 한다. 1789년에 이미 프랑스 대혁명이 시작되었건만 정치적 혁명이었을 뿐 보건의료 혁명이 일어난 것은 아니었다.

보건의료 혁명은 코흐가 일으켰다. 미신과 원초적 방법에 익숙했던 사람들에게 원인을 명쾌하게 알려주었으니 사람들이 얼마나 환호했겠는가? 특히 프랑스의 루이 파스퇴르Louis Pasteur가 화학과 생물학 모든 분야에서 존재감을 떨치던 시절이라 라이벌인 프로이센 학계에서는 자존심처럼 코흐를 전면에 내세우기도 했다. 바야흐로 코흐의 시대가 왔다. 그리고 세균학의 시대도 함께 왔다. 모든 질병은 세균이 일으키는 것이었고, 원인 세균만 찾아내면 질병을 파악할 수 있는 시대였다.

페스트의 원인 세균은 1894년에 밝혀졌다. 스위스 태생의 의사인 알렉상드르 예르생Alexandre Yersin은 3차 팬데믹이 이어지던 1894년의 홍콩으로 달려가 페스트 환자의 혈액에서 특이한 균을 발견하고 이를 분리, 배양하는 데 성공했다. 이후 그가 주장한 대로 다른 환자에게서도 같은 병원체가 분리되고 병원균임이 밝혀지면서 그는 페스트균의 최초 발견자로 역사에 이름을 남겼다. 그가 페스트균을 발표할 때와 거의 동시에 일본인 병리학자이자 코흐의 제자였던 기타사토 시바사부로北里柴三郎가 같은 병원균을 분리했는데, 오랜 논의 끝에 지금은 예르생을 최초 발견자로 보고 있다. 예르생은 그 후 1904년과 1908년에 노벨상 후보에도 올랐지만 수상은 하지 못했다.

페스트균이 사람에게 옮는 과정의 중간 매개체는 추가로 확인해야만 했다. 당시에도 쥐가 매개하는 것은 어느 정도 추론하고 있었다. 하지만 쥐벼룩에 대해서는 확신하지 못했는데, 이는 실험하기가 어려웠기 때문이다. 개체가 너무 작고 번식이 빨라 자칫하면 실험자가 감염될 수도 있었다. 실험 설계가 어려웠던 것도 확인이 힘들었던 이유다.

1897년, 이러한 문제가 해결된다. 프랑스의 병리학자인 폴-루이 시몽드Paul-Louis Simond가 쥐를 이용한 실험 체계를 구축한 것이다. 시몽드는 쥐 두 마리를 격리한 채 가까이 두고 쥐벼룩이 옮겨 갈 수 있도록 했다. 한쪽 케이지에는 페스트에 걸린 쥐

그림 페스트균 감염 경로를 확인하기 위해 사용한 실험 모델

와 쥐벼룩을 두었고, 다른 한쪽 케이지에는 건강한 쥐를 두어서 전염되는지를 확인했다. 그는 발병을 관찰하며 쥐벼룩으로 인한 페스트 감염을 발표했다. 이후 다른 학자들이 연이어 이 실험을 검증하면서 페스트균-쥐벼룩-쥐-사람으로 이어지는 감염의 연결고리가 드디어 확인되었다.

1941년 페니실린penicillin이 임상에 적용되었고, 1950년대에는 연이어 다른 항생제들이 개발되면서 항생제의 시대를 열었다. 페니실린으로는 페스트를 치료할 수 없었지만 강력한 후속 약물들은 달랐다. 인류가 드디어 페스트를 마냥 두려워하지 않아도 되는 시대가 도래했다. 억지로 퍼뜨리는 자들만 없다면 걱정할 일이 그다지 없다.

퍼뜨리는 자들

이시이 시로가 이끄는 731부대는 페스트를 억지로 퍼뜨리기 위해 참으로 가상하면서도 지독한 노력을 했다. 앞서 언급한 페스트균 살포뿐만 아니라 콜레라나 탄저균을 이용한 세균전도 수행했다. 나중에는 세균전 외에 살상력을 높이는 연구라면 물불을 가리지 않고 수행했다. 총알이 사람을 얼마나 뚫고 가는지, 수류탄에서 얼마나 멀리 있으면 살 수 있는지 등을 실제 사람을 대상으로 연구하는 악랄함을 보여주기도 했다. 하지만 그들은 졌다. 731부대가 생물학무기를 준비하고 중국이나 소련을 타격할 수 있도록 연구했지만 막상 실행하기에는 두 가지 문제점이 있었다.

우선 그들만의 노력으로 바꿀 수 있는 전황이 아니었다. 일본은 무리하게 전선을 확장해 중국, 미국과 동시에 싸우고 있었다. 하지만 일본의 국력으로 감당할 수 있는 수준이 아니었다. 전쟁이 막바지로 향하던 1944년의 관동군은 일본의 전성기 시절 관동군이 아니었다. 자연스럽게 생물학무기를 위한 연구도 지지부진해졌다. 세균이 아무리 강력하다고 한들 그것을 살포하기 위해서는 적절한 시스템이 갖춰져야 한다. 그것이 비행기든 장갑차든 적들에게 효과적으로 터뜨려야 하는데, 세균 살포 방법이 부족해서 고생 끝에 만들어 놓은 생물학무기를 쓸 수 없었다.

두 번째 이유가 더 치명적인데, 해독제가 없었다. 생물학무기는 아군과 적군을 가리지 않고 죽이는 무기다. 전쟁의 끝자락에서 모두가 죽자고 덤빌 수는 있겠지만 전략 무기가 되기는 어렵다. 페스트에 대한 백신도 치료제도 없던 시절 마구잡이로 투하할 수는 없었다. 결국 731부대는 조용히 만주에서 철수해야만 했다.

전쟁 후 그들은 처벌을 받았을까? 안타깝지만 그렇지 않다. 731부대원 중 일부는 소련에 체포되어 자국민을 실험했다는 이유로 처형을 받았다. 그러나 이시이와 같은 주요 인물들은 일본 본토로 일찌감치 귀국해서 안전하게 살았다. 물론 전범으로 지목되어 재판을 받아야 했지만 미국은 이시이에 대해 사면을 결정했다. 731부대의 의료 기록이 소련에 넘어가는 것만은 막으려 했기 때문이다. 당시는 냉전이 갓 시작된 때, 미국과 소련이 국력 대결을 벌이며 상대를 이기기 위해 수단과 방법을 가리지 않던 시기였다. 731부대의 잔혹함을 알고 있는 우리로서는 씁쓸하기만 한 전개였다. 이시이는 1959년 지병인 암으로 사망했다.

731부대의 의료 기록을 넘겨받은 미국은 그 기록을 고이고이 모셔두고 분석했다. 그들은 731부대의 인체 실험 자료를 이용해 더 강력한 페스트균을 만들려고 노력했고, 이러한 연구는 1969년 관련 부서를 폐지할 때까지 이어졌다. 소련도 마찬가지였다. 소련도 독일에서 넘겨받은 의료 기록과 독자적인 연구를 통해 페스트균을 더 강력하게 만들고자 애썼는데, 이 연구는 소련이 해체된 직후인 1992년까지도 이어졌다. 1990년대에는 유전자 조작이 가능했고 항생제에 내성을 가지는 페스트균을 만들려는 대범한 시도도 이루어졌다. 그렇지만 다행히 큰 성과를 거두지는 못했다.

질병관리청에서는 페스트가 발생할 경우를 대비해 대응 지침을 마련해 놓고 있다. 로그인 없이 다운로드 가능한 자료로, 162페이지에 이르는 방대한 분량이지만 좋은 내용이 많아 여러모로 도움이 된다. 대응 지침을 전체적으로 보자면 환자 발생 즉시 대응팀이 꾸려지고 환자 격리, 역학 조사, 검역 및 격리가 실행된다는 면에서 지금의 코로나19 대응과 유사하다. 차이가 있다면 잠복기를 7일로 규정하고, 접촉자에 대해 예방적 차원의 항생제 투여를 지시한다는 점. 항생제가 있다는 것이 이럴 때 좋다. 환자에게도 당연히 격리 치료가 이루어지며, 주로 항생제를 이용하게 된다. 독시사이클린doxycycline과 시프로플록사신ciprofloxacin, 스트렙토마이신streptomycin 등이 주로 사용되는 항생제다.

정부 차원의 노력이 중요하지만, 코로나19도 그렇듯이, 일반 시민의 노력도 필요하다. 1940년 닝보시에 페스트 폭탄이 투하되었을 때, 그들은 감염원을 파악하고 증상이 있는 사람들을 적절하게 격리한 후 문제가 되는 건물을 4미터 높이의 시멘트 벽으로 둘러싸 아무도 접근하지 못하게 했다. 인근 지역에 출몰하는 설치류뿐만 아니라 반려동물까지 모두 죽이는 철저함을 보였다. 실제 고양이를 통해 페스트가 전염되는 사례가 보고되는 만큼 당시로서는 현명한 판단이었다. 결국 그들은 112명을 잃었지만 일본군이 예상한 수치인 1,450명의 8퍼센트로 피해를 최소화할 수 있었다. 항생제가 없던 시절의 방역 대책으로서는 놀라울 정도로 철저한 대응이었다. 이러한 노하우는 30년 전 페스트 창궐로 피해를 입은 만주의 경험에서 얻은 값비싼 결과였다.

페스트와 천연두

페스트만큼 위험한 질환이 천연두smallpox다. 페스트가 유럽과 아시아 대륙을 휩쓸었다면 천연두는 남아메리카 대륙을 휩쓸었는데, 천연두는 유럽의 탐험대가 묻혀 온 질병이었다. 비교적 천연두에 적응해 있던 유럽 사람들과 달리 신대륙의 원주민은 천연두에 전혀 대응하지 못했다. 천연두가 아니라면 원주민 군대가 그렇게 힘 한번 써보지 못하고 스페인 탐험대에게 패할 리 없었을 것이다.

당시 스페인 탐험대의 총은 1분에 두 발 남짓 격발할 수 있는 수준이었다. 초기에는 소리로 놀라게 만드는 효과도 있었지만, 시간이 지나며 원주민도 이에 적응했다. 몽둥이로 싸우는 원주민에 비해 유럽 정복자들의 칼과 갑옷이 큰 위력을 발휘하기는 했으나, 잉카 제국을 정복할 당시 프란시스코 피사로Francisco Pizarro가 데려간 사람은 200명 남짓이었다. 잉카나 마야와 같은 제국을 정복한 사람들은 스페인 왕실에서 파견한 정규군이 아니라 황금의 도시를 찾아 자체적으로 탐험대를 조직해 들어온 민간인이었다. 민간 탐험대가 꾸릴 수 있는 규모는 한계가 있었

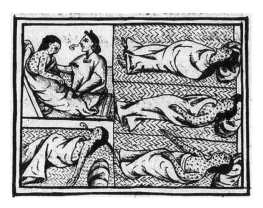

그림 신대륙 원주민이 '코코리츨리'라고 불렀던 당시의 질환

다. 반면 잉카 제국의 주민은 10만 명이 넘었다. 그럼에도 원주민이 졌다. 현지 원주민이 '코코리츨리cocoliztli'라고 부르는, 천연두와 같은 전염병 덕분에 스페인 탐험가들은 전쟁에서 이길 수 있었다.

2020년에 영국의 BBC는 역사적인 전염병을 요약하면서 페스트와 천연두를 가장 먼저 소개했다. 페스트로 인한 사망자는 앞서 언급한 세 번의 팬데믹 기간 동안 2억 명가량으로 추산되었지만 천연두 사망자는 약 3억 5,000만 명으로 추산되었다. 물론 오래전 자료를 추산하는 과정이 쉽지 않고 두 질병의 발병 시기도 다른 만큼 사회에 미치는 영향력 또한 다르다. 하지만 전체적으로 봤을 때 인류 역사상 가장 많은 사람들을 죽게 만든 전염병으로 페스트와 천연두를 꼽는 것은 무리가 아닐 것이다.

페스트와 천연두는 똑같이 인류를 괴롭힌 질병이고 지금도 생물테러감염병으로 분류되어 있다. 하지만 이 둘은 크게 다르다. 페스트는 세균(박테리아)이 감염시키지만 천연두는 바이러스가 퍼뜨린다. 세균과 바이러스는 사람과 핸드폰의 차이만큼이나 서로 달라서 접근법에서 차이가 크다. 일반적인 세균은 바이러스보다 훨씬 크고 세포로 구성되어 있으며 적당한 영양분이 있으면 알아서 생존한다. 하지만 바이러스는 유전자와 약간의 필수 단백질만으로 구성된 아주 작은 개체로서 영양분보다는 주변의 살아 있는 세포에 기생하며 살아간다. 세균은 항생제로 죽일 수 있지만 바이러스를 죽이는 물질은 거의 개발되지 않았다. 그러므로 천연두가 더 위험한 것은 맞다. 하지만 다행히도 우리에겐 백신이 있다.

1796년 에드워드 제너Edward Jenner는 알음알음으로 전해지던 노하우를 검증하기로 했다. 소를 키우는 사람들은 천연두에 잘 걸리지 않는다는 가설을 검증하기 위해 애꿎은 정원사의 여덟 살짜리 아들 제임스 핍스James Phipps에게 소의 천연두 고름을 접종했다. 그것도 모자라 시간이 지난 후 이 소년에게 다시 사람의 천연두 고름을 접종했는데, 다행히 이 힘없는 소년은 천연두에 걸리지 않았다. 이처럼 위험하기 짝이 없지만 동시에 소중한 실험은 곧 학회에 보고되었고, 이후 체계적인 검증을 거치면서 천연두 백신은 세상의 표준으로 자리 잡았다.

천연두는 사라졌을까

23세 병원 요리사인 알리 마오 말린Ali Maow Maalin은 1977년 소말리아 난민캠프 근처에서 일하며 천연두에 걸렸다. 정확한 감염 경로는 밝혀지지 않았지만 천연두 백신을 위한 캠프에 사람들을 데려다주면서 걸린 것이 아닌가 추정할 뿐이다. 그러나 말린이 역사에 이름을 남긴 것은 그가 천연두에 걸린 경로 때문이 아니다. 그가 천연두에 걸렸다는 사실 자체가 중요한데, 그는 지구상에서 '자연스러운' 경로로 천연두에 걸린 마지막 인물이다.

자연스럽지 않은 경로로 걸린 천연두 환자도 있을까? 있다. 바로 이듬해인 1978년 영국의 사진사 재닛 파커Janet Parker가 그렇게 걸렸다. 그녀는 사진사로 활동하면서 실험실 사진도 의뢰받아 촬영했는데, 하필 그가 촬영한 헨리 베드슨Henry Bedson 교수의 실험실에서는 천연두 바이러스를 연구하고 있었다. 당시에도 바이러스는 엄격하게 관리되고 있었지만 지금만큼 철저하게 밀봉되어 있지는 않았다. 일반인이었던 파커 역시 쉽게 노출될 수 있는 상태였다. 그녀는 사진을 촬영하던 중 천연두에 걸리고 말았다. 이후 그녀의 동선에 있던 사람들은 모두 격리되었다. 그녀의 아버지는 이 격리 기간 동안 심장마비로 사망했고, 실험실 책임자인 베드슨 교수는 이 사실에 책임감을 느껴 자살했다. 파커도 발병 열흘 만에 사망하고 말았다.

이와 같은 1978년의 비극적인 실험실 감염을 제외하면 말린이 마지막 천연두 감염자다. 그로부터 40여 년의 시간이 흘렀지만 천연두 환자는 보고되지 않았다. 이처럼 오랜 기간 천연두가 숙주를 찾지 못했다면 천연두는 지구상에서 박멸되었다고 볼 수 있지 않을까? 1980년에 이미 세계보건기구에서 천연두는 이제 지구상에 없다고 발표했다.

천연두 박멸은 백신이 있었기에 가능했지만, 백신은 항상 부족했다. 백신이 부족했음에도 불구하고 천연두를 박멸할 수 있었던 것은 '포위 접종ring vaccination' 전략 덕분이었다. 포위 접종이란 천연두가 빈발하는 지역이나 연관된 사람들을 우선적으로 접종시키면서 위험 지역의 천연두를 없애는 전략이다. 지금 관점에서는 당연해 보이지만 당시로서는 선진국 위주로 접종이 이루어져 정작 천연두가 창궐하는 인도 등지에서는 항상 백신이 부족했다. 이러한 상황을 정확히 인지하고 전략을 세운 후 실행에 옮긴 윌리엄 페이지William Foege는 2020년 생명의미래상Future of Life Award을 수상하는 영광을 누리기도 했다. 개인적인 생각이지만, 그의 이름을 노벨평화상에서 보는 것도 그렇게 이상하지는 않을 듯하다.

하지만 당연히 이 일은 그 혼자 한 것이 아니다. 우선 냉전이 한창이던 1970년대 후반, 미국과 소련이 힘을 합쳐 천연두 박멸 프로그램을 함께 수행할 수 있도록 계기를 마련한 사람은 빅토르 즈다노프Viktor Zhdanov다. 그는 윌리엄 페이지와 함께 생명의미래상을 공동으로 수상했다. 그러나 무엇보다도 중요한 것은 백신의 존재였다. 제너가 개발한 천연두 백신은 이후 200년간의 발전을 거치면서 안전하고 강력한 백신으로 거듭났고, 수동적인 용도가 아니라 천연두를 포위·박멸하는 공격적인 목적으로 사용되기에 이르렀다. 천연두가 비교적 박멸하기 쉬운 질환이라는 점도 기여했다. 천연두는 위험하지만 감염되면 이른 시간 내에 온몸에 고름딱지가 생겨 육안으로도 쉽게 확인할 수 있다. 또한 동물은 사람의 천연두 바이러스를 잘 옮기지 않기 때문에 환자만 격리해도 충분히 천연두를 박멸할 수 있었다. 이렇게 200년의 백신 노하우와 전문가들의 열정, 천연두의 약점이 어우러져서 인류는 천연두를 박멸할 수 있었다.

40년간 환자 하나 없이 개발된 신약

그런데 미국 식품의약품안전처Food and Drug Administration, FDA는 2018년에 천연두 치료제인 티폭스TPOXX를 승인했다. 그러고도 모자랐는지 2021년 6월 템벡사Tembexa라는 천연두 치료제를 다시 승인했다. 이번에는 동물실험 결과만으로 승인하는 파격도 보여주었다. 하긴 환자 대상의 임상 시험이 불가능했다. 환자가 없으니까. 그런데 40년 동안 환자 한 명 없는 천연두에 무슨 치료제란 말인가? 40년 동안 부작용을 우려해 천연두 백신도 맞지 않았던 전 세계 사람들은 이것을 어떻게 받아들여야 할까?

짐작하듯이, 천연두를 생물학적 테러의 수단으로 사용할 수 있기 때문이다. 우리가 천연두 백신을 맞은 지 40년이 지났고, 그동안 우리는 천연두에 대한 적응력을 거의 상실했다. 만약 지금 누군가가 의도적으로 천연두를 사용한다면, 우리는 16세기 초반 유럽인에게 정복당하던 남아메리카 원주민만큼이나 무력하게 쓰러질 수밖에 없다.

그렇다면 방법은 두 가지일 것이다. 재빠르게 천연두 백신을 생산하거나, 치료제를 복용하거나. 코로나19의 경우에서도 알 수 있듯이 백신을 아무리 빠르게 생산하고 배포해 접종하더라도 여기에는 시간이 걸린다. 장기 보관도 쉽지 않아 고생 끝에 만들어 놓은 백신을 버려야 하는 상황도 고려해야 한다. 그렇다면 치료제를 구비하는 것도 나쁜 전략은 아닐 것이다. 바이러스 치료제를 만드는 것은 굉장히 어려운 일이다. 하지만 그럭저럭 치료 효과를 보이는 약물이 있었으므로 이를 승인하고 판매해 정부에서 비축하는 것은 충분히 납득할 만한 일이다.

그런데 누가 천연두를 퍼뜨린다는 말인가? 지구상에서 사라진 천연두라고 하지 않았나? 사실 완전히 사라진 것은 아니다. 미국과 러시아가 각각 천연두 바이러스 샘플을 보관하고 있다. 미국과 러시아가 서로를 믿고 다 함께 폐기한다면 참 아름다운 결말이겠지만 그럴 리는 없다. 국제 정치에 무한 신뢰가 어디 있겠는가? 결국 두 나라가 서로를 견제하며 혹시 모를 상황에 대비해서 백신 제조용으로 천연두 바이러스를 보관하고 있는 형국이다. 물론 아주아주 열심히 밀봉해 놓았으리라 믿는다. 두 나라가 퍼뜨리진 않을 것으로 무한 신뢰할 수밖에 없다. 러시아가 우크라이나를 침공하는 과정에서 천연두를 생화학무기로 사용할 가능성에 대해 사람들이 우려를 보이는 이유기도 하다.

하지만 두 나라가 퍼뜨리지 않더라도 천연두가 제3의 장소에서 나타날 가능성은 얼마든지 있다. 2011년 뉴욕 한복판에서 땅을 파다가 발견한 관에서는 정성스럽게 밀봉한 시신이 나왔다. 처음에는 살인 후 은폐한 시신이 아닐까 유추도 했지만 지나치게 밀봉한 시신은 혹시 보물이라도 있는 것이 아니냐는 호사가의 관심 또한 불러일으켰다. 그런데 철저한 조사 끝에 진단한 사인은 뜻밖에도 천연두. 150여 년 전에 죽은 이 시신은 천연두 바이러스가 새어 나오는 것을 막기 위해 밀봉되어 있었다. 일어나서는 안 되겠지만, 북극의 빙하가 녹으면서 갇혀 있던 사체가 떨어져 내려오고 사체 안의 천연두 바이러스가 해동될 수도 있다. 일반적인 천연두와는 조금 다르지만, 원숭이두창monkeypox이 발병해 2022년 7월 세계보건기구가 비상사태를 선언한 것은 이 계열 바이러스의 무서움을 보여주는 또 다른 예다. 천연두가 언제 어떻게 나타날지 모르는 상황에서 대비책을 갖는다는 것이 그렇게 무리한 준비는 아니다.

그래서 미국뿐만 아니라 우리나라도 천연두를 생물테러감염병으로 지정해서 관리하고 있다. 생물테러감염병은 치사율도 중요하지만 전쟁 무기로 사용되었을 때 우리가 얼마나 무방비로 당할 수 있는가를 고려해서 정한다. 지금 시점에서 천연두가 퍼

지는 것은 그나마 약이 있는 에이즈보다도 무서운 일이라서 당
국에서는 여전히 고심하고 있다.

질병의 공포는 끝이 없다.

남아메리카 사람들은
유럽인과 무엇으로 싸웠나?

남아메리카를 정복하는 과정에서 유럽인이 묻혀 온 천연두가
큰 역할을 했다는 것은 앞서 설명했다. 그런데 뜻밖의 유리한 전
황에 있던 스페인 탐험가들을 그 와중에 벌벌 떨게 한 원주민의
무기가 있었으니 바로 화살이었다. 원주민은 사냥을 위해 화살
을 사용하고 있었다. 가느다란 대롱에 가는 화살을 넣어 입으로
불어서 쏘는 형태인데, 화살 자체의 위력은 그다지 높지 않았다.
비슷한 시기 조선의 화살이 훨씬 정확하고 강력했다.

   남미 원주민의 화살을 경쟁력 있게 해준 것은 바로 화살촉에
묻어 있던 독이었다. 그들은 독초를 썰고 빻아서 으깬 후 즙을
내고 화살촉을 그 즙에 적시면 입으로 부는 약한 힘으로도 사냥
감이 죽는다는 것을 경험적으로 알았다. 상처가 크지는 않지만
상처로 들어간 독이 사냥감을 죽인다는 사실은 분명했다. 그리
고 그 기술을 스페인 탐험가들에게 그대로 쓰고 있었다. 스페인
탐험가의 총은 격발과 동시에 위치가 드러났다. 하지만 원주민
의 화살은 그럴 우려가 없었다. 그들은 은밀하고 치명적이었다.

남미 원주민의 무기가 전황을 바꿀 정도로 크게 활약한 것은 아니다. 근처까지 은밀하게 접근하는 것도 마냥 쉬운 일은 아니었기 때문이다. 숲은 사냥하기에는 좋은 곳이지만 대규모 전투에 어울리는 곳은 아니다. 그런데 간단한 의문을 가져보자. 독으로 죽은 사냥감을 먹어도 괜찮을까? 먹는 사람도 독에 중독되는 것은 아닐까?

시간이 흐른 후 유럽의 의사들은 이와 같은 사실에 의문을 가졌다. 저들이 쏘는 독은 어떻게 작용할지에 대해 연구하며 그 원인 물질을 찾았고, '튜보큐라린tubocurarine'이라는 이름을 붙였다. 튜보큐라린은 위장관에서 흡수되지 않으므로 음식으로 섭취했을 때에는 큰 문제를 일으키지 않는다. 하지만 혈관으로 들어가는 순간 근육을 마비시켜 움직이지 못하게 한다. 그러므로 원주민의 화살에 맞은 동물은 움직이지 못한 채로 사냥꾼에게 확인 사살을 당할 운명이었다. 하지만 그 전에 이미 호흡근육 마비로 질식사하는 경우가 훨씬 더 많았다. 사냥감에게는 위험하지만 그것을 먹는 사냥꾼에게는 안전한 이유였다.

1942년 캐나다의 의료진은 이 위험한 독을 환자의 전신마취에 이용했다. 보통 전신마취를 위해서는 마취 가스를 사용하는데, 가스관을 환자의 기관지에 넣는 과정이 쉬운 일은 아니다. 그래서 정맥마취제로 수면을 유도한 후 가스관을 삽관한다. 그런데 우리의 기관지는 잠들어 있어도 우리를 지킨다. 호흡근이 수축하며 가스관이 들어오는 것을 막는 것이다. 이런 자율 반응 때문에 수면 마취가 힘들었는데 호흡근을 마비시키는 약까지 사용한 것이다. 정리하자면 정맥마취제로 수면을 유도한 후 호흡근 마비제를 넣어 근육을 이완하고 마지막에 삽관하는 방식이다. 너무 거창한 것 아니냐고 걱정하는 독자들을 위해 덧붙이자면, 평소에 우리가 호흡근 마비제나 마취 가스를 만날 일은 많지 않다. 수면 내시경 등 대부분의 간단한 시술은 프로포폴propofol과 같은 정맥마취제만으로도 충분하다.

튜보큐라린은 잘 사용하기만 하면 사냥에도 쓰이고 전신마취에도 쓰이지만 부주의하게 사용해 누군가를 죽음에 이르게 하는 경우도 있다. 멀쩡한 사람에게 튜보큐라린을 투여하는 경우인데, 이럴 경우 1500년대 남아메리카 원주민의 사냥감이 그랬듯 수 분 내에 죽음에 이른다. 부주의에 의한 의료 사고도 있고, 독살에 사용되는 경우도 있다. 매년 잊을 만하면 유사한 기사가 나와 안타까울 뿐이다.

참고로 튜보큐라린은 『셜록 홈스Sherlock Holmes』 시리즈에도 나온다. 셜록 홈스의 작가인 아서 코넌 도일Arthur Conan Doyle은 런던에서 개업한 의사였는데 환자가 많지 않아 다양한 시도를 했다. 기초 연구도 진행해서 비소에 관한 논문도 발표했지만 이후 소설에 흥미를 붙여 1887년 셜록 홈스라는 캐릭터를 창조해 낸다. 로베르트 코흐도 그렇고, 그 시절 환자가 많지 않았던 의사는 참 대단한 일을 했다. 그런데 정작 도일은 독극물에 정통했음에도 불구하고 튜보큐라린에 대해서는 오류를 범하고 만다.

튜보큐라린은 셜록 홈스가 탄생한 첫 번째 소설 『주홍색 연구A Study in Scarlet』에서 등장한다. 소설이 전개되고 범인이 잡혀 자백하는 장면에서 범인은 남아메리카 원주민의 화살촉에서 나온 독을 사용했다고 털어놓는다. 이어서 범인은 독을 알약 형태로 만들어 피해자에게 먹였다고 자백한다. 하지만 앞서 설명했듯이 화살촉의 독 성분인 튜보큐라린은 먹어서는 그다지 독성이 없다. 화살촉의 독이 튜보큐라린이 아닌 다른 독이더라도 사냥용으로 쓴 독은 먹었을 때 독성을 띠지 않는다. 사냥은 먹으려고 하는 것이다. 백번 양보해 남아메리카 원주민이 사냥용이 아니라 전투용으로 새로운 독을 개발했다면 이해할 수 있으나, 그런 기록은 찾기가 어려우니 도일의 설정 오류로 봐야 하지 않을까 싶다. BBC에서 나온 베네딕트 컴버배치와 마틴 프리먼 주연의 영국 드라마 〈셜록Sherlock〉에서는 '분홍빛 연구'로 각색되어 나왔는데, 이 드라마에서는 이러한 설정 오류가 나타나지 않는다.

2장

마약, 전쟁을 지배하다

삼림지대와 전격전

호각이 울리고 전차가 움직였다. 독일군이 이 전쟁의 성패를 가를 진군을 시작했다. 아르덴 삼림지대를 돌파해 프랑스군을 궤멸하기 위한 첫걸음이었다. 독일 수뇌부는 이 전쟁을 이기기 위해 수없는 시뮬레이션과 시행착오 끝에 이 지역부터 침공해 들어가기로 했다. 그런데 왜 하필 아르덴 삼림인가?

독일은 그 전신이던 프로이센 시절부터 프랑스와 전쟁을 벌였으므로 서로의 전략을 너무나도 잘 알고 있었다. 싸우면 항상 양국의 가운데에 있는 벨기에에서 싸웠다. 나폴레옹Napoleon Bonaparte도 벨기에의 워털루에서 무너지지 않았는가? 제1차 세계대전 때에도 이 지역에서 겨루다가 4년을 낭비했다. 그리고

졌다. 프랑스의 주력 부대가 이쪽에 있을 것은 확실하다. 항상 그랬으니까. 무난하게 가면 무난하게 진다.

벨기에가 어렵다면 아예 아래쪽의 스위스를 넘어서 프랑스로 진격해 가는 방법도 있었다. 스위스 그 작은 나라가 무슨 힘이 있겠는가? 그런데 그 작은 나라가 지난 5년간 텐션을 장난 아니게 끌어올려 거의 세계를 정복할 수준으로 군대를 양성했다. 들리는 첩보에 의하면 군대의 양과 질에서 프랑스와 비교가 안 된다. 차라리 프랑스를 직접 공격하는 것이 더 쉽겠다. 스위스는 영세중립국을 선언해 주는 것이 고마울 정도다. 생각해 보면 스위스 용병은 중세 시절부터 전 유럽에 명성을 떨치고 있었다. 작은 하마는 건드리는 것이 아니다.

물론 프랑스와 독일은 맞대고 있는 국경이 아주 길다. 이 지역 어디든 들어가더라도 파리로만 가면 된다. 길은 통하니까. 그런데 프랑스도 이런 독일의 사정을 잘 알고 대규모 참호를 건설해 놓았다. 전 국경에 걸쳐 만리장성 쌓듯이 참호를 건설했는데, 만리장성은 땅 위에 있으니 대포로 무너뜨릴 수라도 있지만 프랑스의 참호는 땅 밑에 있다. 그리고 임시로 건설해 놓은 것도 아니고 10년에 걸쳐 160억 프랑의 예산을 들여 완공해서 그 안에 요격 진지와 수송 열차를 위한 철도 노선까지 만들어 두었다. '참호'라고 부르고 '요새'라고 읽는 이 방어선은 프랑스 국방 장관의 이름을 따서 '마지노선Maginot Line'이라 불렀다. 마지노선을 통과한다면 독일이 단번에 승기를 잡겠지만, 제1차 세계대전에도 뚫지 못했던 참호를 어떻게 뚫겠는가? 전쟁이 길어지면 또 진다. 제1차 세계대전 꼴 난다.

그래서 남은 지역이 아르덴 삼림지대다. 벨기에 남쪽의 이 삼림지대는 지형적 특성상 대규모 군사 작전이 쉽지는 않다. 그러므로 방비는 허술할 것이다. 물론 방어 부대가 없지는 않을 것이고 침공이 알려진다면 곧 프랑스 군대가 들어올 것이다. 하지만 예상보다 빠른 속도로 독일의 기갑부대가 돌파한다면 북으로 진격해 벨기에 지역에 주둔한 프랑스 정예 병력을 뒤에서 공격할 수 있다. 낫질처럼 쓸어버리는 것이다. 프랑스 정예병 입장에서는 독일에서 들어오는 군대와 아르덴 삼림을 돌파한 군대 양쪽에서 협공을 당하는 상황이니 대응이 사실상 불가능하다. 그러면 아래쪽의 마지노선은 아무 의미도 없다. 그냥 파리로 가는 것이다. 그런데 대규모 군사 작전이 쉽지 않은 아르덴 삼림을 독일의 기갑부대가 예상보다 빠른 시간 내에 돌파하는 것이 가능한 일일까?

메스암페타민

독일군은 각성제를 사용했다. 상품명 '퍼비틴Pervitin', 성분명 '메스암페타민methamphetamine'인 이 물질은 '필로폰Philopon'이라는 일본 상품명으로 더 유명한 물질이다. 1887년 독일에서 먼저 합성했다는 기록이 있지만, 세상에 널리 알려지게 된 것은 1893년 일본의 약화학자인 나가이 나가요시長井長義가 생산을 하면서부터다. 메스암페타민은 도파민과 구조적으로 유사하지만 뇌에는 더 잘 들어가는 물질이다. 그만큼 흥분 효과가 뛰어나다. 물론 이 물질을 만들었을 당시에는 이런 것까지 고려하지는 않았겠지만 결과적으로 만들어서는 안 될 물질이 만들어지고 말았다.

메스암페타민은 초기 실험에서 피로 회복 효과가 탁월한 것으로 밝혀져 우리가 지금의 커피를 마시듯이 일본인의 생활에 녹아들었다. 독일에서는 1937년에 본격적으로 시판되었는데, 일본 제품을 받아들인 것이 아니라 독자적으로 연구해서 개발한 제품이었다. 독일에서는 군인들의 야간 행군을 돕고 집중력을 유지하는 데 도움을 줬기 때문에 지휘관이 사병들에게 권장할 정도로 애용했다. 전차부대원에게도 많이 지급되었는데, 독일군의 주력이 기갑부대라는 것을 떠올리면 쉽게 이해된다. 좁고 더운 탱크 안에서 집중력을 유지하는 것이 쉬운 일은 아니다.

제2차 세계대전 초반 독일군의 기세를 보면 신기할 따름이다. 정예 중의 정예 19기갑사단이 전투 초기에 치고 나갔는데, 지휘관인 하인츠 구데리안Heinz Guderian은 3일간 잠을 자지 않을 각오로 달리자는 연설을 한 상태였다. 전투가 끝나고 복기해보면 기갑부대가 3일간 달리기만 해도 갈 수 없는 거리를 전투를 진행하면서 돌파하는 믿기 어려운 속도를 보여주었다. 우리가 흔히 전격전이라고 부르는 신화가 여기에서 시작되었다. 7기갑사단의 에르빈 로멜Erwin Rommel 또한 엄청난 속도를 보여주었다. 로멜은 단순히 속도만 낸 것이 아니라 프랑스나 벨기에 군대를 유린하며 진행하는 여유를 보였다. 로멜의 부대도 퍼비틴을 사용한 것으로 밝혀졌으며, 심지어 로멜 본인이 사병들에게 일일이 퍼비틴을 나눠주는 정성을 보였다고 한다.

각성제의 힘이 이렇게까지 대단한가? 물론 독일군이 제2차 세계대전 초기 보여주었던 파괴력의 원인은 여러 가지다. 가령 독일은 나치가 집권하면서부터 전쟁을 준비했는데, 특히 기갑부대에 운명을 걸고 오랜 기간 장교들을 훈련시켰다. 패전국이 군사훈련을 하면 문제가 될 수 있기에 감시가 어려운 지역까지 이동해서 장기간의 훈련을 진행했다. 이 훈련에는 탱크를 다루는 것뿐만 아니라 탱크 수리부터 전투 요령까지 모든 것이 포함되어 있었다.

탱크에 대한 훈련이 마무리되면 정신 무장과 적국의 생활 습관에 대한 훈련까지 병행했다. 장교들이 전투 시 위계에 얽매이지 않고 적절한 범위 내에서 최대한 자율을 가질 수 있게 했다고 하니, 돌발사태에 유연하게 대처할 수 있었음은 당연한 일이다. 자고로 전투가 진행되면 장군은 왕의 명령도 듣지 않는다고 하지 않았던가. 하지만 막상 그것을 기조로 훈련시킨다는 것이 쉬운 결정은 아닌데 독일은 철저하게 임무형 돌파를 준비했다. 오랜 훈련과 임무형 돌파의 혼합은 전쟁 초기 독일군의 전투력을 크게 향상시켜 주었다.

여기에 속도가 더해졌다. 독일의 전격전은 일단 돌파하고 보는 전략이다. 적을 뒤에 남겨놓고 최대한 빠른 시간 안에 전략적 목표로 향해 가는 방식인데, 자칫 잘못하다가는 뒤에서 역습을 당할 수도 있다. 뒤따라오는 자국 부대에 대한 믿음도 있어야 하지만 절대적으로 속도 자체가 중요하다. 잘못하다가 발이 묶이면 진흙탕 싸움이 된다. 그럴 경우 대규모 군사 작전이 쉽지 않은 지역인 만큼 독일군의 초기 전략이 완전히 실패할 수 있다. 전쟁이 길어지면 독일은 이길 수 없다. 제1차 세계대전에서도 그랬고, 제2차 세계대전 후반부에서도 그랬다.

퍼비틴은 독일군 부대에 속도와 지구력을 더해주었다. 그들이 정말로 3일간 잠을 자지 않았는지는 알 수 없으나, 퍼비틴이 프랑스군의 상식을 초월한 속도와 지구력으로 독일군을 움직이게 한 것은 분명하다. 무협지에서 봉인된 비기를 이용해 전투력을 일시적으로 끌어올리는 장면이 가끔 나오는데, 당시 독일군의 퍼비틴은 이런 역할을 훌륭히 해주었다.

프랑스군의 핵심 전력을 제압한 후 독일군은 전열을 재정비해 파리로 진격했다. 기세가 오른 독일군을 막기에 프랑스군은 무력했고, 얼마 지나지 않아 일선 전투부대들이 속속 항복하기 시작했다. 그리고 나치는 파리에 입성했다. 1940년 6월 14일, 전면전을 시작한 지 약 한 달 만에 독일은 역사적 승리를 거두었다.

전투는 하늘로도 옮겨 갔다. 추락하면 대부분 사망하는 파일럿이야말로 한순간도 긴장을 놓을 수 없는 사람들이다. 그렇기 때문에 당시의 파일럿은 비행을 앞두고 각성제를 복용하는 경우가 많았다. 주로 복용한 성분은 메스암페타민 또는 이와 유사한 물질인 암페타민이었다. 그들은 좁은 조종석에서 항시 긴장하며 적기를 살피고 대공포를 피해야 했다. 추락 후 살아남아도 포로가 되는 공포에 시달려야 했다. 각성제가 필요한 이유였다. 그들은 무사히 귀환한 후 바비탈barbital과 같은 수면진정제를 복용하고는 했다.

메스암페타민이 파일럿에게 영향을 준 사례는 일본의 경우가 더 극적이다. 전쟁 막바지 일본은 패색이 짙어지자 마지막 수를 썼다. 우리가 잘 아는 자살 공격대, 가미카제 특공대다. 그런데 가미카제 특공대는 자살 비행을 하는 순간 기분이 어땠을까? 그들이라고 돌아올 연료 없이 비행을 하고 싶었을까? 도망가는 특공대원을 막기 위해 손을 묶고 조종간에 고정시킨 후 그것도 모자라 감시 비행기가 따라붙었다는 사실을 떠올리면, 저 승산 없는 비행을 내켜서 하는 소년병은 그렇게 많지 않았던 듯하다. 가미카제 특공대가 자살 비행을 하기 전 마지막으로 마신 것은 일왕이 건네준 필로폰 차였다.

베른의 기적

독일의 퍼비틴 사랑은 제2차 세계대전이 끝난 후에도 이어졌다. 1954년 스위스 월드컵을 보자. 우리에게는 최초로 참가한 월드컵이자 헝가리와 터키에게 각각 9 대 0과 7 대 0으로 진 가슴 아픈 대회다. 서독에게도 전쟁 이후 최초로 참가한 월드컵이다. 서독은 마침 우리나라와 함께 예선 2조에 속해 있었는데, 조별 예선 탈락이 확정된 우리나라와는 경기하지 않았다. 당시는 그랬다.

서독은 우리가 9 대 0으로 졌던 헝가리와 조별 예선에서 경기를 치러 8 대 3으로 패했다. 헝가리는 당시 세계 최강이었고 유력한 우승 후보였다. 조별 예선 결과 헝가리는 2승으로 조 1위, 서독과 터키는 1승 1패 후 서독이 플레이오프 끝에 터키를 물리치고 8강전에 올랐다. 이후 서독은 유고슬라비아와 오스트리아를 차례로 제압하고 결승전에 오르는데, 결승전 상대는 조별리그에서 8 대 3으로 패한 헝가리였다. 우리나라로서는 같은 조에 속한 팀이 월드컵 우승과 준우승 팀이라니 참 대진운도 없었던 셈이다.

그리고 1954년 7월 4일 스위스의 아름다운 도시 베른에서 운명의 결승전이 열렸다. 전력 차이가 나는 편이었으므로 결승전도 일방적이지 않을까 싶었는데, 당시 독일 선수들이 경기 시작 전부터 눈이 풀려 있었다는 헝가리 선수들의 목격담도 전해진다. 그리고 시작된 결승전. 전반 시작과 동시에 헝가리가 두 골을 넣을 때까지만 해도 예상대로 흘러간다 싶었다. 하지만 그 후 10분 만에 독일이 두 골을 따라잡아 전반전을 2 대 2로 마치더니 후반 39분에 극적인 골을 넣으며 독일이 3 대 2로 승리했다. '베른의 기적'이라고 불리는 결승전인데, 서독은 최초로 참가한 그해 월드컵에서 많은 사람들의 예상을 깨고 우승을 거머

쥐었다.

그런데 2010년, 서독이 스위스 월드컵 당시 퍼비틴을 복용했다는 사실이 보도되었다. 스위스 월드컵뿐만 아니라 다른 국제 대회에서도 국가가 주도적으로 약물을 권장했다는 사실이 밝혀졌다. 2013년에는 독일 훔볼트대학에서도 같은 내용을 발표했다. 헝가리 선수들이 목격한 독일 선수들의 풀린 눈은 퍼비틴 때문이었다. 그들은 약 빨고 승리한 것이다.

축구 경기에서 도핑 검사가 실시된 것은 1966년 잉글랜드 월드컵부터다. 그러므로 그 전에 약물을 복용했다는 이유로 우승 기록을 박탈할 수는 없다. 하지만 베른의 기적이라며 50년간 추억했을 수많은 사람들에게는 얼룩진 기억으로 남을 수밖에 없을 일이다. 독일은 그렇게까지 이기고 싶었을까? 전쟁에 패한 후 상실감에 시달린 독일 국민을 위로할 무언가가 필요했던 것인지, 전쟁에 참여한 군인의 마음으로 퍼비틴을 복용한 것인지, 그냥 습관처럼 먹은 것인지는 알 수 없다. 하지만 약의 역사를 공부하는 입장에서 씁쓸한 기분이 드는 것은 어쩔 수 없다.

일상으로 파고든 향정신성의약품

전쟁은 끝이 없다. 한국전쟁, 베트남전쟁, 걸프 전쟁, 이라크 전쟁, 아프가니스탄 전쟁, IS 전쟁. 수없이 많은 전면전과 그보다 더 많은 국지전이 이어지는데, 파일럿의 각성제 사랑도 꾸준히 이어지고 있다. 2003년 기사에 따르면 아프가니스탄 전쟁에 참여한 미군 파일럿이 비행을 하던 중 지상에서 번쩍이는 불빛을 보고 적의 대공 사격을 의심해 폭탄을 투하했다. 정작 아래에서는 캐나다 군인들이 훈련 사격을 하고 있었는데, 미군의 폭격에 아군인 캐나다군이 희생된 셈이다. 당시 미군 파일럿은 비행 직전 암페타민을 복용한 것으로 밝혀졌다. 각성제로 인한 공격성과 지나치게 빠른 반응속도 때문에 일어난 참사다.

각성제 사랑은 유럽이나 미국 군인들만의 특징이 아니다. IS 대원들도 각성제를 복용하고 전쟁을 수행했다는 사실이 밝혀졌는데, 그간의 행적을 감안하면 그다지 놀라운 소식은 아니다. 그런데 주목할 것은 그 성분이다. 본인들은 성스러운 약을 뜻하는 '지하드 필Jihad pill'이라고 부르지만 주성분은 페네틸린fenethylline 이라는 물질이다. 페네틸린은 그 구조가 밝혀졌는데 암페타민과 테오필린이 연결되어 있다. 암페타민이야 그렇다 치고 테오필린은 어떤 약인가? 카페인과 유사하게 작용한다고 보면 된다. 즉, IS 대원들은 작전에 임하기 전 무시무시한 각성제를 두 가지나 먹고 시작했다는 것인데, 암페타민을 진한 커피에 타 먹었다고 생각하면 되겠다.

이탈리아 경찰은 IS 소탕 작전이 막바지에 접어들던 2020년, IS 조직원들이 사용한 것으로 보이는 지하드 필을 압수했다고 보도했다. 압수된 지하드 필은 14톤이나 되는 엄청난 양이어서 과연 전투에 임하는 IS 대원들이 한 알씩만 먹었을지에 대해서도 의구심을 가지게 된다.

제2차 세계대전이 끝나면서 메스암페타민의 종주국 일본에서는 필로폰에 대한 자성의 움직임이 일기 시작했다. 각성제에 너무 의존했고 그로 인한 개인적, 사회적 비용이 심각하다는 것을 인지한 것이다. 그러나 약을 끊는 것이 쉬운 일인가? 여전히 음지에서 필로폰을 복용하는 일본 중독자들이 존재했고, 이들의 수요를 맞추기 위해 상대적으로 단속이 덜한 우리나라에서 필로폰 제조가 이루어졌다. 우민호 감독, 송강호 주연의 2018년 영화 〈마약왕〉은 이러한 시대적 상황을 잘 반영하고 있다.

메스암페타민은 화학구조가 간단하기에 약간의 경험과 끈기만 있으면 만들 수 있었고, 우리나라는 곧바로 일본의 공급원이 되었다. 그리고 1980년대에 들어서면서 일본의 필로폰 단속이 심해지자 이제는 우리나라에서 만든 필로폰을 우리나라에서 자체적으로 소비하기에 이른다. 전 세계적으로 마약류 사용자의 대부분이 대마초 사용자인 데 비해 우리나라에서 특이하게 메스암페타민 중독자의 비율이 높았던 이유다. 최근에는 이러한 경향이 줄어들고 있는데, 메스암페타민 중독이 줄어든 것이 아니라 다른 마약류가 늘어나서 그런 것이 아닐까 생각한다. 한때 우리 스스로 마약 청정국이라 자부했지만 연달아 터지는 관련 소식을 접하다 보면 지금도 마약 청정국인지 돌아보게 된다.

메스암페타민은 향정신성의약품으로 분류되어 엄격하게 관리되고 있지만 그 구조는 강력한 활성을 보이기 때문에 메스암페타민에 기반한 약들은 조심스럽게 사용되고 있다. 우선 이러한 각성제들은 식욕을 억제하는 경향이 있다. 마약 중독자를 상상할 때 보통 비쩍 마른 사람을 생각하지 않는가? 메스암페타민은 구조가 간단하기에 화학적 변형을 거쳐서 식욕억제제로 연구되었고 지금도 다이어트 약으로 시판되고 있다. 다만 기본적으로 향정신성의약품에서 나온 물질이기 때문에 반드시 처방전이 필요하며, 그마저도 일정 기간 이상 복용하지 못하도록 하고 있다. 구조를 잘 알고 있는 나로서는 굳이 위험을 감수해 가며 저런 다이어트 약을 복용해야 하는지 의문스럽다. 실제로 관련 다이어트 약 중 하나는 최근 심장 관련 부작용과의 인과관계가 밝혀져 시장에서 퇴출되기도 했다. 약으로 살을 빼야 하는 날이 오더라도 나는 다른 종류의 다이어트 약을 사용하지 않을까 싶다. 전혀 다른 구조나 기전에서 유래한 다이어트 약도 많으니 참고하기 바란다.

메스암페타민의 흔적을 찾아볼 수 있는 두 번째 경우는 주의력결핍 과잉행동장애attention deficit hyperactivity disorder, ADHD 치료제다. 앞서 언급한 지하드 필도 원래 1960년대에 ADHD 치료제로 개발되었다가 부작용이 심해 금지된 약물이다. 하지만 최근에는 메스암페타민의 구조를 개선해서 ADHD 치료제로 비교적 안전하게 사용하고 있으며, 적절한 처방에 따라 복용하면 상당한 효과를 볼 수 있다. 다이어트 약과는 다르게 대체할 만한 약이 부족하다는 것도 이 약이 필요한 이유다.

다만 이 약을 전혀 다른 용도로 사용하는 경우가 있는데, '공부 잘하는 약'으로 쓰는 경우다. 경쟁이 심한 사회다 보니, 이런 위험한 약에까지 손을 뻗치게 되는 상황을 이해하지 못하는 것은 아니다. 하지만 앞서 언급했다시피 ADHD 치료제는 적절한 처방에 따라 복용해야 한다. 즉, 주의력이 부족한 사람이 복용했을 때는 어느 정도 개선될 수 있으나 정상적인 사람이 복용했다고 주의력이 늘어나지는 않는다. 또한 우리 몸은 이런 종류의 약에 대해서는 쉽게 내성이 생기므로 순식간에 효과는 사라지고 부작용만 남는 낭패를 겪게 된다. ADHD 치료제와 성적 상승의 인과관계가 명확하지 않은 것도 학부모에게 안타까운 일이지 모르지만 보건의료 관점에서는 다행스러운 일이다.

반면교사로 언급하고 싶은 예는 리처드 피Richard Fee라는 학생의 사례다. 리처드 피는 의대에 가기 위해 시험을 준비하던 23세의 평범하고 착한 청년이었다. 하지만 2009년 성적을 올리기 위해 ADHD 치료제인 암페타민, 상품명 '애더럴Adderall'을 복용하면서 변해가기 시작했다. 원래 그가 처방받은 약물은 까다로운 검사와 면담을 통해 제한적으로 처방이 내려져야 했지만, 작정하고 ADHD 환자인 척하고 속이니 너무나 쉽게 처방이 내려졌다. 의사가 속았던 것인지, 별생각 없이 처방한 것인지 알 수 없다. 어쨌든 곧바로 성적은 조금 올랐지만 집에서 소리를 지르거나 바닥을 기는 등의 이상한 행동을 보이기 시작했고, 사랑스러운 아들이 변해가는 모습을 보다 못한 부모는 약을 끊으라고 권했다. 하지만 한번 금단의 열매를 맛본 사람에게 그것이 되겠는가? 갈수록 폭력성을 띠는 아들의 모습에 부모는 그가 갈 만한 모든 병원을 돌아다니며 처방하지 말아달라고 요구했지만, 아들은 부모의 손길이 미치지 않는 먼 곳의 병원에서 3개월씩 처방을 받아 왔다. 그리고 2년 뒤인 2011년 자신의 방에서 자살했다. 2년 만에 액자 속 사진으로만 남은 그의 모습은 우리에게 묵직한 반향을 남긴다.

아편과 모르핀

마약류 의약품이 각성제 용도로만 전쟁에 부역한 것은 아니다. 진정제 용도로 사용한 마약을 소개하려고 한다. 우리는 보통 마약이면 필로폰이나 아편이나 비슷하다고 생각하지만 엄연히 다른 물질이다. 우선 법적으로 다르다. 마약류 관리에 관한 법률에 따르면, 마약류란 마약과 향정신성의약품 그리고 대마를 일컫는 표현이다. 마약은 아편이나 코카엽에서 유래한 물질 또는 그 가공품이나 관련 합성 물질을 생각하면 되는데, 주로 모르핀morphine과 헤로인heroin, 코카인cocaine 등이 해당한다. 향정신성의약품은 이런 마약과는 다른 구조의 물질이지만 중추신경계에 미치는 영향이 크고 중독성이 심해서 따로 관리를 받는 물질이다. 앞서 언급한 메스암페타민이나 각종 수면제 등이 이에 해당한다. 효과도 확실하게 구분된다. 메스암페타민은 각성제로 주로 사용되고, 아편이나 모르핀 등은 수면제나 진정제로 주로 쓰였다. 그러므로 이제부터 이야기할 아편이나 모르핀이 전투력을 높이기 위해 사용된 적은 별로 없다. 아편전쟁이라는 거창한 이름의 전쟁이 있기는 하지만, 막상 아편전쟁에서도 아편이 전투용으로 사용된 적은 거의 없다. 그저 전쟁의 명분으로 작용했을 뿐 아편과 관련한 질병이 있는 것도 아니다. 물론 마약 중독은 심각한 문제이기는 하지만 이 책에서 다루고자 하는 바와는 결이 조금 다르다.

그러나 아편전쟁 이후 아편은 본격적으로 전쟁에 이용되기 시작했다. 이때는 전투용으로 쓰인 것이 아니라 부상병 치료를 위해 사용되었다. 여기에는 두 가지 계기가 있다. 하나는 주사기의 보급이다. 그 전까지는 먹거나 코로 흡입하는 수준에 머물러 있다가 1850년대 주사기의 보급으로 마약을 혈관에 직접 주입할 수 있게 되었다. 아무래도 마약을 혈관에 직접 '로켓 배송'하는 셈이니 마취 효과는 탁월하겠지만 그만큼 위험하기 이를 데 없는 변화이기도 하다. 하지만 두 번째 계기가 훨씬 더 중요한 변화를 낳았는데, 이것은 이미 1804년에 이루어져 있었다. 바로 아편의 주성분인 모르핀의 분리다.

아편 생산법은 비교적 간단하다. 양귀비가 열매를 맺고 땅에 떨어지기 전 그 열매에 살짝 상처를 내면 과즙이 흘러내린다. 이 과즙을 모아서 건조하면 갈색의 아편 덩어리가 된다. 이 덩어리를 빻아서 다시 섭씨 60도 이하의 온도에서 건조하면 아편 가루가 되는데, 지역이나 제조법에 따라 효능은 조금씩 다르다. 그런데 왜 효능이 다를까? 종자의 차이도 있겠지만, 가장 결정적인 이유는 주성분의 함량이 다르기 때문이다. 한국마약퇴치 운동본부의 안내에 따르면 지금도 아편 중 모르핀의 함량이 20퍼센트를 넘기가 어렵다. 그런데 아편 속 모르핀의 함량이 이처럼 다르다면 모르핀을 순수하게 분리해서 효과를 내는 것이 더 강력하지 않을까?

모르핀은 1804년 21세의 독일 약사 프리드리히 제르튀르너Friedrich Serturner가 분리했다. 어리면 용감한 것일까? 이 겁 없는 청년은 그 귀한 아편을 그냥 팔아도 모자랄 판에, 물에 녹이고 산이나 염기를 가하고 끓이고 식혀서 아편을 성분별로 분리해 버린다. 그중 제일 그럴듯한 하얀 가루의 효능을 확인하기 위해 친구 세 명을 불러 함께 복용했는데, 용량에 대한 개념이 없는 상태였기 때문에 과량 복용으로 죽기 직전까지 갔다가 위세척으로 겨우 살아날 수 있었다. 그 후 이 가루의 수면 효과가 무서웠는지 수면의 신인 모르페우스Morpheus의 이름을 따 '모르핀morphine'이라는 이름을 붙이고 한동안은 거들떠보지도 않았다.

그랬던 제르튀르너는 무슨 이유에서인지 10년이 지나 모르핀을 판매하기 시작했다. 사실 아편보다는 모르핀의 효과가 강력하다. 주성분 20퍼센트짜리와 주성분 100퍼센트짜리 물질이 있다면, 당연히 후자를 택하지 않겠는가? 아편에는 모르핀 외에도 다른 성분들이 다량 함유되어 있는데, 이 물질들이 구역질이나 변비를 유발한다. 물론 모르핀 자체에도 이런 효과가 있기는 하지만 그래도 모르핀만 복용하는 것이 효과는 더 확실할 테다.

모르핀의 분리는 의약품의 역사에서도 중요한 의미를 띤다. 전통적인 약재에서 주성분이 분리된 최초의 의약품이 모르핀이다. 모르핀의 분리를 시작으로 약효를 가진 생약재들의 주성분을 분리하는 연구가 이루어지고, 주성분이 분리되면서 의약품의 활성 기전이나 약효 개선에 관한 연구 등이 활발하게 이루어지게 되었다.

모르핀은 다양한 용도로 이용되었다. 초기에는 수면제로 사용되었지만 시간이 지나면서 진정 효과를 노리고 사용하는 경우가 더 많아졌다. 물론 중독성이 심각하다는 단점이 있다. 모르핀의 작용 기전과 중독성에 대한 연구는 지금도 활발하게 이루어지고 있다.

모르핀이 분리되고 주사제가 개발되면서 사람들은 급속도로 모르핀에 중독되어 갔다. 중국에 팔려고 재배했던 인도산 아편이 유럽제 모르핀으로 변모되어 자신들에게 돌아오기도 했다. 그것도 주사기에 담겨서. 그런데 유럽인은 이렇게 위험한 모르핀을 전쟁에 사용하는 묘수를 발휘했다. 수면과 진정 효과 외에 모르핀이 가지는 또 하나의 재능, 진통 효과 덕분이었다.

때는 1860년대. 전 세계적으로 전쟁이 끊이지 않고 있었는데, 그중에서도 특히 치열했던 전쟁은 미국의 내전인 남북전쟁이었다. 당시 총신에 강선이 파인 총기류가 본격적으로 보급되고 초기 형태의 기관총이 도입되면서, 이전의 전쟁과는 비교도 되지 않을 정도로 사상자가 늘어났고 이러한 전쟁이 4년간 지

그림 군인 병을 풍자한 그림

속되었다. 전쟁은 북군의 승리로 끝났지만 남은 것은 부상병들. 그리고 이 부상병들은 많은 경우 마약에 중독되어 있었다. 이를 '군인 병soldier's disease'이라고 부른다.

퇴역 군인들이 마약에 찌들었던 이유는 교전 중 부상을 치료하기 위해 모르핀 주사를 맞았기 때문이다. 제2차 세계대전만 해도 모르핀 중독을 우려해 철저하게 모르핀 투여를 조절했지만 남북전쟁 때는 그런 것이 없었다. 그저 당장 아프다고 외치는 부상병들에게 모르핀 주사를 놓기 바빴다. 모르핀 주사를 맞고도 아프다고 하면 한 번 더 놓았다. 그렇게 중독자들이 늘어나고 전쟁이 끝난 후에도 그들은 모르핀 주사를 찾았다. 남북전쟁뿐만 아니라 비슷한 시기에 있었던 프랑스-프로이센 전쟁 등에서도 유사한 양상을 보였는데, 전쟁이 총력전 양상을 띠게 되면서 부상병이 많아지고 이들을 적절하게 치료할 수 있는 방법이 부족했기 때문으로 보인다.

헤로인

아편에서 모르핀으로 트렌드가 바뀌며 중독자를 양산한 것
처럼, 모르핀도 헤로인으로 변화하며 악명을 떨치게 된다. 모르
핀이라는 단일 성분을 손에 쥔 학자들은 자연이 준 모르핀에 만
족하지 않고 실험실에서 사용 가능한 시약들을 이용해 더 강력
한 진통제를 개발하고자 했다. 그 결과 1874년 영국 런던의 한
병원에서 헤로인이라는 괴물이 만들어지게 되었다. 이때는 다행
히도 헤로인이 추가적으로 개발되지 않아 세상에 나오지 못했
다. 하지만 1897년 바이엘Bayer이라는 독일 제약회사를 만나면
서 헤로인은 날개 돋친 듯 팔려나갔다. 이때 모르핀을 헤로인으
로 전환한 사람은 펠릭스 호프만Felix Hoffmann이라는 화학자였다.
바이엘사는 중독성 없는 진통제라는 거창한 소개와 함께 헤로
인을 시판했는데, 다행히도 같은 시기 개발한 아스피린Aspirin에

모르핀   헤로인

그림 모르핀과 헤로인의 구조

집중하며 헤로인을 주력 상품에서 제외했다. 하지만 다른 회사들은 그러지 않았다. 헤로인의 세상이 온 것이다.

모르핀만 해도 지금도 진통제로 널리 사용하고 있지만 헤로인은 의학적 용도가 거의 없다. 이미 모르핀으로도 진통 효과가 충분한데 굳이 더 위험한 헤로인으로 진통 효과를 볼 이유가 없기 때문이다. 하지만 마약 중독자들은 그렇게 생각하지 않는 듯하다. 아무리 강한 마약을 쓰더라도 우리 몸이 마약에 적응하는 데는 시간이 오래 걸리지 않는다. 결국 더 강력한 마약을 찾게 되는데, 보통 헤로인까지 오면 갈 데까지 갔다고 평가하고는 한다. 아무리 마약 중독자라도 마약이 몸에 안 좋다는 것 정도는 안다. 흡연자도 담배의 해악을 안다. 마약 중독자라고 모를까? 하지만 금단 증상과 중독성으로 인해 헤어나지 못하는 경우가 대부분인데 헤로인은 그 정도가 특히 심한 편이다.

헤로인을 계속 맞으면 어떻게 될까? 헤로인은 보통 주사로 맞는다. 제대로 된 경로로 헤로인을 구입한다면 물에 잘 녹는 흰색 가루를 볼 테지만, 앞서 언급한 것처럼 정상적인 경로로 헤로인을 접하는 경우는 거의 없기 때문에 길거리에서 어둠의 경로로 헤로인을 구입한다. 결국 그들은 조잡하게 조제된 헤로인을 더러운 용기(보통은 숟가락)에 녹여, 여러 번 사용한 주사기로 자신의 귀한 혈관에 찌른다. 재사용한 주사기 때문에 간염이나 에이즈에 전염될 가능성도 있다. 하지만 이 같은 위험은 중독자에게 별로 중요하지 않다.

헤로인은 화학적 변형을 거치기는 했지만 기본적으로 아편에서 유래한 성분이다. 아편의 생리적 특성을 대부분 유지하면서도 효과는 훨씬 더 강력하다. 즉, 강력한 진통, 진정, 수면 효과를 보일 뿐만 아니라 구역질을 유발하거나 호흡을 마비시킨다. 이 부작용을 조합해 보면 간단한 결론이 나온다. 헤로인 주사를 맞으면 행복감에 젖어 잠이 들겠지만 토사물이 올라와 기도를 막아 안 그래도 약해진 호흡을 멈추게 할 것이다. 보통의 경우라면 고통과 함께 일어나겠지만 강력한 진통과 수면 효과로 인해 이 사실을 인지하지 못하고 그대로 사망에 이른다.

이렇게까지 더럽고 위험한 헤로인 주사를 계속 맞는 이유는 무엇일까? 진정제 마약으로서는 효과가 그 어느 것보다도 강하기 때문이다. 모르핀보다도 강하다. 모르핀과 헤로인을 비교해 보면 모르핀보다 헤로인이 뇌로 더 잘 들어간다. 그런데 헤로인은 뇌로 들어간 후 뇌 안에서 다시 모르핀으로 전환된다. 그러므로 모르핀보다 훨씬 더 효율적으로 원하는 효과를 얻을 수 있다.

합성 마약류의 등장

아편에서 모르핀, 헤로인으로 변하는 과정에서 부피는 줄어들고 부가가치는 올라간다. 밀수꾼에게는 더할 나위 없이 좋은 변화이기는 하지만 이렇게 화합물을 바꾼 이유가 당연히 밀수꾼을 위한 것은 아니다. 중독성 없는 진통제를 개발하기 위한 숭고한 목적이었는데 이유가 어쨌든 실패했다. 아편 유래 물질 중

진통 효과를 적절하게 유지하면서 중독성이 사라지는 경우는, 내가 아는 한 없다.

　아편, 모르핀, 헤로인에서 실패를 거듭한 과학자들은 이런 천연물이 아닌 순수 합성 물질을 통해 원하는 목표를 이루고자 했다. 당장 1939년 독일은 제2차 세계대전이 시작되고 아편 수입이 막히자 페치딘pethidine이라는 약물을 개발하게 되었다. 아무리 급하다고 해도 약이 이렇게 뚝딱 만들어지지는 않는데, 순수한 합성 물질로 이런 약을 개발하는 것을 보면 독일도 대단하다는 생각이 든다. 하긴 미국에서 콜라 수입이 막히니 환타를 뚝딱 만들어 냈던 독일이기도 하다. 어쨌든 전쟁이 끝난 후 페치딘은 전 세계에 소개되었고, 지금도 진통제로 사용되고 있다. 하지만 진짜 괴물은 이제 나오는 펜타닐fentanyl이다.

　펜타닐은 페치딘의 구조를 기반으로 1960년대에 개발된 약물이다. 주사로 맞아야 하는 다른 마약류 진통제와는 달리 파스 형태로 붙일 수도 있어 사용이 편리하며, 진통 효과는 모르핀의 100배나 되어 출산 시 무통 분만에도 사용된다. 구조식도 간단해서 약간의 화학적 지식만 있다면 쉽게 생산할 수 있고, 그만큼 화합물 가격도 싸다. 다음 그림을 보면 펜타닐의 구조가 나와 있다. 모르핀과 비교해 보면 구조식에 익숙하지 않은 사람이라도 훨씬 간단한 구조임을 확인할 수 있다.

　이제부터 단점이다. 중독성은 여전히 심각하다. 그리고 앞서 언급한 아편계 진통제의 특징이라고 할 수 있는 진통, 진정, 수

모르핀   펜타닐

그림 모르핀과 펜타닐의 구조

면, 호흡 마비, 구토 등의 부작용 역시 여전하다. 그렇기 때문에 모르핀처럼 잠들다 죽을 수 있다. 미국에서는 2015년부터 꾸준히 펜타닐로 인한 사망자가 늘어나고 있으며 2017년에는 2만 8,000명 이상의 사망자가 발생했다.

우리나라에서도 펜타닐로 인한 사고가 발생해서 이슈가 된 적이 있다. 2012년 재활의학과에서 진통제 처방을 받던 환자가 계속해서 통증을 호소하자 의사는 펜타닐 패치제를 붙이도록 처방했다. 그런데 이 환자는 패치를 붙인 지 30분 만에 구토를 시작했고, 3시간가량 지난 후에 잠들어 다음 날 오전 의식불명으로 발견되었다. 다행히 환자는 살았지만 뇌손상을 입었으며, 병원 측은 과실이 인정되어 4억 원의 배상금을 지급해야 했다.

이 환자가 의식불명에 빠진 이유는 펜타닐 과량 처방 때문이다. 처음 펜타닐을 사용하는 환자는 저함량 패치(시간당 25마이크로그램)를 사용해야 했음에도, 의사는 일반 함량 패치(시간당 50

마이크로그램)를 처방했다. 25마이크로그램의 차이면 극히 적은 양으로 생각하기 쉽지만, 마약류 진통제의 유효 농도가 두 배로 높아진다는 것은 약을 사용하는 입장에서 위험하기 짝이 없는 행위다. 그만큼 위험한 물질이 펜타닐이다.

모스크바 극장 테러 사건

아편이 진정제이기는 하지만 펜타닐이 이처럼 위험하다면 공격용 무기로 전환해 사용할 수 있지 않을까? 실제 이런 경우가 대규모로 발생한 적이 있다. 2002년 40여 명의 체첸 반군이 체첸의 독립을 인정해 달라며 모스크바의 오페라 극장에서 700여 명의 관람객을 인질로 잡고 러시아 정부에 협상을 요구했을 때다. 사흘에 걸친 협상은 지지부진했고, 결국 10월 26일 새벽 5시 러시아 대테러 진압 부대가 극장으로 진입했다. 영화에서나 보던 것처럼 수면 가스를 우선적으로 살포하며 진입해 체첸 반군을 사살하고, 3일간의 모스크바 인질극을 끝냈다. 문제는 사망자가 많아도 너무 많이 나왔다는 것. 140여 명의 희생자가 나왔는데 그들 대부분은 수면 가스로 인해 사망했다. 그리고 그들 중 대다수는 테러범이 아니라 무고한 인질이었다. 현장에서만 67명의 인질이 죽었다고 하니 이렇게 대책 없는 진압 작전이 또 있을까? 이후 조사에서 수면 가스의 성분에 펜타닐이 포함된 것이 밝혀져 더 큰 물의를 일으켰다.

2002년 악명을 떨쳤던 펜타닐은 한동안 조용하다가 2010년을 지나면서 다시 외교계의 주요 화두로 떠올랐다. 펜타닐의 합성이 워낙 간단하다 보니, 불법으로 제조한 펜타닐이 세계 최대 시장인 미국에 유통되기 시작한 것이다. 이 과정에는 중국의 불법 공장이 연루된 것으로 보고 있는데, 중국에서 원료품을 사서 미국이나 멕시코에서 생산하고 유통하는 경우도 있거니와 중국에서 직접 생산해서 미국으로 배송하는 경우도 빈번하게 발생하고 있다.

특히, 중국에서 국제우편으로 직접 보내는 경우는 미국으로 배송하기 위해 미국 우편 시스템을 이용하므로 좀 더 악질적이다. 공공의 이익을 위해 구축한 시스템을 악용하기 때문이다. 단속도 쉽지 않다. 워낙 소량으로도 거래되다 보니 봉투에 붙은 하얀 가루 정도의 양을 단속해야 하는데 현실적으로 어렵다. 펜타닐의 치사량이 대략 2밀리그램 내외인데 그 정도 양을 어떻게 분석하겠는가? 커피믹스 한 봉지의 내용물이 보통 10그램을 넘는다. 시간이 되면 커피믹스를 뜯어서 5,000등분 한 후 우편 봉투에 담아 검출 가능한지를 확인해 볼 수 있지만 그다지 추천하지는 않는다.

펜타닐 문제는 미국과 중국 간의 외교적 마찰과 함께 부각했으며, 도널드 트럼프Donald John Trump 전 미국 대통령이 관련 트위터를 올리며 주의를 환기하고는 했다. 21세기 아편전쟁이 일어난 것일까? 하지만 정작 미국이 강력하게 규탄하기도 어렵다. 중국도 마약에 대해서는 철저한 단속을 실시하고 있기 때문이

다. 실제 2019년 불법 펜타닐 생산 공장을 적발해 11.9킬로그램
의 펜타닐을 압수하고 관련자에게 사형 또는 집행유예를 선고
하기도 했다. 적어도 중국이 미국을 기만하는 것은 아닌 만큼 미
국도 답답하기만 할 뿐이다. 그러고 보면 마약으로 가장 큰 피해
를 본 나라는 아편으로 국력이 쇠하고 아편전쟁까지 치른 중국
의 전신, 청나라였다.

메스암페타민은
어떻게 사람을 중독시킬까?

도파민은 사람을 기분 좋게 만드는 물질이다. 대뇌에서 주로 작용하는 신경전달물질neurotransmitter인데, 극소량이 신경세포에서 만들어지며 이 물질을 재활용해서 알뜰하게 사용한다. 도파민은 다음 신경세포에 신호를 주며, 이러한 신호는 연쇄적으로 작용해 최종적으로 기분이 좋다는 느낌을 준다. 그렇다면 내가 도파민을 만들어서 알약으로 먹으면 어떻게 될까? 기분이 좋아질까? 그렇지 않다. 우리 몸은 외부에서 온 물질을 밖으로 내보내는 신묘한 재주가 있다. 도파민이라고 해서 예외가 아니다. 효소들이 작용해서 도파민을 몸 밖으로 내보내 버린다. 그냥 내보내면 잘 안 나가기 때문에 배설하기 쉬운 형태로 구조를 바꿔서 내보내는데, 이런 과정을 '대사metabolism'라고 한다. 대사와 배설, 약을 연구하는 사람들에게 항상 고민거리인 두 과정이 도파민에도 예외 없이 적용된다.

작정하고 도파민을 숟가락으로 퍼 먹으면 어떻게 될까? 많이 먹으면 대사와 배설 과정에서 소비되고 남은 일부분은 뇌로 들어가지 않을까? 그렇지 않다. 우리 뇌는 또 하나의 튼튼한 장벽을 가지고 있다. 혈액뇌장벽blood-brain barrier, BBB이라고 하는 관문인데, 지용성 물질은 비교적 잘 통과시키지만 수용성 물질은 통과하기 어렵게 촘촘한 망을 구성하고 있다. 수용성 물질이 통과하려면 특별한 경로를 거치거나 에너지를 소모해야만 가능하다.

도파민은 그렇지 못하다. 뇌 속 신경계에서 극소량이 만들어져 작용하는 것은 상관없다. 하지만 외부에서 혈류를 타고 들어와 뇌 안으로 들어가려면 BBB를 통과할 수밖에 없는데 도파민은 BBB를 통과하지 못한다. 피는 순환하니까 다시 기회를 노리겠지만 쉬울 리 없다. 이 과정이 반복되다 보면 결국 대사와 배설 과정을 거쳐서 밖으로 배출되어 버린다. 즉, 도파민을 숟가락으로 퍼 먹어도 기분이 좋아지지 않는다. 대사와 배설, BBB라는 한계를 절감하게 된다. 오히려 도파민의 말초 부작용이 나타나 구역질만 심해질 뿐이다.

그런데 도파민보다 대사나 배설에 잘 견디고 BBB를 잘 통과할 수 있는 물질이라면 어떨까? 메스암페타민이 실제로 이런 특징을 가지고 있다. 이 물질은 도파민에 비해 상대적으로 체내 대사에 안정하다는 것이 밝혀졌다. 아마 처음 만들 때는 이런 생각을 하기 어려웠을 것이다. 나가요시 교수가 메스암페타민을 만들고 각성제로 시판하던 1900년대 초반, 과학자들은 신경 자극을 전달하는 것이 신경전달물질 같은 화학물질인지 아니면 전기적 신호인지를 두고 열띠게 토론하고 있었다. 하지만 어쨌든 메스암페타민은 대사와 배설을 잘 견디는 물질이다. 얻어걸렸다.

메스암페타민이 BBB는 잘 통과할까? BBB를 통과하려면 수용성인지 지용성인지를 파악해야 한다. 이를 알기 위해 화합물을 사서 일일이 녹여볼 필요는 없다. 구조를 봐도 대략적으로는 알 수 있다. 산소나 질소, 황 등이 많으면 수용성이 강하다. 물H_2O과 친하면 수용성이 크다. 반대로 탄소가 많으면 기름에 잘 녹는 지용성 물질이다. 물론 그렇다고 해서 이 화합물이 절대적으로 기름에 잘 녹는지, 물에 잘 녹는지를 파악하는 것은 어려운 일이다. 하지만 비슷하게 생긴 두 화합물을 비교하면서 어느 물질이 더 지용성인지를 가늠하는 것은 책상 앞에 앉아서도 가능하다.

도파민과 메스암페타민을 보면 일단 둘 다 비슷하게 생겼다. 아마 메스암페타민이 뇌 안으로 들어간다면 도파민처럼 작용해서 기분을 좋게 할 수 있을 것이다. 그런데 들어갈 수 있을까? 도파민은 산소가 두 개, 질소가 한 개 있지만 메스암페타민은 질소가 하나밖에 없는 것을 확인할 수 있다. 정확하진 않지만 아마

도파민   메스암페타민

그림 도파민과 메스암페타민의 구조

메스암페타민이 조금 더 지용성이고 뇌를 잘 통과해 들어갈 것이다. 실제로 메스암페타민은 도파민보다 지용성이 100배 정도 강하고 그만큼 자극적이다.

메스암페타민을 복용하면, 그 물질은 음식물처럼 몸 속으로 흡수될 것이다. 간을 거치면서 대사를 받겠지만 다행인지 불행인지 대사를 많이 거치지 않는 구조이고, 이제 본격적으로 혈류를 따라 들어가 몸을 돌다가 뇌로 들어간다. 뇌 안에서는 이미 내인성 도파민이 제 역할을 하고 있지만, 그 양을 까마득히 무시할 정도로 많은 메스암페타민이 들어오기 때문에 우리 몸은 급격히 흥분하게 된다. 기분도 좋아지고 힘이 나며 잠도 깬다.

하지만 이런 과정이 지속되면 우리 몸도 변화한다. 신경전달물질이 과도하게 많다고 판단되면 우리의 신경세포는 수용체 수를 줄이면서 스위치를 조금은 내린다. 같은 각성제를 먹어도 시간이 지나면 효과가 줄어드는 이유다. 그 상태에서 결심해서 메스암페타민을 끊는다면? 우리 신경세포의 수용체는 이미 급격히 줄어 있는 상태여서 갑작스럽게 화합물이 들어오지 않는다면 정반대 급부의 고통을 겪게 된다. 한번 시작한 마약 중독자들이 마약을 끊겠다고 결심하지만 쉽게 끊지 못하는 이유기도 하다.

3장

화학무기와 해독제

사막의 폭풍

"작전이 시작되었다. 사막이라고 크게 다르겠는가? 적은 똑같다. 적보다 한 발이라도 더 맞히면 된다. 항상 해왔던 일이다. 평소와 다르게 카메라를 들이밀고 찍어대니 부담은 있지만 이기면 되지 않을까? 베트남전쟁처럼 시간을 끌면 망한다. 초반에 확실하게 이겨야 한다. 그런 모습을 실시간으로 보여주면 국민도 걱정을 덜 것이다.

준비도 충분히 했다. 이라크의 탱크 부대가 아랍 최강이라고 하지만, 우리 미국은 세계 최강이다. 우리에게는 탱크 잡는 킬러 아파치 헬리콥터도 있다. 전투가 시작되면 아파치가 우리의 길을 열어줄 것이다. 우리는 그 틈으로 밀고 들어가 쑥대밭을 만들면 된다. 스텔스기도 있다. 생긴 건 괴짜같이 생겼지만 실력은 확실하다. 아무도 모르게 들어가 폭탄 두 발 터뜨리고 오는 것뿐이지만, 적들이 느끼는 공포감은 엄청날 테다.

만에 하나 헬리콥터나 탱크, 폭격기가 안 된다면 미사일로 들이대는 방법도 있다. 순항미사일 만들려고 얼마나 고생했던가? 지형지물 인식하며 날아간다고 하니 우리가 봐도 신기하다. 사막의 밋밋한 지형을 인식하기 위해, 산악 지대로 돌아서 목적지를 파괴하는 경로를 채택했다. 적이 도망갈 방법은 없다.

이라크도 미사일이 있기는 하다. 스커드 미사일이었지, 아마. 그래봤자 미사일이다. 우리에게는 미사일 잡는 미사일, 패트리어트 요격 시스템도 있다. 공중에서 요격하기 위해 많이 발사해야 한다는 단점은 있지만, 그래도 우리가 죽을 수는 없잖아. 요격 성공률을 높이려고 수학자까지 동원해 가면서 최적화한 시스템이다. 사막의 폭풍 작전. 거창한 이름에 걸맞은 준비를 했다. 더워지기 전에 끝내자. 저들의 무기는 무서울 것이 없다."

화학무기

미군은 이라크의 화학무기가 무서웠다. 소리 없이 다가와 죽이고 사라지는 죽음의 가스였다. 더군다나 1990년 8월 이라크가 쿠웨이트를 침공했을 때, 이라크가 보유한 화학무기는 제1차, 제2차 세계대전 때의 염소chlorine 가스나 질소 겨자nitrogen mustard 가스와는 차원이 다른 살상 무기였다. 통칭해서 유기인계organophosphate 화합물이라고 부르는 이라크의 독가스는 사람을 대상으로 써서는 안 되는 물질이었다. 한때 해충 박멸을 위해 농약으로 사용했지만 농약으로 쓰는 것도 위험해서 철저히 규제하는데, 이것을 사람에게 살포한다고? 차라리 총으로 교전하면 모르겠지만 독가스를 무차별 살포한다면 답이 없었다.

그런데 이라크의 사담 후세인Saddam Hussein은 걸프 전쟁 직전인 1988년 이라크와 이란의 접경지대인 할라브자Halabja 지역에서 쿠르드Kurd족 5,000여 명을 독가스로 학살했다. 독가스 학살은 위험한 것도 문제지만 잔인한 것도 문제다. 어린아이나 노약자들도 가릴 것 없이 몰살하는 무기가 독가스다. 자기 마음에 들지 않으면 한 민족 자체를 비탄에 빠뜨릴 수 있는 인물이 후세인이었다. 그런 후세인이 전쟁 중인 미군에게 독가스를 쓰는 것은 절대 터무니없는 상상이 아니었다.

방독면이 있기는 했다. 하지만 방독면으로는 완전히 걸러낼 수 없는 물질들이었다. 치료제도 있기는 했다. 아트로핀atropine 같은 해독제가 지급되어 있어서 유사시에 사용할 수 있었다. 하지만 독가스에 노출된 다음에 아트로핀 주사를 맞는다는 것인데 시간 내에 맞지 못할까 봐 걱정도 되었다. 시간 내에 전 부대원이 맞더라도 독가스에 노출되었다는 것 자체로 또 우려스러웠다. 독이 남으면 어떡할 것인가?

세계 최강의 미군이지만 이런 상황은 부담스러웠다. 물론 미군도 기술적으로는 더 독한 독가스를 만들어 쓸 수 있었다. 하지만 미군 독자적으로 수행하는 전쟁이 아니라 UN 다국적군의 형태로 개입한 전쟁이었다. UN의 취지에 맞게 싸워야 하는데 선제적으로 독가스를 쓸 수는 없었다. 설령 독가스를 사용하더라도 이라크군을 죽일 수는 있겠지만 미군이 산다는 보장은 없었다.

그들이 찾아낸 방법은 예방약이었다. 무협지에도 나오지 않는가? 절대 고수가 날마다 독을 먹어가면서 어떠한 독도 침범하지 못하도록 하는 몸, 그런 몸을 만들면 될 일이었다. 물론 모든 독에 대항하는 몸을 만들 수는 없었다. 그런 건 소설에서나 나오는 이야기다. 하지만 무슨 독을 쓸지 알고 있는 상황에서는 그럭저럭 해볼 만한 시도라고 여겼다. 유기인계 화합물이 나온 지 30년이 되어가는 시점이었다. 그 독에 대한 해독제도 나와 있었다.

다만 앞서 언급했던 아트로핀은 또 그 자체로 너무 강한 독이었다. 주사로 날마다 맞는 것도 부담스러웠기 때문에 알약처럼 먹을 수 있는 해독제가 필요했다. 그것을 날마다 먹는다면 언젠가 진짜 독이 오더라도 견딜 수 있을 터였다. 절대 고수가 조금씩 독을 먹듯이 미군도 조금씩 해독제를 먹었다. 그런데 정작 미군은 날마다 먹던 그 해독제에 중독되고 말았다.

자율신경계

우리 몸은 우리가 조절할 수 없는 기관으로 가득 차 있다. 심장근육이나 기관지 평활근, 눈동자, 배설계 등 내 몸이지만 내가 마음대로 조절할 수 없는 조직이 많은데, 이런 기관은 대부분 자율신경계가 조절한다. 우리가 거짓말 탐지기 앞에서 아무리 심장 박동을 늦추려고 해도, 사랑하는 사람 앞에서 볼이 빨개지는 것을 숨기고 싶어도 그럴 수 없는 이유다.

자율신경계는 교감신경계와 부교감신경계로 나뉜다. 이름이 좀 어렵기는 하지만, 어쨌든 두 신경계는 서로 견제하는 신경계다. 이 반대 역할을 하는 두 신경계의 공통된 특징이 두 가지 있는데, 하나는 신경전달물질로 조절된다는 것이다. 물론 이 신경전달물질도 우리 마음대로 조절할 수 없다. 내가 마음먹는다고 신경전달물질을 뇌에서 마구마구 방출할 수는 없다. 외부에서 신경전달물질 비슷한 것을 넣어주지 않는 한 자율신경계는 조절이 거의 불가능하다.

두 번째 특징은 어느 것 하나라도 너무 활성화되거나 불활성화되면 우리가 죽는다는 것이다. 심장이 너무 빠르게 뛰거나 느리게 뛰면 결국 죽게 된다. 기관지가 너무 좁아지면 숨이 막혀 죽지만, 너무 넓어져도 죽는다. 땀을 너무 많이 흘리면 탈수로, 너무 적게 흘리면 체온 조절 실패로 죽는다. 사람은 참 여러 가지 이유로 죽을 수 있다. 이것을 막기 위해 교감신경계와 부교감신경계는 항상 서로 균형을 이루어야 한다.

이라크가 보유하고 있던 화학무기는 부교감신경계를 지나치게 활성화하는 물질이었다. 독가스를 흡입하는 순간 관련된 신경전달물질의 양이 폭발적으로 늘어난다. 이럴 경우 우리 몸의 교감신경계가 견제해야 하지만 독가스는 그런 차원을 까마득하게 넘어서 지나치게 활성화한다. 그래서 죽는다.

사실 교감신경계와 부교감신경계는 잘만 조절하면 약이 된다. 고혈압 환자의 심장을 조절하거나 천식 환자의 기관지를 넓혀주는 물질은 지금도 약국에서 처방하에 구입할 수 있는 약인데, 이런 약을 개발해 노벨상을 받은 인물도 있다. 그렇다면 저런 독가스에 대한 해독제도 있는 것이 분명하다.

앞서 언급한 해독제 아트로핀이 가장 대표적인 물질이다. 아트로핀은 비교적 오래전부터 알려져 있던 성분이다. 벨라도나belladonna라는 식물에서 나오는데, 예전부터 사람들은 이 추출물을 사용했다. 주로 미용 목적으로 눈동자에 뿌려서 눈동자를 크게 보이도록 했다. 그 시절의 서클렌즈라고 볼 수 있는데, 클레오파트라 등이 사용한 것으로 알려져 있다. 하지만 과량 투여 시에는 2, 3일 정도 시야가 흐릿해지고 오래 사용할 경우에는 시력을 잃을 수 있어 주의를 요하는 약이었다. 그런데 1831년 이 물질이 단일 성분으로 분리되면서 문제가 좀 심해졌다. 사람을 죽이는 독약으로도 쓰게 된 것이다.

모든 약은 독이고, 독은 약이다. 양에 따라 달라진다. 무엇이든 사람에게 과량을 투여하면 곧바로 죽을 수 있다. 아트로핀도 그랬다. 특히 아트로핀이 강력한 부교감신경 억제제여서 미량의 독침으로도 죽이기에 충분했다. 벨라도나 추출물로 사용할 때는 이렇게까지 위험하지 않았지만, 단일 성분으로 분리되고 고농도로 사용하게 되니 이 물질의 어두운 면이 드러난 것이다. 앞서 언급했듯이, 부교감신경과 교감신경이 서로 길항하면서 균형을 이루어야 하는데 아트로핀은 그 범위를 넘어서 터무니없이 부교감신경을 억제할 수 있다. 그러므로 양이 많아지면 사람이 죽을 수도 있는 것이었다. 그런데 약과 독이 결국은 하나이듯 이러한 아트로핀(부교감신경 억제제)을 이라크의 독가스(부교감신경 흥분제)에 사용하면 서로 중화할 수 있지 않을까?

미군에 아트로핀은 많았다. 전 세계에 많다. 식물만 키워서 추출하면 되니까. 그게 싫다면 화학적으로 생산하는 방법도 1900년도 초에 개발되었다. 그러므로 아트로핀이라는 독극물을 앞세워 이라크의 독극물을 제압하겠다는 전략이 이론적으로는 가능했다. 실제로 관련 독에 중독되었을 경우 긴급 처방으로 아트로핀을 사용한다. 1996년에 개봉한 영화 〈더록The Rock〉에는 이러한 내용이 잘 담겨 있다. 재미도 있지만 수업 자료로도 참고마운 영화다.

그런데 아무리 그래도 강력한 독을 이용해 다른 독을 잡으려니 부담이 가는 것도 사실이었다. 가능하면 마지막 수단으로 꼭 쥐고만 있고 싶을 뿐, 주사로 몸에 찔러 넣는 것은 생각도 하기 싫었다. 그것보다 간단한 약은 없을까? 세상 그 많은 약학자들은 독가스 해독제로 아트로핀만 믿고 다른 것은 하나도 개발하지 않았다는 말인가? 그렇지 않았다. 보다 간단하게 독가스에 견딜 수 있는 방법이 있었다. 이제 앞서 언급하다 말았던 미군의 실수, 해독제에 중독된 사건으로 들어가 보자.

걸프전 증후군

미군 당국은 병사들을 이라크의 독가스로부터 보호하기 위해 예방약을 지급했다. 피리도스티그민 브로마이드pyridostigmine bromide라는 물질인데, 부교감신경을 적당히 활성화하는 물질이다. 이 약을 위험한 순간에 먹으면 괜찮다는 것이다. 위험한 순간은 교전을 앞두고 있거나 적의 수상한 움직임이 포착될 때라고 생각하면 된다. 단, 그 순간을 특정하기는 어려우므로 상관의 지시에 따라 일정 기간 복용하는 것이 원칙이다. 위험하다고 너무 자주 복용하는 것은 당연히 위험하다. 어쨌든 이 물질도 부교감신경을 활성화하는 물질이다. 즉, 독이다. 단지 한 알에 들어 있는 양을 조절해서 활성화 수준을 조금 누그러뜨린 정도라고 보면 되겠다.

그런데 상관이라고 알아봐야 얼마나 알았겠는가? 총기나 대포, 전술에 대한 훈련은 충분히 경험했겠지만, 이런 화학전을 경험해 보지 못한 것은 부하들과 별반 차이가 없었다. 적에게 약간의 수상한 움직임만 있어도, 부하들이 약간만 동요해도 예방약을 먹으라고 지시했다. 나중에는 일상적으로 하루에 세 번 복용하게 했고, 이런 일이 미군 사이에 확산되었다.

정작 이라크는 화학무기를 사용하지 않았다. 그런데 미군이 알아서 한 달 넘게 꼬박꼬박 해독제를 복용한 것이다. 약사들이 시켜도 이렇게까지는 착실하게 복용하지 않았을 것 같은데, 그들은 알아서 독을 먹었다. 약한 독이라도 계속 먹으면 부담이 된다. 전쟁이 단기간에 끝났으므로 당시에는 크게 문제가 되지 않았지만, 종전 후 걸프 전쟁 참전용사들은 심각한 후유증에 시달리게 되었다. 이를 '걸프전 증후군gulf war syndrome'이라 부른다.

걸프전 증후군은 미군 참전용사 70만 명 중 3분의 1 정도가 호소하고 있을 정도로 문제가 되고 있는 질병이다. 영국군 참전용사들 중에서도 상당수가 같은 증상에 시달리고 있다. 참전용사들이 전쟁 후유증에 시달리는 경우는 종종 있다. 우리나라 군인들도 베트남전쟁 이후 고엽제 후유증을 겪고 있고, 전쟁의 참혹함으로 인해 외상후스트레스장애PTSD를 호소하는 경우도 있다. 하지만 걸프 전쟁에 참여했던 군인들은 이런 육체적, 정신적 후유증과는 원인이 다르다. 그래서 특별히 분류하고 있는 것이다.

증상으로는 두통 및 만성 통증, 피로, 위장관 장애, 피부 발진과 같은 신체적 증상부터 우울감, 집중력 저하와 같은 정신적 증상까지 다양하게 보고되고 있다. 걸프전 증후군의 가장 직접적인 원인으로 지목되는 것은 약물의 부적절한 사용이다. 그 약물은 앞서 언급한 독가스 예방약, 피리도스티그민 브로마이드다. 독가스에 대한 공포도 문제였지만 의약품이 독이 될 수 있다는 점을 간과한 것치고는 대가가 너무 컸다.

피리도스티그민 브로마이드는 원래 중증근무력증의 치료제로 개발된 약이다. 그런데 정작 이 약물의 기원이 피조스티그민physostigmine이라고 하는 또 다른 극약이라는 것은 역설적이다. 1800년대 중반 유럽의 탐험가들이 아프리카 내지까지 들어가서 원주민과 교류했을 때, 그들은 '시련 심판'이라는 것을 경험하게 되었다. 지금처럼 CCTV가 없던 시절, 부족민 사이에 진실 공방이 벌어졌을 때 부족장이 작고 검은 열매를 내려준 것이다. 알칼로이드 독을 가진 칼라바르 콩Physostigma berenosum, 그것을 먹고 살아남는 사람이 진실을 말한다는 개념의 심판이다. 이 심판이 근거가 있는지를 해석하기 위해 지금도 여러 가지 방식으로 연구하고 있다. 하지만 개인적으로는 와닿는 설명도 없고 근거가 빈약한 심판이라고 본다. 어쨌든 이 광경을 관찰한 유럽의 탐험가들은 신기한 거짓말 탐지기라며 본국으로 이 극약을 가져갔다. 이후 주성분을 분리해 '피조스티그민'이라고 이름을 붙여 많은 연구를 했다.

피조스티그민은 여러 가지 용도로 사용되었다. 우선 학술적으로 보자면, 왜 이 물질이 독으로 작용하는지를 연구하면서 자율신경계에 대한 이해가 깊어졌다. 비슷한 이름에서 유추할 수 있듯이 피조스티그민은 피리도스티그민 브로마이드와 거의 유사한 작용을 한다. 즉, 부교감신경의 신경전달물질을 증가시켜 부교감신경을 활성화한다. 또한 비교적 다루기 쉬운 물질이다 보니 실험실에서도 즐겨 사용했는데, 신경전달물질을 분리하려는 연구자 입장에서는 더없이 고마운 물질이었다. 신경전달물질은 극미량으로 존재하고 불안정해서 분리하기 어렵지만 피조스티그민을 이용하면 비교적 안정적으로 신경전달물질을 증가시켜 주기 때문이다. 헨리 데일Henry Dale이라는 영국 약학자는 피조스티그민을 이용해서 신경전달물질을 분리하고 자율신경계의 비밀을 밝혀내 1936년 노벨상도 받았다. 이 분야에서 노벨상 참 많이 나왔다.

그래도 피조스티그민을 더 사랑한 이들은 추리소설 작가들이 아닐까 싶다. 간단한 독침으로도 사람을 죽일 수 있어서 트릭을 짜야 하는 입장에서는 참 고마운 물질이었을 것이다. 최신 트렌드는 진리다. 그 당시 피조스티그민은 핫 아이템이었다. 애거사 크리스티Agatha Christie 등의 추리소설가들은 범인의 트릭을 위해 이 물질을 자주 등장시켰다. 피조스티그민이든 피리도스티그민이든 위험한 것은 마찬가지다. 지금에서야 약의 용량을 조절해 좋은 용도로 쓸 뿐이지 오래 그리고 많이 먹을 물질은 아니다.

죽음의 고속도로

사담 후세인은 왜 독가스를 사용하지 않았을까? 이유는 알 수 없지만 개인적으로는 그나마 안 쓰기를 잘했다고 본다. 윤리적 차원에서도 그렇지만 본인의 운명을 위해서도 그랬다.

한 달 만에 전쟁에서 밀린 이라크군은 서둘러 쿠웨이트를 지나 본국으로 퇴각했다. 하지만 작전 중 제일 힘든 것이 퇴각이다. 도망치는 순간 전열은 허물어지고 그 순간 무자비한 섬멸전이 시작되기 때문이다. 전투는 항상 그랬다. 적의 전열을 무너뜨리기 위해 총도 쏘고, 코끼리도 앞세우고, 강물도 터뜨리고, 일부러 전리품을 풀기도 한다. 초기에 전열을 무너뜨릴 때까지는 사상자 수가 비슷하다. 하지만 일단 전열이 무너지는 순간 전투는 끝난 것으로 봐도 된다. 사상자 없이 질서 있게 퇴각하는 것은 사실상 불가능하기 때문이다. 예외도 있다. 소설 『삼국지三國志』에는 위나라 정벌을 앞두고 진군했던 촉나라 군대가 제갈량 사후에 별다른 손실 없이 사마의의 눈을 피해 후퇴하는 장면이 나온다. 현실에도 이런 기적은 있다. 가령 제2차 세계대전 초기, 덩케르크에 피신한 연합군이 독일군의 감시를 피해 바다 건너 영국으로 후퇴한 일이 있었다. 물론 이런 예외들은 소설이건 사실이건 기적으로 분류하고 있다.

이라크에는 기적이 일어나지 않았다. 그들은 전열이고 뭐고 빨리 도망치기 바빴다. 서둘러 탱크를 회군하고 바그다드로 돌아갔다. 하지만 아무리 빨리 가도 비행기보다 빠를 수는 없는 법. 뒤쫓아 온 미군 폭격기와 전투 헬리콥터는 저항 없이 도망치는 패잔병들에게 무차별 폭격을 퍼부었다. 일명 '죽음의 고속도로highway of death'로 불리는 사건이다. 어쩌면 이라크 본국 자체가 위험할 수도 있는 순간이었다.

그런데 이후 미국의 진격이 멈추었다. 이유는 크게 두 가지로 추정된다. 첫 번째 이유는 원래 이 전쟁의 명분이 쿠웨이트의 해방이었지, 후세인 정권 타도나 이라크 정복이 아니었다는 것이다. 다국적군의 일원으로서 미국도 명분을 따를 수밖에 없었다. 두 번째 이유는 미국의 패착이기도 했는데, 이러한 죽음의 고속도로 사건이 CNN 등에 고스란히 방송되었다는 것이다.

그림 1991년 걸프 전쟁 직후 죽음의 고속도로

원래는 미국이 잘 싸우고 있다는 것을 알리기 위해 방송사를 불러들였는데, 전쟁이 너무 일방적으로 흘러가면서 여론이 조금씩 바뀌기 시작했다. 이 정도면 되지 않았냐는 것이었다. 전쟁을 시작할 때는 조마조마하면서 보지만 어느 정도 익숙해지고 미군 사상자가 거의 나오지 않는 것을 확인하면 생각이 바뀌기 마련이다. 그 와중에 도망치는 적들을 향해 무차별로 폭격하면서 만들어 낸 참극, 죽음의 고속도로는 여론에 결정타를 날렸다. 너무 잔인하지 않냐는 것이었다. 원래 전쟁은 그렇게 진행되기 마련이었다. 전열을 깨뜨리고 적이 도망가면 무자비하게 섬멸하는 것이 일반적이었다. 하지만 막상 그 장면이 뉴스로 중계되면서 전쟁에 익숙하지 않았던 미국 시민들의 거부감을 불러왔다. 뉴스는 아이들도 보는 프로다.

후세인이 독가스를 사용하지 않는 것이 현명한 선택이라고 생각하는 이유가 바로 이것이다. 만약 후세인이 퇴각을 앞두고 독가스를 살포했다면, 미국 내 여론은 저 잔혹한 무기를 꺼내 든 후세인을 처단하자고 했을지도 모른다. 적어도 그 순간만큼은 일을 더 벌이지 않고 물러나는 것이 결과적으로 옳았던 셈이다. 그 후로 12년간 후세인은 이라크에서 잘 살았다. 하지만 후세인이 독가스를 살포하지 않은 것과는 달리, 시간이 지나 독가스는 전혀 다른 곳에서 결국 사용되고 말았다.

테러와 암살에 사용한 화학무기

1995년 3월 20일 월요일 아침 8시, 도쿄 출근길은 전쟁 같지만 그렇다고 진짜 전쟁은 아니었다. 그런데 검은 비닐봉지에 대고 우산으로 쿡쿡 찌르는 이상한 사람들이 몇몇 보였다. 이상한 사람들이라고 생각했지만 그것은 별로 중요하지 않았다. 어느 순간 매캐한 연기가 나면서 목과 눈이 따가워지기 시작했다. 곧이어 지하철은 전쟁터보다 더한 아수라장이 되었다.

아사하라 쇼코麻原彰晃가 교주로 있던 옴진리교의 사람들은 출근길 도쿄 지하철에 가스를 살포했다. 사린sarin 가스라고 하는 독가스의 일종이다. 이라크가 전쟁 중에도 쓰지 않았던 독가스와 유사한 성질을 가지는 맹독이었다. 한때 농약으로 개발되었지만 이제는 사용되지 않는 가스였다.

신고를 받고 출동한 당국은 범인을 검거하는 동시에 중독된 피해자를 해독하기 시작했다. 아트로핀 주사와 함께 다른 농약 해독제도 사용했다. 프랄리독심pralidoxime, 2-PAM이라는 물질인데, 도쿄 인근의 회사를 다 뒤져 긁어모아 그럭저럭 해독했다. 옴진리교 사람들이 전문적으로 독가스를 살포하는 사람들이 아니라 책으로 배운 사람들이어서 그나마 피해가 적었다. 하지만 그래도 10여 명이 사망하고 7,000여 명의 피해자가 발생한 참극이었다. 이후 아사하라 쇼코를 비롯한 대부분의 테러범들은 사형 선고를 받았고, 실제 사형이 집행되었다. 당시로서는 전례를 찾기 힘들 정도의 대량살상무기를 이용한 테러였다는 사실에 전 세계로 보도된 사건이기도 했다.

테러범들은 갈수록 강력한 무기를 찾는다. 독가스라고 예외는 아니다. 김정남 살인 사건은 이것을 잘 보여주는 예다. 북한 김정은의 이복형제인 김정남은 권좌에 오르지 못하면서 위기를 느낀 듯하다. 역사적으로도 왕이 자신의 권력을 공고히 하기 위해 친인척을 몰살한 사례는 쉽게 찾을 수 있다. 김정남은 해외를 떠돌던 중 말레이시아에서 마카오로 가기 위해 쿠알라룸푸르 공항의 발권대에 서 있었다. 하지만 이후 뒤에서 두 명의 여성이 손으로 얼굴을 비비면서 문제가 시작되었다. 김정남은 불편함을 느끼고 얼굴을 재빨리 씻어냈지만 눈으로 무언가가 들어간 것이 틀림없었다. 불편함은 심한 고통으로 이어졌고, 이후 의무실로 갔으나 공항에서 해결할 수 있는 고통이 아니었다. 갈수록 심해지는 고통 속에서 김정남은 병원으로 이송되는 도중 사망했다.

비교적 최근의 일로, 북한과 관련된 뉴스였기에 비중 있게 보도된 사건이었다. 김정남은 2017년 2월 쿠알라룸푸르 공항에서 유기인계 극약 중의 하나인 VX에 중독되어 사망했다. VX는 지금까지 설명해 왔던 이라크의 화학무기, 옴진리교의 사린 가스와 궤를 같이하는 독인데, 살상력은 훨씬 더 강력해서 영화에서나 접하던 그런 물질이다. 이 물질에 노출되었다는 것은 약물학적으로 부교감신경이 과활성화되어 사망에 이르렀다는 것을 뜻한다.

그런데 김정남의 얼굴을 만졌던 두 명의 여성은 어떻게 무사했을까? 여러 가지로 설명을 하지만, 가장 큰 차이는 여성들이 손으로 독극물을 만졌던 데 비해 김정남은 얼굴에 직접 닿았다는 데 있다. 우리 몸은 두꺼운 피부가 어떻게든 보호하고 있는 독립된 공간이다. 이 공간에 외부 물질이 들어오는 것은 마냥 쉽지 않다. 그러나 눈꺼풀을 뜨는 순간 눈은 피부의 보호를 벗어나 외부 물질을 받아들이게 된다. 우리가 자주 눈이 따가워지고 또 그만큼 자주 눈을 씻어야 하는 이유이기도 하다. 물론 김정남 역시 두 여성만큼이나 재빠르게 눈을 씻었지만, 이미 치사량을 넘어선 VX가 눈을 통해 체내로 들어간 이후였다.

보도에 따르면 김정남은 이런 형태의 독살을 어느 정도 예상한 듯하다. 사후 그의 소지품을 확인하던 중 독가스의 긴급 해독제로 앞서 언급했던 아트로핀이 발견된 것이다. 하지만 시간이 늦었다. 의료진 역시 아트로핀을 긴급 투여했지만 그는 결국 사망하고 말았다.

알렉세이 나발니 중독 사건

테러범들은 갈수록 강력한 무기를 찾는다. VX라고 예외는 아니다. VX만 해도 충분히 위험한 독이지만 사람들은 여전히 더 강력한 독을 연구했다. 러시아에서 이런 연구가 활발히 이루어졌고 망명 과학자들을 통해 알려졌는데, 그들은 이것을 '노비촉novichok'이라고 불렀다. 노비촉은 1980년대에 개발되어 암암리에 사용되었다. 이 노비촉 때문에 2020년 다시 한번 세계를 떠들썩하게 만든 사건이 발생했다. 러시아의 야권 지도자이자 블라디미르 푸틴Vladimir Putin의 정적, 알렉세이 나발니Alexei Navalny의 중독 사건이다.

나발니는 2020년 8월 20일 러시아 국내선 비행기를 타고 톰스크Tomsk에서 모스크바로 이동할 예정이었다. 국내선이지만 러시아 영토가 큰 만큼 3시간 정도 소요되는 비교적 장거리 노선이었다. 그런데 비행기 출발과 동시에 나발니는 불편함을 느끼고 구토를 시작하더니 곧바로 의식을 잃고 쓰러졌다. 비행기가 이륙한 지 이제 갓 10분이 지났을 뿐이었다. 앞으로 2시간 50분을 더 가야 비행기가 착륙하기 때문에 죽음의 비행이 될 것이 분명했다.

하지만 아무리 그래도 긴급 상황에 따른 프로토콜이 있었다. 기장은 긴급 상황임을 승객들에게 알리고 가장 가까운 공항인 옴스크Omsk에 부랴부랴 착륙했다. 그리고 대기하고 있던 응급 의료진에게 나발니를 인계했다. 나발니가 의식을 잃은 채로 옴스크의 병원에 긴급 이송된 건 그가 쓰러진 지 2시간이 지났을 때였다. 당시 그의 증상이 잘 기록되어 있는데, 요약하자면 엄청나게 많은 양의 땀을 흘리고 있었고 호흡이 불안정해서 인공호흡기를 통해서만 숨 쉴 수 있었다. 심장이 너무 느리게 박동하는 것도 문제였다. 눈동자 역시 빛에 반응하지 않았다. 체온은 섭씨 34도였다.

전형적으로 자율신경계가 교란되었을 때의 증상이며, 더 엄밀히 말하면 부교감신경계가 과활성화된 상태였다. 그는 무언가에 중독되었다. 소식을 듣고 급하게 달려온 그의 가족은 러시아 한복판에서 병원 진료를 받을 수는 없다며 독일 의료진을 수소문했다. 다행히 독일 의료진이 요청에 응했고, 그때까지 인공호흡기에 의존해 연명하고 있던 나발니를 베를린으로 이송해 치료를 시작했다. 그가 쓰러지고 31시간이 지났을 때였다.

최초로 처방한 해독제는 오비독심obidoxime이었다. 이 물질은 앞서 도쿄 지하철 사린 가스 테러 사건에서 해독제로 활약했던 프랄리독심과 유사한 물질이다. 1995년 일본이나 2020년 독일이나 사용하는 약물은 비슷했다. 다만 나발니는 조금 더 정성스럽게 치료를 받았다. 우선 혈액 검사를 통해 오비독심과 같은 농약 해독제는 그다지 의미 없다는 것을 알고 아트로핀을 투여했다. 환자의 경과를 지켜보면서 열흘간 아트로핀을 지속적으로 투여하자 드디어 나발니의 의식이 돌아왔다. 체온이 올라가자 타이레놀Tylenol과 같은 해열제를 처방했고, 마약류 진통제를 추가 처방하면서 통증을 줄여나갔다. 이후 나발니는 빠르게 정상으로 회복해 갔다.

나발니는 자신이 노비촉에 중독되었다가 살아난 것을 알고 이에 대한 정보를 논문으로 발표하는 데 동의했다. 독일 의료진 입장에서는 의료 정보를 공개하는 데 동의해 준 나발니가 고마웠을 것이고, 나발니는 자신을 살려준 독일 의료진에 고마웠을 것이다. 하지만 앞으로 다시 노비촉에 중독될 수 있고 자신뿐만 아니라 다른 사람들까지 러시아의 노비촉에 위험할 수도 있으므로 노비촉 해독과 관련된 정보를 기록으로 남기는 것은 현명한 선택이었다.

2020년 12월 22일 남들은 코로나19와 크리스마스 연휴 사이에서 고민하던 그 시기, 《랜싯Lancet》이라는 저명한 국제학술지에 「노비촉 신경 무기 중독Novichok Nerve Agent Poisoning」이라는 짧은 논문이 공개되었다. 나발니의 동의를 얻어 공개한 이 논문에는 44세의 남성 환자(나발니)가 그해 8월 노비촉에 중독된 이후의 증상과 치료 과정에 대한 정보가 자세하게 담겨 있었다. 이런 고급 정보는 관련 분야를 강의해야 하는 나에게 더없이 소중한 자료이기도 하다. 2022년 6월 현재 나발니는 러시아로 돌아와 여러 가지 혐의로 수감되어 있다. 그럼에도 최근까지 우크라이나 전쟁을 규탄하는 운동을 이어가고 있다.

계속되는 전쟁

잠깐 전쟁 이야기를 다시 했으면 한다. 미국은 걸프 전쟁을 통해 중동에 영향력을 행사하고 싶었을지 모르지만, 국제 여론에 밀려 쿠웨이트를 수복하는 선에서 전쟁을 종료해야만 했다. 후세인은 이라크로 안전하게 복귀해서 아무 일도 없었다는 듯이 나라를 통치했다. 하지만 9·11 테러 이후 상황이 급변했다. 2003년 3월, 미군은 후세인 정권을 정조준하며 이라크로 들어왔다. 전쟁 명분은 이라크의 대량살상무기를 없애야 한다는 것이었다. 후세인이 걸프 전쟁에 패퇴하고 나서 12년이 지난 시점이었다.

작정하고 들어온 미군을 이라크군이 감당할 수는 없었다. 미국은 더 강해져 있었고, 이라크는 더 약해져 있었다. 침공 한 달 만에 바그다드의 왕궁을 불태운 미군은 그해 12월 고향에 숨어 있던 후세인을 체포하고 전범 재판에 회부했다. 후세인은 2006년 11월 사형을 선고받았고, 그해 12월 30일 사형이 집행되었다.

그런데 정작 미국으로서는 오사마 빈라덴Osama bin Laden을 체포하는 것이 더 급한 일이었다. 그가 이끄는 테러 집단이 9·11 테러를 일으켜 2,977명의 미국인을 희생시키지 않았던가? 이 사망자 수는 1941년 일본의 진주만 공습으로 인한 사망자 2,403명을 가볍게 넘어선 수치다. 단일 사건으로 하루에 가장 많은 미국인을 죽인 사건으로 기록되었는데, 이후 2020년 코로나19가 확산되고 매일 3,000명 넘는 사람이 죽으면서 그 수치는 다시 경신되었다.

당시 비행기가 건물에 추락하고 그 건물이 넘어지는 장면은 충격과 공포를 남겼다. 초등학교에서 학생들과 시간을 보내고 있던 조지 부시George W. Bush 대통령에게는 그 어느 것보다 중대한 일이 발생한 것이기도 했다. 누가 미국을 공격했단 말인가? 겁도 없이. 북한을 비롯한 전 세계의 골칫덩이 국가들마저도 숨죽이며 미국의 눈치를 보던 그때, 아프가니스탄을 근거지로 하는 알카에다는 9·11테러가 본인들의 소행이라고 선언했다. 그로부터 한 달 후 미국은 부랴부랴 아프가니스탄을 침공해 들어갔다. 분노에 불타는 미군이 중앙아시아의 소국 아프가니스탄을 이기는 것 자체는 어렵지 않았다. 하지만 문제는 그때부터 시작되었다. 오사마 빈라덴이 이미 도망친 것이었다.

전 세계에서 가장 유명한 테러리스트였지만, 그를 도와주는 세력도 많았다. 특히 파키스탄과의 접경지대는 정치적·지리적인 이유로 대규모 군사 작전이 쉽지 않았는데, 하필 그 지역이 빈라덴의 근거지이기도 했다. 그를 잡으려면 지역민들의 도움이 필수적이었다. 하지만 민심을 얻는 것은 오랜 시간이 걸리는 일이었다. 그리고 부시 대통령으로서는 시간이 많지 않았다. 다음 대통령 선거는 2004년이었다.

실마리가 풀린 것은 오랜 시간이 지나서였다. 2011년 미군 당국은 빈라덴을 오랜 시간 추적하며 파키스탄 접경지역 중에서도 아보타바드Abbottabad라는 마을로 특정하는 데까지는 성공했다. 그러나 여전히 수색 범위가 넓었고, 한 번에 체포하지 못할 경우 근거지를 옮길 가능성이 농후했다. 확실하게 체포하기 위해서는 빠른 시간 안에 일을 끝내야 했고, 그러려면 수색 지역을 더 좁혀야 했다. 그리고 이 상황에서 미국 CIA는 빈라덴의 은신처 주소를 알아내는 데 성공했다. 그해 4월의 일이었다.

5월 2일 새벽 1시, 미군 특수부대가 빈라덴의 은신처에 침투했다. 은신처를 옮기기 전에 부랴부랴 작전에 돌입한 것치고는 훌륭하게 임무를 완수했다. 첨단장비로 무장한 미국 특수부대는 40분간의 교전 후 빈라덴을 사살했다. 특수부대원들의 이마에 장착된 카메라를 통해 지구 반대편 백악관에서 이 작전이 성공리에 마무리되는 것을 실시간으로 확인하기도 했다. 그렇게 10년간의 추적은 마무리되었다. 이 작전이 의미하는 바는 컸다. 9·11테러의 주범을 찾아내서 보복한 사건이며, 동시에 진창에 빠져 허우적대는 이라크와 아프가니스탄 주둔 미군이 철수할 수 있는 명분을 주는 작전이기도 했다. 그런데 CIA는 10년간 꼭꼭 숨어 있던 빈라덴의 은신처 주소를 어떻게 특정할 수 있었을까?

백신 작전

미국이 빈라덴을 사살한 지 두 달 뒤인 7월 11일, 영국의 유력 일간지 《가디언The Guardian》은 이에 대해 미국이 백신 접종 프로그램을 악용했다고 보도했다. 《가디언》의 보도에 따라 재구성해 보면 다음과 같다. 빈라덴이 있는 아보타바드 지역이라면 빈라덴의 아이들도 있을 것이 분명했고, 그 아이들이 백신을 접종

할 것도 분명했다. 그 아이들의 DNA 정보를 얻는다면 작전을 성공리에 마칠 것이 분명했다. 아이들의 주소지를 확인할 수 있다면 일은 더 수월해질 터였다. 물론 DNA를 보고 특정인을 단정할 수는 없었다. 지문으로 얼굴을 판별할 수는 없지 않은가? 하지만 그들에게는 다행히도 빈라덴 여동생의 DNA가 있었다. 2010년 보스턴에서 사망한 그녀는 미국 정보 당국에게 귀한 유전정보를 남겨주었다.

미국은 간호사를 보내 B형 간염 백신을 맞히기 위한 조사를 하게 했다. 실제 아이들에게서 일일이 피를 뽑았는지는 확인되지 않았다. 하지만 장기간에 걸친 백신 접종 프로그램을 이용해 미국은 아보타바드 근교에 있는 부촌 빌랄타운으로 근거지를 좁혔다. 그리고 위성 추적 등으로 오사마 빈라덴의 동선까지 세세히 파악한 후 작전일을 정했다.

그런데 미국이 이렇게까지 착실하게 일을 진행할 수 있었던 배경에는 현지 의사의 협조가 있었다. 백신 접종을 위해 돌아다니는 간호사가 미국인일 리는 없지 않은가? 현지 간호사의 협조가 필요할 수밖에 없다. 이런 개인정보를 간호사가 직접 미국에 제공하기도 어렵다. 현지 보건 담당자의 협조가 있지 않고서는 불가능한 일이다. 당시 미국에 협조했던 보건 담당자는 샤킬 아프리디Shakil Afridi라는 의사였다. 그는 빈라덴이 사살된 직후 현지 정보 당국에 체포되어 징역 33년형을 선고받았다. 33년형이면 까마득한 중형이기는 한데, 그가 과연 복역을 마칠 수 있을지에 대해서도 많은 사람들은 확신하지 못했다. 왜냐하면 무장 세력인 탈레반이 아프리디 때문에 빈라덴이 죽었다며 복수를 선언했고, 아프리디의 변호사 역시 살해당했기 때문이다. 아프리디가 왜 이런 행위를 했는지에 대해서는 전혀 밝혀지지 않았다.

미국 정보 당국은 《가디언》의 보도 내용을 즉각 부인했다. 이후 트럼프 전 미국 대통령은 2016년 선거 운동을 하면서 당선되면 2분 안에 그를 석방하겠다고 했는데, 잘 알다시피 트럼프는 당선된 후에도 이 공약을 지키지 않았다. 이후 트럼프 전 대통령은 아프리디의 석방을 촉구하며, 그가 석방될 때까지 33년간 매년 100만 달러씩 파키스탄에 대한 원조를 끊겠다고 선언했다. 역시 잘 알다시피 2020년 그는 낙선했고, 이 공약 또한 지켜지지 않았다. 현재 아프리디는 23년형으로 감형되었고 10년 가까이 복역했다.

빈라덴의 은신처를 확인하는 과정에서 백신을 이용했는지는 확신할 수 없다. 심증은 가지만 딱 거기까지다. 그런데 파키스탄 사람들은 다르게 생각했다. 그리고 그들의 심증은 백신에 대한 거부반응으로 이어진다. 파키스탄은 당시 접경지인 아프가니스탄, 아프리카의 나이지리아와 함께 세계에서 마지막으로 남아 있던 소아마비 발병지였다. 소아마비는 1950년대에 백신이 개발되어 이제 전 세계에서 박멸을 앞둔 질병이다. 하지만 아직 종식되지 않아 보건 당국은 여전히 긴장을 늦추지 않고 있다.

그동안 전 세계 보건 당국은 소아마비 바이러스를 지구상에서 박멸하기 위해 끝없는 노력을 기울여 왔다. 1930년대 미국의 유력 정치인 프랭클린 루스벨트Franklin Roosevelt의 전 국민 모금 운동부터 1950년대의 소아마비 백신 개발, 생백신과 사백신의 경쟁 및 전 국민 접종까지 거의 80년간의 노력을 통해 겨우 지구상의 일부 지역으로 몰아넣는 데 성공했다. 2011년 불가능할 것으로 생각했던 인도에서 소아마비 바이러스를 박멸하는 데도 성공했다. 하지만 그 끝을 앞두고 있던 바로 그해, 빈라덴의 체포와 백신이 관련 있다는 이야기가 나오자 파키스탄 현지인들이 백신 접종을 거부하고 나섰다. 그러면서 4, 5년간 소아마비 환자가 증가세로 돌아서 많은 사람들 맥을 빠지게 했다.

세계보건기구에서는 이제 나이지리아를 소아마비 청정국으로 분류하고 있다. 이제 남은 두 나라, 파키스탄과 아프가니스탄의 소아마비 박멸을 위해, 어쩌면 미국이 앞장서야 할지도 모를 일이다.

아프가니스탄,
세계 최대 아편 생산지

미군이 아프가니스탄에 침공한 2001년, 전 세계 아편 시장은 뜻
밖의 공급난을 겪게 된다. 아편을 수확해야 할 아프가니스탄 주
민이 난리통에 생계를 멀리하면서 생산량이 직전 해의 약 10분
의 1로 감소해 버렸다. 아프가니스탄이 전 세계 아편 공급량의
절반 이상을 담당하고 있었으므로, 덩달아 전 세계 아편 공급량

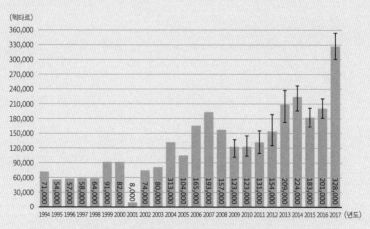

그림 아프가니스탄의 연간 아편 경작지, 1994–2017

또한 기록적으로 줄어든 것이다. 9·11테러와 미국-아프가니스탄 전쟁으로 뜻밖에 마약 중독자들이 약을 끊어야 할 상황이 도래했다.

하지만 그들은 약을 끊지 않아도 되었다. 이듬해인 2002년에는 언제 그랬냐는 듯 평년의 생산량을 회복했고, 아편 생산은 갈수록 늘어 2017년에는 아편 경작지 기준으로 2001년의 40배가 넘는 32만 헥타르까지 늘어나는 기염을 토했다. 전쟁이 길어지면 뭐든 다 어려워진다. 아프가니스탄 주민으로서는 농작물을 판매할 경로가 막혀버리는 상황이 발생했다. 그러자 어디서나 쉽게 판매할 수 있고 돈도 많이 쳐주는 양귀비를 재배하게 되었다. 미국이 이 상황을 어떻게 책임질지 모를 일이다.

원래 세계적으로 유명한 아편 생산 지역은 터키와 인도, 이란 등이었다. 이들 나라에서 나오는 아편은 질도 상당히 좋아서, 영국이나 프랑스를 통해 전 세계로 판매되었다. 하지만 제1차 세계대전이 발발하고 이 지역이 전쟁에 휩싸이면서 상황이 복잡해졌다. 당장 우리나라도 식민 지배 초기 일본이 아편 생산을 금지했기에 비교적 아편 생산량이 적었는데, 제1차 세계대전의 여파로 아편 공급이 불안정해지고 가격이 오르자 식민지인 우리 땅에서 아편 생산을 권장했다. 그러다가 제1차 세계대전 직후 해외 아편이 다시 생산되고 가격이 안정화되자, 팔지 못한 조선산 아편을 조선에 풀어버리는 만행을 저질렀다. 당시 우리나라에서는 '모루히네'나 '주사옥' 같은 단어들이 유행했는데, 모두 아편 또는 모르핀과 관련된 단어들이었다. 그 뒤 생산을 멈출 법도 했건만 태평양전쟁을 거치면서 모르핀이 계속 필요해지자 일본은 조선에서의 생산량을 늘렸고, 재고를 엄청나게 쌓아놓은 후 1945년 본국으로 쫓겨 갔다. 급하게 돌아간 그들은 아편과 모르핀을 다 가져가지 못했는데, 이후 우리나라 사람들과 미군이 알차게 나눠 피웠다. 마음에 안 든다.

세계적으로도 트렌드가 바뀐다. 두 곳이 핵심으로 떠오르는데, 한 곳은 '황금의 삼각 지대golden triangle'라고 부르는 미얀마, 라오스, 태국 등의 동남아시아 지역이다. 원래부터 유명한 아편 산지였던 데다가 중국 공산당이 마약을 금지하자 중국 내 전문가들까지 옮겨 와 각성제 등의 마약류 향정신성의약품까지 생산하면서 악명을 떨치게 되었다. 현재도 아프가니스탄을 제외하면 이 지역의 생산량이 가장 많다. 2017년 개봉한 영화 〈킹스맨The King's Man〉 2탄의 부제가 '골든 서클golden circle'이다. 이 영화에서 악역인 포피 애덤스가 캄보디아에서 양귀비를 생산하는 것은 지역적으로 봤을 때 근거 있는 설정이다. 두 번째 지역은 앞서 이야기했듯이 아프가니스탄인데, 역시 파키스탄과 함께 '황금의 초승달 지대golden crescent'라는 별명이 붙을 정도로 전통을 자랑한 지역이었다.

도대체 전 세계적으로 아편이 얼마나 생산되는 걸까? 불법적으로 거래되는 루트가 대부분이라 자료를 찾기는 힘든데, 법무부에서 발표한 『마약류 범죄백서』에 따르면 2020년 전 세계 아편 생산량은 무려 7,410톤이다. 같은 자료에 따르면 헤로인은 2019년 기준으로 96톤인데 헤로인의 수치는 생산량이 아니라 적발량이라는 것을 감안하기 바란다.

모르핀의 양에 대해서는 2015년 저명한 미국 화학 저널에 통계가 약간 나와 있기는 하다. 이 논문에서는 한 해 소비되는 모르핀의 양을 440톤으로 보고했다. 역시 중요한 것은 합법적인 경로로 판매되는 양만 440톤이라는 것. 마약의 특성상 불법적인 루트로 판매되는 양이 더 많다는 점을 감안해서 판단하기 바란다. 참 많이도 쓴다.

2부

전쟁을
끝내다

답을 찾는 자들

4장

비타민 전쟁

203고지를 점령하라

1904년 12월 5일, 고다마 겐타로児玉源太郎 장군은 더 이상 고민할 여유가 없었다. 이미 4개월에 걸쳐 여순항을 포위하고 공략했지만 성과는 빈약했다. 오히려 러시아 군대가 준비한 최신 맥심 기관총과 대포 앞에, '반자이(만세)'를 외치며 돌격했던 자국 군인만 3만 명 넘게 희생했을 뿐이다. 전임자였던 노기 마레스케乃木希典 장군이 무대포 돌격에 책임을 지고 2선으로 물러난 지 채 한 달도 되지 않았다. 더 이상 이렇게 현대식 무기 앞에 재래식 전술로 돌격할 수는 없다. 그래서 일본 본토에서 280밀리미터 대포를 가져와 203고지를 탈환하고자 계획을 세웠고 준비도 마치지 않았는가? 이미 며칠 전부터 전투도 재개했고 전

진하고 있다. 203고지만 점령하면 여순항은 한눈에 내려다보이니 쉽게 점령할 수 있고, 역습에 대한 걱정 없이 러시아를 몰아붙일 수 있다. 러일전쟁을 승리하면 조선에 대한 독점적 지배권은 물론이고 동북아시아, 나아가 아시아 전체를 호령할 수 있다. 이제 그 시작이다. 203고지 점령과 함께.

그런데 고민이 된다. 병사들이 아프다. 애초에 이 공방전이 이렇게 길어질 줄 누가 알았겠는가? 10년 전에 청나라가 지키던 여순항은 '반자이 돌격'으로 단 하루 만에 점령했었다. 3국 간섭으로 무력하게 러시아에 넘기기는 했지만 러시아가 지킨다고 해도 뭐 크게 다르겠는가? 어차피 한 번 빼앗았던 요새다. 한 달이면 되지 않을까? 그런데 그 한 달이 두 달이 되고 넉 달이 되었는데도 여전히 함락시키지 못했다. 그러는 사이 병사들의 사기가 떨어졌다. 기관총 앞에 돌격을 외치던 전술은 이제 병사들이 거부할지도 모른다. 그런데 전투가 길어져서 그런지 병사들이 아프다고 한다. 꾀병이 아니다. 다리를 후들거리며 몸져눕고 고통을 호소한 채 숨을 쉬지 못해 죽는 병사들이 부지기수다. 각기병이다. 해군에서는 이미 각기병을 해결했다고 하는데 웬일인지 육군에서는 계속 환자가 생겨난다. 기관총에 죽는 군인 못지않게 각기병으로 죽는 군인도 많다. 각기병으로 전투에 참여하지 못하는 병사들까지 생각하면 그 피해는 더 어마어마하다. 각기병만 없었다면 여순항을 좀 더 빨리 점령할 수 있지 않았을까? 어쨌거나 이제는 일본군도 한계에 다다랐다. 더 이상 미루면 각기병과 추위가 군대를 초토화할지도 모른다. 추위라면 러시아가 더 강하다. 공격이다.

로만 콘트라첸코Roman Kondratenko 소장은 머리가 아팠다. 저 일본군이 드디어 기관총을 두려워하게 된 것 같다. 8월부터 있었던 일본군의 돌격은 의아할 정도로 단순하고 반복적이었다. 기관총과 대포만 잘 쏘면 무방비로 돌격하는 일본군을 물리칠 수 있었다. 가을부터는 203고지를 더욱 강화하기도 했다. 그런데 며칠 전부터 일본군이 대포 사격과 함께 돌격해 온다. 끊임없는 대포 공격으로 땅이 파이니 203고지는 이제 해발 203미터가 아닐지도 모른다. 우리 대포와 기관총 참호가 무너지고 있다. 203고지를 더 이상 지킬 여력이 없다. 더 버틸 수 있을까? 진작에 시베리아 횡단철도를 완공했더라면 얼마나 좋았을까? 미국은 대륙횡단철도를 벌써 완공했다는데 우리 황실은 뭘 하고 있었던 걸까? 발틱 함대는 한참 전에 출발했다는데 왜 아직 도착하지 않는 것인가? 수에즈운하를 통과했다면 벌써 도착했을 텐데, 영국은 왜 하필 그때 공사 중이라며 통행을 금지했을까? 지금이라도 온다면 항구에 묶여 있는 태평양 함대를 출동시켜 서해에서 일본 해군을 앞뒤로 협공하고 격파해 이 지긋지긋한 여순항 봉쇄도 풀 수 있을 텐데, 그때까지 우리가 버틸 수 있을까?

하지만 병사들이 아프다고 한다. 10개월이나 고립되다니. 음식은 충분히 쌓아두었다. 병사들도 아쉬운 대로 먹이고는 있지만 예상보다 고립이 길어지면서 배급량은 갈수록 줄어갔다. 그래도 굶어 죽을 정도는 아닌데. 괴혈병이다. 잇몸에서 피가 나고 결합 조직이 약해져 누워만 있다가 시름시름 죽어나가는 병사들. 영국에서는 벌써 해결한 질병이라는데 우리는 왜 아직도 이런 병으로 고생해야 하는 것일까? 아픈 병사들을 데리고 갈수록 집요해지는 일본군의 공격을 막아내야 하는데 자신이 없다. 다행인 것은 일본군도 아프다는 점이다. 여러 경로로 적군의 동향을 들어보니 각기병인 듯하다. 걸리면 약도 없는 그런 질병인데 조금만 더 버티면 저들이 각기병으로 무너지지 않을까? 그때까지만 버텨보자.

러일전쟁의 분수령

1904년 시작된 러일전쟁은 세계사적으로도 커다란 의미를 지니고 있다. 참호와 기관총으로 무장한 선진 부대를 재래식 전술로 상대할 때 얼마나 큰 피해를 입게 되는지 보여줌으로써, 10년 뒤 발발하는 제1차 세계대전의 전략적 교과서가 되었다. 또한 두 열강이 자국 영토가 아닌 곳에서 전면전을 벌임으로써 제국주의의 민낯을 적나라하게 보여주기도 했다. 시어도어 루스벨트Theodore Roosevelt 미국 대통령은 러일전쟁을 중재한 공로로 1906년 노벨평화상을 수상했을 정도이니 이 전쟁이 미친 영향을 다른 나라에서도 꽤 크게 평가한 듯하다.

전쟁이 세계를 좌우할 정도로 큰 변수이긴 하지만, 막상 전쟁을 좌우하는 것은 작은 변수들이다. 러일전쟁에서도 이러한 변수를 확인할 수 있는데, 바로 각기병에 시달린 일본군과 괴혈병에 시달린 러시아 군대다. 두 나라가 전쟁을 준비하면서 이런 질병에 대한 대응책도 마련했다면 어땠을까? 두 질병이 불치병이라면 애초에 준비가 어려웠겠지만, 괴혈병은 이미 1700년대 후반부터 치료법이 알려져 있었다. 또한 각기병에 대한 치료법을 세계 최초로 알아낸 집단은 놀랍게도 일본 해군이었다. 다만 해군과 육군 간의 알력으로 인해 해군의 노하우가 육군으로 전수되지 않아 애꿎은 일본 육군만 고생한 것이다. 러일전쟁 중 일본군 사망자를 대략 8만 4,000명으로 추정하는데, 그중 각기병으로 죽은 사람은 2만 7,000명 내외다. 러일전쟁의 승리를 위해 일본군은 예비 병력까지 포함해 대략 100만 명의 군대를 동원했지만 그중 25만 명은 각기병을 앓아야 했고 8만 명은 본국으로 송환되었다. 이 정도면 작전을 세운다는 것 자체가 어불성설이다. 일본군이 조금만 더 체계적으로 준비했다면, 아마 러일전쟁은 조금 더 빨리 끝났을 것이다.

사실 일본은 러일전쟁을 체계적으로 준비하기는 했다. 대륙으로의 진출을 위해 국내총생산의 무려 40퍼센트 정도를 국방 예산으로 투입했다. 분단국가인 우리나라의 국방비가 2021년 기준 국내총생산의 2.6퍼센트 정도이니 일본이 얼마나 군국주의에 힘을 쏟았는지 알 수 있다. 또한 일본은 만주 벌판으로 군대를 파견하기 위해 다양한 채비를 했다. 처음 가는 지역에서 설사가 빈발하자 이를 막기 위해 설사약을 독자적으로 개발했

그림 러일전쟁 직후 정로환 기사. 정로환 앞에 충용(忠勇)이라는 표현이 보인다. 충성스럽고 용감한 군인을 뜻한다.

는데, 훗날 러일전쟁 승리를 기념해 정로환征露丸으로 명명했다. 지금에야 한자를 바꾸어서 정로환正露丸으로 판매되고 있지만, 사실 우리에게는 가슴 아픈 역사를 품고 있는 그런 약이기도 하다.

이처럼 일본은 돈도 모으고, 현대식 해군도 창설하고, 무기도 강화하고, 약도 개발하는 등 진군을 위한 준비를 미리 했다. 하지만 아무리 준비한다고 한들 처음 시도하는 해외 진출인데 그 준비가 완벽할 수 있겠는가? 각기병으로 인해 일본은 이 모든 준비를 물거품으로 만들 뻔한 위기에 처한다. 그리고 러시아 군대의 괴혈병으로 인해 기사회생한다.

그런데 이러한 각기병과 괴혈병의 대결은 향료에서 시작되었다.

향료는 왜 비쌌을까

대항해시대는 크리스토퍼 콜럼버스Christopher Columbus의 신대륙 발견(1492년)과 바스쿠 다가마Vasco da Gama의 인도항로 개척(1498년)과 함께 시작했다. 중국 등에서 육로를 통해 향료를 수입하던 베니스 상인들로서는 상권이 위협받는 시작이었다. 400년간 독점해 오던 향료 무역이지 않았던가? 그들은 항해 선단을 꾸려 인도 현지에 사신단을 파견해 포르투갈과의 무역을 중단해 달라고 외교적으로 노력했지만, 시대의 흐름을 거스를 수는 없었다. 페르디난드 마젤란Ferdinand Magellan의 함대가 3년간의 세계 일주를 마친 1522년, 26톤의 향신료와 함께 스페인 세비야로 돌아온 것은 이러한 베니스의 우려를 확인시켜 준 사건이기도 했다.

그런데 향료는 왜 비쌌을까? 사실 향료만 비싼 것이 아니었다. 중세 시대 왕이나 귀족들은 설탕을 작은 성이나 탑처럼 조각해서 연회를 장식하며 자신의 부를 과시했고, 담배는 왕실에 바치는 선물이었으며, 소금salt은 '월급salary'의 어원이 될 정도로 귀했다. 생산력이 뒷받침되지 않는 사회에서 중요한 재화는 비쌀 수밖에 없다. 그러면 질문을 바꿔보자. 향료는 왜 중요한 재화일까?

세 가지 이유가 있다. 첫째, 로마제국의 전성기 이후 유럽은 꾸준히 더러워져 갔다. 상하수도 시설이 정비되지 않아 거리에 분변이 쌓였고 음식 보관이 어려워 썩기 일쑤였다. 파리의 지하철이나 뒷골목에 가본 사람들은 그 아름다운 빛의 도시에서 스멀스멀 흘러나오는 냄새에 놀라고는 한다. 향료는 이처럼 악취를 감춘다는 측면에서 필요했다. 둘째, 음식의 재료로도 향료는 중요한 역할을 했다. 당시 궁중에 전해지던 요리법에는 귀한 향신료를 어떻게 사용해야 하는지가 비교적 자세하게 적혀 있다. 하지만 훨씬 더 중요한 세 번째 이유가 따로 있었다. 페스트였다.

앞서 언급했던 것처럼 페스트는 페스트균이 일으키는 감염병으로, 비말을 통한 감염과 쥐벼룩이나 쥐를 통한 감염이 일반적이다. 중세 시대에는 일단 쥐를 의심하고 있었고, 그 쥐를 멀리 떨어뜨리는 용도로서 일부 향료가 사용되었다. 물론 그 효과는 미미했고 지속 가능하지도 않았다. 하지만 당시 사람들에게 향료가 페스트를 막는 것이 확실한가는 중요하지 않았다. 향료가 그런 소문과 함께 비싸게 팔린다는 것이 확실했고, 그것이 중요할 뿐이었다. 가난한 거리의 청년들은 일확천금의 기회를 놓치기 싫었고, 부유한 자본가들은 더 많은 돈을 벌고 싶었다. 한때 원산지로 간다면 육두구nutmeg 한 주먹만큼을 나침반 하나와 교환해 올 수 있던 시절도 있지 않았던가? 원주민에게 줄 나침반은 많았다. 그것도 안 된다면 섬을 정복하고 원주민을 이용해 경작하면 될 일이었다.

향료의 거래대금에 대한 자료는 방대하다. 당시에도 교역의 주요 물품이었기 때문이다. 물론 그 가치를 지금의 관점에서 정확하게 환산하기는 어렵지만 일부 문헌을 통해 어느 정도는 추산이 가능하다. 1393년 독일에서는 육두구 1파운드(454그램)로 황소 일곱 마리를 살 수 있었다. 1363년 북유럽 블랑슈Blanche of Namur 왕비의 재산 목록에는 정향 750그램이 올라 있을 정도로 높은 평가를 받았다. 당시는 향료가 왕실에서 선물로 오가던 때였다. 시대가 다르기는 하지만, 408년에는 서고트족이 로마제국을 포위하고 협상했는데, 이때 요구한 물품은 후추 3,000파운드, 금 5,000파운드, 은 3만 파운드였다. 당시 향료의 가격은 시대나 지역에 따라서 심하게 요동쳤다. 하지만 향료가 상당한 고가의 물품이고 거래의 기준이 되기도 했을 정도라는 점은 충분히 추론할 수 있다.

돈이 있는 곳에는 분쟁이 생기기 마련이다. 향료 무역이 활발해지면서 유럽 국가들 간의 대립은 갈수록 첨예해졌다. 일부 국가는 향료를 수입하기 위해 정부 차원에서 선단을 조성하기도 했고, 일부 국가는 향료를 수입해 오는 선단을 습격하기 위해 해적들을 후방에서 지원하기도 했다. 초기에 앞서 나갔던 스페인과 포르투갈은 어느덧 그 밑천을 드러내며 경쟁에서 뒤처지기 시작했고, 뒤를 이어 잉글랜드와 네덜란드가 주도권 경쟁을 벌이기 시작했다. 역사는 1652년부터 1674년까지 있었던 잉글랜드와 네덜란드 간의 세 차례 전쟁을 '향료 전쟁'이라고 부르기도 한다.

향료 전쟁

잉글랜드의 입장을 보자. 잉글랜드는 네덜란드가 괘씸했다. 1567년 스페인으로부터 독립을 선언할 때는 신경도 쓰지 않던 작은 나라가 네덜란드였다. 그 네덜란드가 잉글랜드 동인도회사를 모방해 1년 뒤 네덜란드 동인도회사를 만들 때도 그다지 신경을 쓰지는 않았다. 돈도 없이 무슨 배를 만들며 선원을 어떻게 띄우겠는가? 그리고 네덜란드는 수심이 얕아 큰 배를 만들 수도 없었다. 작은 배로 바다를 건널 수는 없다.

그렇게 얕보았던 네덜란드 동인도회사가 유대인 자본을 끌어들이는 데 성공했다. 한술 더 떠서 투자금을 받고 이윤을 배분하는 형태의 주식회사라는, 듣지도 보지도 못했던 방식으로 자본을 더 키웠다. 이제 잉글랜드 동인도회사의 10배가 넘는 자본금이 모였으니 무시할 수 없는 경쟁자였다. 그 돈이 있으면 작은 배도 튼튼하게 만들어 띄울 수 있을 것 같았다.

아니나 다를까 네덜란드의 작고 빠른 배는 잉글랜드의 큰 배보다 훨씬 빠르게 동남아시아를 왕래할 수 있었다. 작아서 못 갈 줄 알았는데 기술력과 항해력으로 이를 보충해 버린 것이다. 어느 순간 동인도회사라고 하면 동네 아이들도 네덜란드 회사를 먼저 생각할 정도로 세계 최고의 회사가 되어버렸다.

하지만 잉글랜드에게는 해군이 있었다. 네덜란드의 작고 빠른 배와는 비교할 수 없을 정도로 강력한 해군함이 있었고, 1588년 스페인 함대에 대승한 경험도 있었다. 애초에 네덜란드가 독립한 것도 잉글랜드가 스페인 무적함대를 무찌른 것이 결정타이지 않았는가? 생각해 보니 더 괘씸하다. 질투 난다.

물론 해군이 대놓고 무역을 하기는 어려웠다. 군대는 싸우는 단체이지 돈을 버는 단체는 아니지 않은가? 그래도 막강한 국방력이 있다면 무역에도 영향을 줄 수는 있었다. 항해조례를 발표하고 잉글랜드에 세금을 납부하거나 잉글랜드 선원을 고용하라고 압력을 줄 수는 있었다. 그들이 따를지는 모르겠지만 별로 상관없었다. 네덜란드의 성장을 더 이상 두고 볼 수 없었다.

이제 네덜란드의 입장도 보자. 네덜란드로서는 잉글랜드가 얄미웠다. 애초에 잉글랜드 함대가 스페인 함대를 무찌른 것은 본인들이 필요해서였다. 그래놓고 이제 와 생색내다니 어이가 없었다. 더군다나 그것도 벌써 60년 전 일이었다. 그 후로 네덜란드도 '30년전쟁'에 참가해 함께 피 흘리지 않았던가? 더 이상 네덜란드의 독립에 대해 잉글랜드에 진 빚은 없었다. 이제 독립을 인정받아 제대로 달려보겠다고 힘을 모은 지 2년째인데 이렇게 끌려갈 수는 없었다.

잉글랜드가 발표한 항해조례는 특히 더 납득할 수가 없었다. 자기들이 뭐라고 남의 나라 배에 이래라저래라 한다는 말인가? 도버해협이 자기들 것인가? 참을 수가 없었다. 어쩌면 잉글랜드의 항해조례는 네덜란드의 납득이 필요 없는지도 모를 일이었다. 1650년, 전쟁은 무르익고 있었다.

대항해시대의 패권을 위해 두 나라는 싸울 수밖에 없었다. 해군이 강력한 잉글랜드와 해상 무역이 발달한 네덜란드는 동남아시아 등의 식민지에서 교전을 거듭하더니 결국 국가 차원의 전면전을 선포하게 된다. 네덜란드로서는 작고 빠른 전함 위주로 구성한 선단이 전쟁에 최적화된 것은 아니었지만, 크다고 이기는 것은 아니지 않은가? 네덜란드의 항해술은 잉글랜드보다 우세했으며 우수한 해전 지휘관들도 여럿 있었다. 상선을 호위하면서 해적들과 꾸준히 교전한 경험도 그들이 믿는 구석이었다.

물론 잉글랜드는 전통의 수군과 강력한 대포, 깊은 수심에 걸맞은 거대 함선을 가지고 있었기에 질 것이라고는 생각도 하지 않았다. 무적함대도 물리친 해군이었다. 바다에서 싸우게 된다면 도버해협이 될 것인데, 아무래도 가까운 잉글랜드 해군이 지리적으로도 유리한 상황이었다.

전쟁은 20년간 세 차례 이어졌다. 특히 1665년에 발발한 2차 잉글랜드-네덜란드 전쟁은 프랑스까지 참전하여 바다와 육지에서 3년간 치른 열전이었다. 오랜 기간 승패를 주고받으며 더 타격을 입은 쪽은 잉글랜드였다. 네덜란드는 템스강 하구까지 진출하며 잉글랜드를 압박했고 전쟁을 유리한 고지로 끌고 갔다. 그리고 1667년 자국 영토인 브레다Breda에서 조약을 맺으며 전쟁을 종료했다.

1667년 7월 31일 체결한 브레다 조약은 3년간의 전쟁 및 식민지에 대해 합의한 조약이다. 많이 회자되는 조항은 2조인데, 잉글랜드는 신대륙의 뉴암스테르담을, 네덜란드는 남아메리카 대륙의 수리남 지역을 가진다는 내용을 담고 있다. 당시 잉글랜드는 네덜란드가 개척한 뉴암스테르담을 공격하여 강제 점유하고 있었다. 브레다 조약은 이것을 국제적으로 인정받은 조약이다. 이후 뉴암스테르담이 뉴욕으로 이름을 바꾸고 세계적인 도시로 탈바꿈한 것을 우리는 잘 알고 있다. 수리남 지역은 뉴암스테르담의 반대급부로 네덜란드가 얻어낸 지역이다.

그렇다면 2조보다 중요한 1조에는 무슨 내용이 있었을까? 바로 양국의 영토를 현 상태로 유지한다는 내용이었다. 네덜란드로서는 갈수록 집요해지는 영국의 공격을 막아내고 동남아시아의 향료 생산지를 지켰다는 데 의의가 있었다. 네덜란드가 뉴암스테르담까지 내주면서 지켰던 지역은 지금의 인도네시아 근해 반다제도Banda island. 지금으로서는 뉴욕을 동남아시아의 한 제도나 남미의 한 지역과 맞바꾼다는 것을 상상도 하기 어렵다. 하지만 당시 전쟁의 사실상 승자 네덜란드는 이러한 선택을 하였다. 이 모든 것이 향신료 때문이었다.

향료 무역과 괴혈병

인도네시아의 작은 섬으로 이루어진 반다제도는 육두구 재배지로 정평이 나 있었다. 육두구라면 당시 유럽에서 이름을 날리던 향료 중에서도 최고의 명성을 자랑하던 향료였다. 한 움큼만 가지고도 평생을 편안하게 살 수 있다던 향료, 그중에서도 최고의 가치를 자랑했으니 그 원산지를 노리는 사람들이 오죽 많았겠는가?

잉글랜드-네덜란드 전쟁 당시 반다제도는 네덜란드 사람들이 지배권을 행사하고 있었다. 그러므로 네덜란드와 전쟁을 불사한 잉글랜드로서는 가장 탐나는 지역이었다. 1624년 네덜란드가 개척한 뉴암스테르담도 신대륙의 새로운 거점으로서 굉장한 유망주이기는 했지만, 대장주로서 나라의 무역을 뒤바꿀 만한 지역은 반다제도였다. 이 반다제도는 전쟁의 승자가 가지는 땅이었다. 패자는 다른 땅으로 위로하면 되었다. 정작 그 섬의 주인이었던 원주민은 그 와중에 철저하게 배제되었다. 이 모든 것은 향료가 금보다도, 전성기의 튤립보다도, 한창때의 비트코인보다도 비쌌기 때문이다.

금맥을 찾아 대륙을 횡단하듯이, 튤립을 재배하듯이, 비트코인을 채굴하듯이, 사람들은 바다로 떠났다. 하지만 금의환향하며 고국으로 돌아온 선원은 출정 때의 20퍼센트도 채 되지 않았다. 바스쿠 다가마가 인도 항로를 개척하고 돌아왔을 때 생존자는 처음의 3분의 1인 55명이었고, 3년간 세계 일주를 했던 마젤란의 탐험대는 265명 중 고작 18명이 생환했을 뿐이었다. 여기에는 거친 파도, 잊지 않고 출몰하는 해적, 현지 원주민과의 분쟁 등 여러 가지 요인이 있었지만 가장 결정적인 이유는 괴혈병이었다.

당시 탐험대의 식량이라고 해봐야 절인 고기 약간과 돌처럼 딱딱해진 비스킷, 말린 콩을 이용한 수프가 전부였다. 가는 길의 중간 기착지에서 약간의 보급을 받아도 마찬가지였다. 그 기착지에 언제 도착할지도 모르는 일이었기에, 부족한 식량을 다시 아껴 먹어야 했다. 당시 장거리 항해를 하는 배들은 모두 바람을 이용한 범선이었음을 기억하자. 엔진도 아니고 노도 아니었다. 가끔씩 콩을 이용한 수프를 먹을 때도 있었지만 부패하는 것을 막기 위해 여러 번 끓인 후였기 때문에 제대로 영양을 보충하기 어려운 환경이었다. 이처럼 부실한 식단은 건장한 선원들도 쓰러지게 했는데, 그들은 대부분 괴혈병을 앓았다.

괴혈병은 인체 조직이 약해지면서 생기는 질환이다. 구체적으로는 콜라겐collagen이 부족해서 생긴다. 콜라겐은 우리 몸에 가장 풍부하게 존재하는 단백질이며, 우리 몸의 결합조직을 채우고 있다. 선원들로서는 잇몸이 약해지면서 딱딱한 비스킷을 먹기 어려워진다. 물론 비스킷은 물에 불려서 먹는 경우가 훨씬 많았기 때문에 여전히 식사를 할 수는 있었지만, 어느 순간 잇몸이 무너지고 이가 빠지면 버티기 어렵다. 우리 몸의 가장 민감한 조직이 무너진 뒤로는 일반적인 근육이 분해되면서 무기력증이 따라오고 잦은 통증으로 힘들어하게 된다. 결국에는 면역력까지 저하되면서 평소라면 거뜬히 견뎌냈을 감염증 등으로 사망하게 된다.

일확천금을 노린다고는 하지만 이 정도 위험을 감수해야 한다면 선택하기가 쉽지만은 않았을 것이다. 더군다나 당시 배에서 생활하는 것 자체가 고된 일이어서 자다가 일어나 돛을 다룬

다거나, 갑자기 나타난 해적 떼들과 전투를 벌여야 하는 등 선원들의 삶은 교도소에서보다 못한 경우가 많았다. 동서고금을 막론하고 세상에 공짜는 없었다.

괴혈병을 이겨라

사람들은 답을 찾아나갔다. 괴혈병 환자들도 중간 기착지에서 신선한 야채를 먹으면 낫는다는 것을 알게 되었다. 그렇게 회복한 자들의 경험은 사람들의 입에서 입으로 전수되었다. SNS가 없던 시절이라 노하우의 전파 속도는 느렸지만 선단에 속한 누군가는 좋은 이야기를 들었다며 주변 선원에게 이야기를 전했다. 1617년 동인도회사에 군의관으로 근무하던 존 우달John Woodall은 다양한 직간접 경험을 바탕으로 『외과의사의 동료Surgeon's Mate』라는 책을 썼는데, 이 책에는 대항해시대 선원들의 건강과 관련한 다양한 경험이 녹아들어 있으며 신선한 라임이나 레몬을 복용하면 괴혈병을 치료할 수 있다는 기록도 적혀 있었다. 적어도 이 당시 사람들은 경험적으로 답을 알고 있었던 것이다.

하지만 경험적인 것이 곧 과학적인 것은 아니다. 개인의 경험은 잘 설계된 검증을 거쳐서 과학으로 발전한다. 잘 설계된 검증을 위해서는 '실험군과 대조군의 편성' 및 '반복된 실험'이 필요한데, 이 중 '실험군과 대조군의 편성'은 영국 해군 소속 군의관 제임스 린드James Lind에 의해 이루어졌다. 우달의 저서가 나온

후 130년이나 지난 1747년의 일이다.

린드는 31세의 젊은 나이에도 불구하고 승조원으로 일한 경험이 8년이나 되는 베테랑 군의관이기도 했다. 그는 매번 자신들의 항해를 괴롭히는 괴혈병을 막기 위해 오래전부터 들려오던 풍문을 확인하려고 했다. 자신의 배에 탄 승조원 중 12명을 뽑아 두 명씩 여섯 조로 나누고 조별로 후식을 다르게 제공했는데, 신선한 오렌지와 레몬을 제공한 두 명만 괴혈병이 발생하지 않았다. 그리고 다른 괴혈병 환자들에게도 신선한 오렌지와 레몬을 제공하자 괴혈병이 완치되는 것을 보았다. 전 세계에서 가장 골치 아픈 질병 중 하나인 괴혈병을 치료하는 방법을 과학적인 임상시험으로 찾아낸 것이다.

그런데 막상 12명으로 이루어진 이 작은 임상시험 결과를 영국 해군성은 믿지 않았다. 린드의 명성이 높지 않았던 것도 영향을 미쳤던 것으로 보인다. 결국 잘 설계된 검증을 위한 나머지 하나의 조건, 즉 '반복된 실험'은 그 뒤 40년이라는 시간을 필요로 하게 된다. 여기에는 오스트레일리아를 발견한 제임스 쿡James Cook과 같은 거장들의 노력도 함께했다. 1795년 영국 해군성은 공식적으로 해군 병사들의 식단에 신선한 과일을 추가하며 린드의 실험 결과를 인정하게 된다.

군의관들의 노력은 1930년대에 들어오면서 민간 과학자들에게 이어졌다. 파프리카 등의 다양한 동식물에서 괴혈병을 치료하는 마법의 물질이 연이어 분리되었고 곧바로 구조 역시 밝혀졌다. 이름도 없던 이 귀한 물질에는 '아스코르브산ascorbic acid' 이라는 이름을 붙였는데, 항괴혈병 산이라는 뜻이다. 곧이어 당시 유행하던 비타민을 분류하면서 이 물질은 '비타민C'로도 불리게 되었다.

화합물의 구조가 밝혀지고 1년 후인 1934년 또 다른 기술적 진보가 이루어지는데, 설탕에서 간단한 화학 반응을 거쳐 비타민C를 생산하는 방법이 개발된 것이다. 타데우시 라이히슈타인Tadeus Reichstein이라는 화학자가 개발한 방법으로, 지금 봐도 훌륭한 공정이다. 이 방법은 설탕에 효소를 처리해 다섯 단계 안에 비타민C를 만드는데, 설탕 100그램을 비타민C 40그램으로 전환하는 효율을 보여준다. 그의 공정은 곧바로 제약회사인 로슈Roche사에 기술이전 되었으며, 사람들은 싼값에 로슈사의 비타민C을 구입할 수 있게 되었다.

이제 사람들은 괴혈병을 막기 위해 굳이 신선한 과일을 한 상자씩 쌓아두고 항해할 필요가 없게 되었다. 약국에서 값싸게 비타민C를 구입한 후 가방에 넣어서 배에 오르면 될 일이었다. 이렇게 괴혈병은 정복되었다. 이런 성과들 덕분에 비타민C를 연구한 학자들은 1937년 노벨화학상과 노벨생리의학상을 수상했다. 바야흐로 비타민C가 학계의 주류로 인정받은 것이다.

뒤를 이어 비타민C가 항산화제로 작용하는 원리나 콜라겐 생합성에 이용되는 기전 등이 밝혀졌다. 병사들을 살리기 위한 군의관들의 노력이 오랜 시간에 걸쳐 결실을 맺고, 과학자들이 바통을 이어받아 마무리를 지은 역사적인 순간이었다. 하지만 군의관들이 괴혈병만 연구한 것은 아니었다. 네덜란드와 일본의 군의관은 지구 반대편에서 서로 존재도 모른 채 같은 질병을 다른 방식으로 연구하고 있었다.

각기병을 이겨라

우리는 어려서부터 '각기병'이라는 말을 접한다. 비타민B가 부족하면 생기는 질환이라고 교과서에서 배우고, 시험 문제 보기 2번으로 나오기 딱 좋은 질병이다. 하지만 막상 각기병을 실제로 경험하는 사람은 의료계 종사자를 포함해서도 그렇게 많지 않다. 최근 들어 개선된 질병이냐 하면 그렇지도 않은 것이, 원래도 우리나라에 빈발하는 질병은 아니었다. 우리 교과서에 실리게 된 이유는 딱 하나다. 이 병이 한때 일본에서 빈발했기 때문이다. 유럽보다는 아시아에서 빈발했던 질병이 바로 각기병이다.

네덜란드의 군의관 크리스티안 에이크만Christiaan Eijkman은 자바섬의 의학연구소에 잠깐 일하러 왔다가 전임자들이 훌쩍 떠나버리는 바람에 자바섬에 덜컥 눌러앉게 된 인물이다. 퍼질 법도 했지만 그는 1888년부터 1896년까지 8년 동안 그곳에서 의외로 열심히 일했는데, 전임자들이 제대로 밝혀내지 못하고 떠났던 각기병의 원인을 찾아내는 데 성공했다. 닭이 먹는 사료를 유심히 살펴보며 쌀을 도정하는 과정에서 떨어져 나가는 영양소가 중요함을 찾아낸 것이다. 그는 각기병 환자들에게 현미를 제공함으로써 각기병을 개선할 수 있다는 것까지 알아내서 학계에 보고했으며, 유럽 본토의 생화학자들은 쌀눈에서 각기병과 관련한 인자를 찾아내서 1911년 '티아민^{thiamine}'이라고 이름 붙였다. 추후 이 물질은 비타민B$_1$으로 명명되었고, 에이크만은 1929년 노벨상을 수상했다. 1896년 그가 결과를 발표한 지 33년 만이고 그가 죽기 1년 전의 일이었다. 그런데 비슷한 시기 일본 해군은 독자적인 방법으로 각기병에 대한 답을 찾았다. 더군다나 그들은 관련 연구를 통해 각기병 치료제까지 개발했다.

일본은 250년간의 쇄국을 풀고 미국의 매튜 페리^{Matthew C. Perry} 제독에게 항구를 열어주었다. 그리고 동시대에 청나라와 동남아시아가 유럽의 열강들에 처참하게 유린당하는 것을 보면서 일본의 선각자들은 해군이 필요하다는 것을 알게 되었다. 아시아의 문을 열어젖힌 것이 해군이었기 때문이다. 당장 도쿄 앞바다에 정박해 있는 미국 함대는 여전히 공포의 대상이었다.

원래부터 일본에 해군이 없었던 것은 아니지만 오랜 쇄국의 여파로 유명무실해진 상태였다. 그 상황을 타개하기 위해서는 강력한 해군을 육성해야 했다. 재건이 아니다. 창조다. 그러기 위해 뜻을 가진 많은 청년들을 유럽으로 유학을 보내고 또 귀국시켰다.

다카기 가네히로^{高木兼寛}도 그렇게 영국에서 공부하고 돌아온 해군 군의관이었다. 당시 일본 해군 유학생들이 영국에 유학한 것은 지극히 현명한 선택이었다. 같은 섬나라지만 일본과는 달리 강력한 해군을 앞세워 전 세계를 정복하지 않았던가? 일본 해군으로서는 뭐라도 하나 배워 와야 할 나라가 영국이었다. 다카기는 영국에서 해군의 선진 시스템과 최신 의학 등을 배워 고국으로 돌아왔다. 1879년이었다. 당시 그의 나이 30세. 일하기 딱 좋은 나이다. 다카기가 돌아왔다고는 하지만 혼자서 바꿀 수 있는 것은 많지 않았다. 배를 사거나 전투 교범을 만드는 등의 행위는 군의관으로서 간섭하기가 쉽지 않았다. 하지만 일본 해군이 바다로 나가면서 겪었던 새로운 문제, 각기병은 그가 해결해야 하는 문제였다.

수병들이 손발이 저리다고 할 때는 그러려니 했다. 식욕 부진도 그러려니 했다. 안 먹을 수도 있지. 그런데 그 상태가 심각해지는 것이 눈에 보였다. 나중에는 걷지도 못했다. 걷지 못하는 병사로 어떻게 배를 운용할 수 있겠는가? 다리가 부어서 꾹 눌러보면 살이 들어갈 정도로 한눈에도 이상해 보였다. 그러다가 호흡마저 마비되어 죽는 질병. 일본이 세계로 나가면서 처음 겪었던 어려움, 바로 각기병이었다. 항구에 정박해 있을 때는 아무런 문제가 없다가 배만 타면 생기는 질병, 그렇다고 꾀병은 아닌 분명한 질병. 승조원의 20퍼센트 이상이 걸렸던 각기병이었다.

다카기는 군의관으로 부임한 후 각기병 증상과 분포를 살펴보면서 영양이 풍부한 식단을 제공받는 해군 장교는 걸리지 않고 일반 수병들이 주로 걸린다는 것을 눈치챘다. 또한 그런 수병들도 다양한 반찬이 제공되는 항구에서는 각기병에 걸리지 않았다. 그렇다면 식단을 바꿔보면 어떨까? 다카기는 항해 중 수병들에게 다양한 식사를 제공하게 했고, 당시 유행하던 백미 대신에 현미로 밥을 먹였을 때 문제가 해결된다는 것을 확인했다. 쌀밥 대신 보리밥을 제공했을 때도 문제가 해결되었다. 도정한 백미 대신 현미 또는 보리를 지급하면 되니 쉽게 풀리는 문제였다. 한 건 했다.

그런데 의무관이 식사에 손대는 것이 가능하기는 할까? 당장 지금 시대 군의관이 행정보급관과 취사병에게 가서 식단을 바꾸라고 한다면 무슨 일이 일어날까? 그것도 비싸고 질 좋은 백미 대신 거칠고 맛없는 현미나 보리라니. 당장 청와대 국민청원에 올라오고 SNS에 인증사진이 나돌지 않을까? 그 당시에도 비슷했다. 가난한 청년들이 흰쌀밥 먹고 싶어 입대했는데 제대로 알지도 못하는 군의관이 식사를 바꾸겠다는 것을 그들은 용납할 수 없었다. 적어도 식단을 바꾸기 위해서는 사병들의 불만을 잠재우는 세련됨이 필요했다. 그리고 그 세련됨이 다카기에게는 있었다.

카레라이스의 활약

다카기가 영국에 유학을 다녀온 것은 이런 측면에서 행운이었다. 인도는 영국의 식민지였고 자국에서 나는 향료를 영국으로 값싸게 수출하고 있었다. 카레도 그중 하나였다. 원래 인도에서 향료로 쓰던 것이 영국에서는 밀가루와 함께 섞어 카레 가루의 형태로 판매하고 있었다. 중세 시대부터 향료를 음식으로 쓰던 습관이 남아 있었는데, 1800년대를 지나면서 일반인들의 일상에서도 이런 사치가 가능해진 것이다. 크로스 앤드 블랙웰Crosse & Blackwell이라는 소스 판매회사가 주로 카레 가루를 시판했고, 당시 유행하던 레시피 등에서는 이런 가루를 이용해서 카레 스튜를 만드는 방법을 알려주고 있었다.

다카기 역시 영국 해군이 카레 가루를 스튜로 만들어 빵과 함께 먹는 것을 본 적이 있었다. 다카기는 각기병에 시달리는 일본 수병들을 위해 영국식 최신 요리라는 홍보와 함께 카레 스튜를 도입했다. 다만 빵 대신에 백미로 만든 쌀밥을 유지했으므로, 카레 스튜 대신에 카레라이스가 만들어진 셈이다. 카레라이스는 일본 수병들에게 좋은 반응을 이끌어 냈다. 흔들리는 배 위에서 국물을 먹는 것은 쉬운 일이 아닌데 카레라이스는 약간 흔들려도 흘러내리지 않았다. 귀한 백미를 빼앗아 가는 것이 아니라 뭔가 다른 걸 섞어준다니 돈 가지고 장난치는 것 같지도 않았다. 안 그래도 쌀밥 한 그릇에 간장 한 종지로 배를 채우는 건 너무 심심한 식사였다.

각기병의 관점에서도 이 요리는 도움이 되었다. 백미만 먹어서는 문제가 될 수 있지만, 카레 가루에는 다량의 밀가루가 섞여 있었으므로 그 자체로 도움이 되었다. 그리고 카레라이스를 만드는 과정에서 다른 채소와 약간의 고기가 첨가되었으므로 영양분을 보충하는 데는 더할 나위 없는 해법이었다. 맛이 좋은 것도 도움이 되었다. 이렇게 인도의 카레 향료는 영국의 카레 가루를 거쳐 일본의 카레라이스가 되었고 지금 우리의 식탁에도 올라온다.

카레라이스로 해법을 찾아낸 일본 해군은 이후 식단에 보리를 추가했다. 수병들로서도 보리를 섞는 것까지는 수긍했고, 이러한 타협은 극적인 변화로 나타났다. 뉴질랜드, 하와이 등으로 대규모 원정을 이어간 쓰쿠바호에서는 1884년 14명의 각기병 환자가 발생했다. 그나마 14명도 개선된 식단을 거부한 선원이었다. 식단을 개선하기 전인 1883년, 276명의 선원 중 169명에게서 각기병이 나타나고 25명이 죽었다는 것을 감안하면 놀라운 발전이었다. 다른 자료에 따르면, 식단을 개선하기 직전인 1883년에는 5,346명의 일본 해군 중 1,236명이 각기병을 앓고 이로 인해 49명이 사망했지만, 식단 개선이 완료된 1886년에는 8,475명의 해군 중 겨우 세 명만이 각기병을 앓는 데 그쳤다. 일본이 대륙 침략을 본격화한 1900년대 초 각기병으로 고생한 선원은 사실상 자취를 감추게 된 것이다.

일본 해군이 이처럼 각기병 해법을 찾았다고 해서 원인이 밝혀진 것은 아니었다. 왜 도정한 쌀을 먹으면 각기병이 생기고 현미나 보리를 먹으면 생기지 않는지에 관한 연구는 다른 차원의 문제다. 이러한 원인을 규명한 학자가 1930년대 노벨상 후보에도 오른 스즈키 우메타로鈴木梅太郎다. 스즈키는 쌀을 도정하는

그림 당시 시판되던 오리자닌

과정에서 영양소가 떨어져 나간다고 판단하고, 그것을 분리해 찾아내려고 했다. 1910년 스즈키는 드디어 그 성분을 규명하고 '오리자닌Oryzanin'이라는 이름을 붙여 시판까지 했다.

1910년이면 유럽에서 비타민B$_1$이 규명되던 시기다. 최근에는 누가 최초인지를 따질 때 논문의 발표 연도뿐만 아니라 실험 노트에 적힌 실험 시기까지 확인한다. 그러므로 비슷한 시기에 행해진 100년 전의 연구 결과를 누가 먼저라고 단정 짓는 것은 어려운 일이다. 이럴 때 노벨상은 공동 수상이라는 결론을 내리고는 하는데, 1929년 에이크만이 비타민B$_1$으로 노벨상을 받을 때 스즈키는 수상하지 못했다. 스즈키의 논문이 일본어로 쓰여 학계에 별 영향을 미치지 못했다는 의견도 있고, 당시 일본의 국력이 그만큼 성장하지 못했다는 의견도 있다. 어쨌든 일본으로서는 1949년 유카와 히데키湯川秀樹가 일본인 최초의 노벨상을 수상하기까지 20년을 더 기다려야 했다.

일본 해군이 이처럼 각기병을 타개하고 일본 과학자가 원인까지 찾아냈을 때 유럽이 이 사실을 몰랐다는 것은 이해할 수 있다. 하지만 의외로 허점은 가까이 있는 법이다.

지나친 자신감의 끝

모리 린타로森林太郎는 '모리 오가이森鷗外'라는 필명으로 더 유명한 소설가지만, 군의관으로서의 경력도 훌륭했다. 도쿄대학교 의대를 최연소로 졸업하고 강력한 육군에 도움이 되기 위해 독일로 유학해 당시 세균학의 새 장을 열었던 로베르트 코흐와 함께 연구했다. 그가 독일에 남았다면 세계를 놀라게 할 업적을 쌓았을지도 모른다. 하지만 그는 일본으로 귀국했다. 그에게는 할 일이 있었다.

1888년 귀국한 모리는 일본 군대를 강하게 만들기 위해 노력했다. 1894년 청일전쟁 등에서 활약한 것도 당연한 일이었다. 그즈음 해군에서 각기병에 대한 해법을 찾았다는 소식도 들었다. 하지만 세균학의 정통을 배우고 귀국한 그에게는 쌀밥, 보리밥, 카레와 같은 해법이 미개한 원주민이나 쓰는 치료법 같았다. 그는 육군 병사들이 먹고 싶은 흰쌀밥을 마음껏 먹게 하고 싶었고 자신도 있었다. 그는 스승인 코흐가 각종 질병의 원인균을 찾아나가는 과정을 바로 옆에서 지켜보았다. 각기병이라고 다르겠는가? '각기균'을 찾아서 그동안 배운 지식을 보여줄 차례였다.

그에게 질병은 기본적으로 우리 몸에 균과 같은 무언가가 들어와서 생기는 증상이었다. 쓸데없이 우리 몸에 들어온 무언가를 찾기만 하면 되는 일이었다. 이미 일본의 다른 전문가들은 그간의 연구를 통해 각기병은 무언가가 들어와서 생기는 것이 아니라 무언가가 부족해서 생긴다는 것을 알아냈지만, 그는 인정하고 싶지 않았다. 그리고 현장에서의 아우성을 무시한 채 본인의 소신을 고집했다. "병사들에게 쌀밥을 먹여라."

당시 일본군은 조선 등 주요 쌀 산지에서 저렴한 가격으로 쌀을 구할 수 있었다. 그래서 쌀은 하루 세끼 배불리 먹을 만큼 풍부했다. 하지만 반찬이 부족했는데 군 당국에서는 부족한 반찬을 단체로 지급하는 대신 돈을 주었다. 개인의 취향을 존중해서 내린 결정이었지만, 병사들은 밥을 잔뜩 퍼 온 후 간장 한 종지만 사서 배를 채웠다. 공짜는 많이, 비싼 건 아끼는 방식은 그때나 지금이나 비슷하다.

이런 상황에서 쌀 도정 기술도 좋아져 껍질도 쉽게 제거할 수 있었다. 물론 쌀겨가 떨어져 나가는 것이 아깝기는 했지만 크게 개의치 않았다. 하지만 그 쌀겨에 대체 불가능한 영양분 비타민B_1이 있었던 것이다. 하루에 2밀리그램만 먹으면 충분하다. 하지만 최신 기술로 도정한 백미에서는 그런 것을 기대할 수 없었다. 해군에서는 이 상황을 카레라이스라는 기발한 방식으로 해결했고 스즈키는 쌀겨에서 원인 물질을 찾아 시판까지 했다.

그런데도 저 똑똑한 모리는 굳이 쌀밥만 지급하라고 고집을 부린 것이다.

다카기와 모리의 차이는 무엇이었을까? 해군인지 육군인지의 차이도 있겠지만 가장 결정적인 차이는 그들이 유학한 나라에 있지 않았을까 생각해 본다. 다카기는 영국에서 공부했는데, 영국은 이미 1700년대부터 제임스 린드 등의 노력으로 괴혈병을 해결했던 나라다. 그들은 레몬즙을 보충하는 것만으로도 괴혈병을 치료할 수 있다는 것을 알게 되었고, 이러한 치료법은 보리나 밀가루를 보충해 각기병을 치료한다는 다카기의 전략과 일맥상통했다.

반면에 모리는 독일에서 공부했다. 독일은 당시 코흐가 감염병의 원인을 찾아내면서 세계적으로 학계를 선도하고 있었고, 모리 역시 이에 자극을 받아 각기병 또한 감염병의 일종이라고 생각했던 듯하다. 당시의 분위기로 짐작해 보면 모리가 이렇게 생각하는 것도 무리는 아니었을 것이다. 하지만 모든 질병이 감염병은 아니다. 자신이 틀렸다면 일찌감치 인정해야 하는데, 자존심 높은 육군 군의관은 죽을 때까지도 이것을 인정하지 않았다. 조금 더 배웠다고 해도 자연의 진리 앞에서는 한없이 무력할 뿐이다. 모리가 고집을 부리는 사이 육군 병사들의 반찬 값은 더 모였겠지만, 육군은 대륙으로의 행군이 길어지면서 그 대가를 치르게 된다. 그리고 러일전쟁이 발발한다.

여순항 전투

러일전쟁 당시 최대 격전지는 랴오둥반도의 여순항이었다. 후일 안중근 의사가 순국한 곳으로 우리는 기억하지만, 전쟁 당시에도 지정학적 이유로 여순항을 차지하는 것은 전쟁의 향방을 가르는 중요한 요소였다. 일본이 선제공격을 하며 러일전쟁의 시작을 알린 곳이 여순항과 제물포항이라는 것은 그 전략적 가치를 잘 말해준다. 하지만 러시아에게도 중요한 지역인 것은 마찬가지였다. 그토록 찾아 헤매던 부동항이었기에 러시아 극동 함대를 배치해 두었고, 기지를 방어하기 위해 최신 기관총과 참호를 기지 주변에 빼곡히 배치해 두었다. 어지간한 군대는 명함도 못 내밀게 준비를 마친 상태였다.

일본 해군은 전쟁 초기에 러시아 극동 함대를 공격해 여순항 안으로 몰아넣는 데까지는 성공했지만 그 함대를 궤멸시키지는 못했다. 지리적으로 대규모 공격이 어렵게 된 상황이 온 것이다. 대신 러시아 해군이 나오는 것을 막는 데에는 성공했으니, 일본 측으로서는 약간 아쉬운 무승부. 이제 육군이 활약할 차례였다. 일본 육군은 한일의정서에 따라 필요한 모든 지원을 받으며 압록강을 건너오고 있었다. 그에 비해 러시아는 지원이 막혀 있으니 배고파서라도 항복하게 되어 있었다.

일본 육군은 8월부터 여순항을 후방에서 공격하기 시작했다. 하지만 앞서 언급했듯이 러시아의 방비도 강력했다. 10년 전 청일전쟁 때 '반자이'를 외치며 돌격했을 때 청나라 군대는 혼비백산하며 도망치기 바빴다. 그렇게 하루 만에 점령한 여순항이었다. 그런데 러시아는 뭔가 달랐다. 군인들도 용감하거니와 무기도 전에 경험해 보지 못한 최신식 기관총이었다. 공격과 방어 모두 길어지고 있었고 그만큼 지쳐갔다. 그리고 그 틈 사이로 모리의 판단 착오가 고개를 들기 시작했다. 앞서 언급한 것처럼 러일전쟁 중 각기병을 앓은 일본군만 25만 명에 이르고 그중 2만 7,000명이 죽었다. 모리가 고집을 부리지 않고 해군의 방식을 따랐다면 일본군은 훨씬 더 건강하게 싸울 수 있었을 것이다.

러시아로서도 답답했던 것이 일본군의 여순항 봉쇄가 길어지면서 물자가 부족해진 것이다. 군사적 요충지여서 그럭저럭 전시 물자들이야 있었지만, 10개월 가까이 고립되면서 신선한 채소가 부족해지기 시작했다. 그렇게 그들은 괴혈병으로 쓰러져 갔다. 전후 보고서에 따르면 당시 러시아군에서 2만 명이 괴혈병 환자였다고 하니 괴혈병은 전쟁의 양상을 바꾼 것이 맞다. 10개월의 여순항 전투 동안 러시아 사상자가 대략 2만 8,000명이었다는 사실을 감안하길 바란다.

러일전쟁 이후

여순항 함락 이후 봉천 전투, 쓰시마 해전 등으로 이어진 전쟁의 전개와 종식을 우리는 잘 알고 있다. 안타까운 역사의 시작이다. 그런데 전쟁이라는 측면에서도 러일전쟁은 중요한 의미를 지니는데, 기관총을 이용한 참호 방어가 얼마나 강력한가를 각국의 군사 전문가들이 목격했다는 점이다. 이 전문가들은 전쟁 후 고국으로 돌아가 기관총의 위력을 개선하고 참호와 연계해 방어할 수 있는 전술을 연구했다. 그리고 10년 뒤 제1차 세계대전에서 최고의 버티기 전술을 구사하며 전쟁을 4년간 끌게 된다.

또 하나 언급하고 싶은 것은 제2차 세계대전 때도 일본군은 각기병으로 고생했다는 사실이다. 각기병에 대한 이해가 깊어져 가고 오리자닌이나 비타민B_1 등으로 대처할 수 있다는 것을 알았지만, 태평양전쟁 당시 전장이 확대되면서 군량 보급 자체에 문제가 생긴다. 러일전쟁 당시 일본은 조선에 한일의정서를 채택하게 하고 이를 바탕으로 조선에서 직접 군량을 보급했다. 하지만 적도 부근까지 전선이 늘어지면서 현지 조달 방식은 한계에 달했다. 그렇다고 본토에서 군량을 공수하기에는 거리가 멀었다. 이 군량 문제를 해결하지 못하면서 일본군은 쫄쫄 굶은 채로 전쟁에 임하게 되었다. 일본인은 초식이라며 현지에서 풀 뜯어 먹으며 진군하면 된다는 희대의 망언과 함께 자기네 일본군을 몰살한 무타구치 렌야牟田口廉也의 '임팔작전'이 다 이유가 있었다.

보급이 되지 않는 상황이니 각기병이 발생할 수밖에 없었다. 엄밀히 따지면 각기병만 문제가 되는 것이 아니라 괴혈병이나 구루병 같은 전반적인 영양 결핍이 나타났다. 그런데 정작 제2차 세계대전 당시 일본군이 가장 우려했던 질병은 이런 영양과 관련한 질환이 아니었다. 그것은 바로 모기였다.

비타민C는 어떻게
괴혈병을 예방할까?

답은 잘 알려져 있다. 비타민C는 콜라겐을 만드는 데 필수적인 물질이다. 콜라겐은 우리 몸의 조직을 구성하는 주요 단백질이기 때문에 없으면 피가 나고 죽는다. 그러면 질문을 바꿔보자. 비타민C는 어떻게 콜라겐을 만들어 낼까?

단백질은 20개의 아미노산으로 구성되어 있고, 우리는 이것을 '필수아미노산'이라고 부른다. 이 필수아미노산은 유전자 염기서열에도 코딩되어 있어 어떤 아미노산을 코딩하는지가 우리 생명의 본질이기도 하다. 그런데 똑같은 단백질인 콜라겐에는 필수아미노산 20개 중의 하나가 아닌 21번째 아미노산이 필요하다. 하이드록시프롤린hydroxyproline, HYP이라고 하는 물질이다.

콜라겐은 주로 세 개의 아미노산이 무한 반복되면서 꼬여 있는 형태다. 그 세 개는 글리신, 프롤린, 하이드록시프롤린이다. 당연히 하이드록시프롤린이 없다면 콜라겐을 만들 수 없을 것이다. 그리고 하이드록시프롤린은 우리 몸에서 자체적으로 만들어야 한다. 처음부터 만들면 너무 답이 없기 때문에 최대한 가까

프롤린   하이드록시프롤린

그림 프롤린과 하이드록시프롤린의 구조

운 물질에서 짧은 단계를 거쳐 만들려고 하는데, 구조가 가장 유사한 프롤린을 사용한다. 프롤린은 20개의 필수아미노산 중 하나이니 우리 몸에서 쉽게 이용할 수 있다.

그림에서처럼, 하이드록시프롤린을 만드는 과정은 간단해 보인다. 산소만 딱 하나 넣어주면 된다. 보통 산소를 넣는 과정을 말 그대로 '산화 반응'이라고 부르는데, 화학적으로는 어려운 과정이다. 다행히 우리 몸 안에는 이 과정을 촉매해 주는 산화효소 proline hydroxylase가 있고, 우리 몸에는 산소가 많이 있기 때문에 이러한 과정이 무리 없이 일어날 수 있다. 또한 여기서는 언급하지 않았지만 다른 물질들도 함께 연계해 이 과정을 필사적으로 진행시킨다.

그런데 항상 그렇듯이 촉매는 조금만 존재한다. '촉매'는 자신은 변화하지 않은 채 반응을 중개하는 물질을 일컬으며, 보통 미량으로 존재한다. 효소도 촉매다. 우리가 충분히 많은 양의 콜라겐을 만들기 위해서는 충분히 많은 양의 하이드록시프롤린이

필요할 텐데, 효소는 그보다는 훨씬 적은 양으로 존재한다. 당연히 무언가가 들어와서 촉매를 재생시켜야만 한다. 그리고 그 역할을 하는 것이 비타민C다. 우리 몸에 들어온 비타민C는 항산화 작용을 하는데, 이러한 과정의 산화효소도 이 항산화 작용을 받아서 재생된다. 우리는 과량의 비타민C를 복용함으로써 극미량의 산화효소를 꾸준히 활동할 수 있게 한다.

과량의 비타민이라면 어느 정도일까? 비타민C의 하루 권장량은 100밀리그램이다. 그 이상 먹어도 흡수가 안 되고 빠져나간다. 맛을 위해서라면 몰라도, 건강을 위해서라면 굳이 더 먹을 필요가 없다. 지금 시대의 어지간한 채소나 비타민 음료로도 충분히 감당할 수 있는 양이기 때문에 괴혈병을 접하기 어려운 이유기도 하다. 만약 타임머신이 있다면, 그 시절의 괴혈병 환자에게 비타민 음료 한 병을 권하고 싶다. 그들에겐 편의점 비타민 음료 한 병이 생명의 영약으로 여겨졌을 것이다.

비타민B_1이 각기병을 막는 과정은 이와 조금 다르다. 비타민B_1은 우리 몸이 영양분을 에너지로 전환하는 과정에 관여한다. 그러므로 비타민B_1이 모자라면 영양분이 많아도 에너지를 충분히 생산하지 못한다. 일본군이 아무리 쌀밥을 많이 먹어도 힘이 없어서 쓰러졌던 이유다. 구체적으로는 피르브산 탈수소효소가 제대로 작동하도록 한다. 물론 이런 사실은 모두 시간이 지나서 밝혀진 것이다. 훗날 노벨상 주제로도 기여했으며 오늘날에는 전혀 다른 이유로 항암제 개발의 주된 타깃이 되고 있지만, 기관총 앞으로 돌격하는 러일전쟁 당시의 일본군에게는 아무런 도움도, 위로도 되지 않았을 것이다.

5장

전쟁의 골칫거리, 말라리아

코코다 트랙의 전투

1942년 7월, 일본은 태평양전쟁의 패권을 확보하기 위해 파푸아뉴기니에 전략적 거점을 마련하려 했다. 파푸아뉴기니 최고의 전략적 거점은 남쪽 해안가에 있는 포트모르즈비Port Moresby. 이 지역에 직접 상륙하려던 일본 해군의 전략은 미군에 의해 저지되고 말았다. 그사이 중동에서 급히 귀국한 오스트레일리아군이 이 지역에 안착하며 연합군 측이 유리한 고지를 점했다. 일본은 북쪽의 부나Buna 지역에 주둔하는 데까지는 성공했다.

하지만 일본군이 확보하고 싶은 지역은 남쪽의 포트모르즈비였다. 그래야 파푸아뉴기니를 확보하고, 과달카날의 미군 주력 부대를 물리치고 오스트레일리아도 견제할 수 있었다. 태평양전쟁의 패권이 어떻게 하다 보니 여기에 걸리게 되었다. 그러기 위해선 북쪽의 부나 주둔지에서 남쪽의 포트모르즈비까지 남하해야만 했다. 파푸아뉴기니가 가로로 길게 누워 있는 지역이니 국토를 관통한다고 봐도 된다. 그래도 90킬로미터 정도의 거리이니, 행군하면 금방이라고 생각했다. 신병들도 야간 행군 한 번에 20킬로미터를 가지 않는가? 하지만 그 지역이 적도의 산악 지대라는 것을 일본 본토 사령관은 깜빡한 것 같았다.

파푸아뉴기니를 관통해서 남하하려면 해발 4,000미터에 가까운 산맥을 통과해야 한다. 엄밀히 말해서 통과한다기보다는, 대부분 지역이 산맥이고 평지가 시작되는 곳에 일본군의 목적지가 있다고 봐야 한다. 적도 지방의 산맥이 더울지 시원할지 궁금한 독자들을 위해 덧붙이자면, 덥다. 아주 덥다. 이 힘들고 더운 지역을 완전 군장을 하고 중장비와 함께 1만 4,000명의 일본군이 행군할 계획을 세운 것이다. 더위에 약한 군인이라면 탈영마저 생각할 만한 열악한 환경이다. 그러나 막상 탈영해도 갈 곳이 없었다.

결국 1만 4,000명이 '코코다 트랙Kokoda Track'으로 불리는 이 길을 진군하기 시작했다. 꾸역꾸역 앞으로 나가기는 하지만, 보이는 것은 열대우림과 맹수와 모기뿐이었다. 출발 직전 짐을 줄이기 위해 식량을 줄였다. 그래도 우림인데 현지 조달이 가능하지 않을까 싶었지만, 막상 와보니 뜯어 먹을 풀도 별로 없었다. 배고파서 원주민 마을을 습격하려고 했는데 원주민도 없었다.

하긴, 사람이 뭐 하러 여기에 오겠는가? 그런 곳에 일본군이 온 것이었다. 완전 군장을 하고서. 결국 일부 중장비를 포기하고 남아 있는 식량을 소진하며 산맥을 넘는 데 성공했다. 중간에 왜 있는지 이유를 알 수 없는 오스트레일리아군 초소와 약간의 교전이 있었는데, 차라리 전투가 더 나았다. 이 미친 행군을 더는 할 수 없었다. 다행히도 그때 행군의 끝이 보이고 포트모르즈비가 눈에 들어왔다. 적군이 반가웠다. 어차피 눈앞에 보이는 적 진지를 확보하는 것 외에 살길이 없었다. 식량이 떨어졌기 때문이다.

그런데 공격 계획을 짜고 있는 순간 일본 본토에서 무전이 왔다. 되돌아가라는 지시였다. 포트모르즈비를 공격하는 것은 무모하니 왔던 길로 되돌아가 병력을 수습하라는 명령이었다. 공격을 준비하던 일본군은 차라리 전투하다 죽겠다며 항의했지만, 대본영의 명령은 바뀌지 않았다. 그리고 결국 말 잘 듣는 일본군답게 그들은 왔던 길로 식량도 없이 되돌아갔다. 때마침 맞이한 우기로 인해 비 내리는 열대우림의 산맥을 횡단해야 했던 것은 덤이다. 그러고 나서 다시 돌아갔을 때, 부나 지역에 구축한 그들의 진지는 연합군의 상륙 공격을 받고 있었다. 1만 4,000명의 일본군 중 살아 돌아간 일본군은 수백 명에 불과했다고 한다. 이것이 제2차 세계대전 중 희대의 삽질로 평가받고 있는 코코다 트랙의 전투다.

코코다 트랙을 횡단하면서 일본군을 힘들게 한 것은 더위와

그림 제2차 세계대전 밀림에서 자신을 지키기 위해 필요한 두 가지는
총과 모기장이었다.

맹수 못지않게 귀찮게 달려드는 모기였다. 파푸아뉴기니 전역에
모기로 인한 말라리아가 창궐했으니, 코코다 트랙이라고 별반
다르지는 않았던 것이다. 결국 많은 일본군은 말라리아로 인한
급성 고열로 고통을 받았다. 안 그래도 더운 지역이었던 것을 고
려하면 일본군은 정말 지옥을 경험했을 것이다. 하지만 파푸아
뉴기니의 말라리아가 일본군에만 위협적이었던 것은 아니었다.
모기는 모두를 물었다. 그리고 공평하게 죽었다.

천적

사람의 천적은 무엇일까? 호랑이? 사자? 빌 게이츠Bill Gates가
2014년 그의 블로그를 통해 공개한 자료에 따르면, 동물로 한

정할 때 사람의 첫 번째 천적은 모기다. 매년 72만 명 이상이 모기로 인해 사망한다. 두 번째는 사람이다. 사람에게 죽는 사람이 대략 47만 명 정도 된다는 사실을 고려하면 무심코 들리는 모기 소리에 더욱 신경을 쓰게 된다. 사자 때문에 죽는 사람은 같은 발표 자료에 따르면 100명 남짓이다.

그런데 모기에 물려 죽는 사람이 이렇게 많다는 말인가? 해답은 모기 속 병원체에 있다. 모기가 우리 피를 빨아 가기만 하면 아쉬운 대로 넘어갈 수 있다. 하지만 피가 빠져나가면 압력에 의해서 그만큼의 '무언가'가 들어오는 것이 물리 법칙이다. 그리고 사람에게는 군이 필요 없는 모기 몸속의 이 '무언가'에는 갖가지 병원체가 섞여 있다. 그중 일부 병원체는 사람 몸속에서도 서식하며 증식한다. 운이 나쁘면 사람의 면역 체계가 감당할 수 있는 양을 넘어서게 된다. 그렇게 사람은 아프고 또 죽는다.

모기가 일으키는 질병 중 유명한 것들로 황열병, 뎅기열, 지카바이러스 감염증 같은 바이러스 질환이 있다. 하지만 이 바이러스성 질환을 다 합쳐도 말라리아로 인한 사망자 수보다 적다. 2019년 4월 25일 '세계 말라리아의 날'을 맞아 보고한 자료에 따르면, 2017년에만 약 2억 2,000명의 사람이 87개국에서 감염되었고 43만 명이 사망했다. 그래도 여전히 말라리아를 무시하는 독자들을 위해 하나 언급하자면, 말라리아를 주제로 수상한 노벨상만 가장 최근의 2015년을 포함해서 네 번이다. 그중 한 번은 제2회 노벨생리의학상이다. 우리는 비교적 낯선 질환으로 생각하지만 정작 말라리아는 항상 우리 곁에 있다. 헌혈을 위해 '헌혈의 집'을 방문하는 사람들은 말라리아 관련 헌혈 제한 지역에 대한 안내 문구를 보게 되며, 그 지역은 생각보다 넓고 친숙하다. 국내에도 강화도나 파주시, 철원군 등이 포함되어 있으며, 해외 유명 여행지도 다수 포함되어 있다.

물론 국제적으로 말라리아 위험 지역은 아프리카 등의 열대 지역이 대다수를 차지한다. 그렇다고 해서 아프리카에 국한한 풍토병은 아니다. 우리나라에도 예전부터 '삼일열', '사일열'과 같은 이름으로 존재했다. '학질'이라는 이름으로도 불렸는데, 조선 현종 임금이 학질로 돌아가셨다고 하니 생각보다 말라리아는 우리에게 가까운 질환이 맞다. 말 그대로 학을 떼는 질환이다.

유럽도 말라리아 때문에 고생했다. 유럽 전역에서 말라리아로 입은 피해를 확인하는 것은 어렵지 않다. 유럽에서도 유난히 피해가 컸던 지역은 로마다. 로마제국 시절부터 사람들이 많이 살았고 기록이 잘 보관되어 있기 때문이기도 하지만, 이유가 하나 더 있다. 로마가 덥기 때문이다. 그것도 매우 덥다. 말라리아로 고생하던 로마에서는 이 병의 원인을 찾기 위해 다각도로 노력했고 공기를 원인으로 지목했다. '말라리아'라는 이름은 '안 좋은 공기mal air'라는 뜻이 내려오면서 변한 것이다. 정답이 모기 속 기생충이니까 한 끗 차이기는 하다.

말라리아를 근절하기 위한 로마의 노력

로마는 중세 시대까지 말라리아에 속수무책으로 당했다. 바티칸에서는 콘클라베conclave라는 방식으로 교황을 선출한다. 새로운 교황을 선출하기 위해 전 세계의 추기경들이 바티칸에 모여서 투표를 한다. 교황은 입후보 절차나 선거운동 없이 철저하게 무작위 투표로 선출된다. 물론 그 전에 명망이나 야심 있는 추기경들이 알음알음 유력 후보로 인식되므로 완전한 무작위라고 볼 수는 없다. 하지만 추기경들은 1인 1표를 행사하며 차기 교황으로 적합한 추기경을 종이에 적어서 낸다. 본인 이름을 적는 사람들도 있었을 테니 과반을 얻는 경우가 쉽진 않을 터. 투표용지는 불태워지고 검은 연기가 굴뚝 밖으로 나온다. 투표는 다시 시작된다. 최종 1인을 뽑아서 흰 연기를 올릴 때까지 외부와의 연락을 차단한 채 투표만 한다. 선출하기 전까지는 나올 수도 없다. 식사를 넣을 때를 제외하면 밖에서 들어갈 수도 없다. 완벽하게 외부와 차단된 곳. 그런데 그곳에 모기가 들어갔다.

추기경들은 대부분 고령이었고 로마는 더웠다. 공간은 밀폐되어 있었다. 말라리아 발병을 위한 완벽한 조건이었다. 지구상에서 하느님과 가장 가깝다고 자부할 만한 사람들이 모여서 중차대한 일을 하는데 그들이 죽어나갔다. 선출된 교황이 얼마 못 가 말라리아로 사망하는 일이 벌어지기도 했다. 다시 교황을 선출해야 했다. 처음에는 성스러웠던 일이 어느 순간 못 해먹을 짓으로 여겨지기 시작했다. 말라리아를 해결해야 했다. 안 그래도

십자군 원정 이후로 신의 권위를 의심받았는데, 교황 선출마저 이 모양으로 할 수는 없었다.

말라리아 박멸에 대한 실마리를 찾은 사람들은 해외의 젊은 선교사들이었다. 그들은 신대륙으로 넘어가 선교 활동을 했다. 그렇게 아메리카 대륙에 점점 스며들 즈음 페루의 안데스산맥 지역에서 말라리아에 감염된 원주민이 처음 보는 약재를 먹고 완치되는 것을 목격했다. 신도 못 고치던 말라리아를 원주민이 고쳤다고? 선교사들은 이것이야말로 신의 뜻이라며 이 약재를 로마로 가져갔다. 이름은 '선교사의 가루missionary powder'라고 붙였다.

선교사의 가루가 1631년 로마에 소개되면서 지역 내 말라리아 감염은 급감했다. 콘클라베가 무리 없이 진행되었음은 물론이었다. 다만 유럽 전 지역이 말라리아로 시름에 잠겨 있었음에도 선교사의 가루가 유럽 전역에 보급되는 데에는 시간이 걸렸다. 이는 종교적인 이유도 큰 영향을 미쳤는데, 교황의 권위가 약해졌고 청교도가 가톨릭과 관련된 것을 기본적으로 거부했기 때문이었다. 마르틴 루터Martin Luther가 95개조의 반박문을 발표하며 종교개혁의 기치를 내걸었던 때가 1517년으로 벌써 100년도 더 지난 일이었다. 더 이상 신교가 힘없이 박해받던 때가 아니었다.

영국에서 철기군을 이끌며 청교도혁명을 완수한 올리버 크롬웰Oliver Cromwell의 경우는 더 극적이다. 그는 1658년 말라리아로 사망했는데, 당시는 선교사의 가루가 비교적 널리 알려졌을 때였다. 독실한 청교도 신자인 크롬웰도 이 약은 알고 있었지만 가톨릭에서 사용하는 약을 믿을 수 없다며 이 가루를 거부하다 사망했다. 크롬웰은 사망 당시 59세였는데, 그가 선교사의 가루를 복용했더라면 자신의 사후에 복원된 왕정에 의해 부관참시를 당하는 일은 없지 않았을까 생각할 뿐이다.

신코나 가루

'선교사들의 가루'는 시간이 지나며 '신코나 가루cinchona powder' 또는 '키나 가루quina powder'라는 이름으로 바뀌었다. 종교적인 의미가 퇴색되며 약재가 나오는 나무인 신코나 나무cinchona tree 또는 현지인들이 부르던 대로 키나 나무quina tree의 이름을 따게 된 것이다.

말라리아가 계속 극성을 부리며 사람들은 갈수록 신코나 가루를 필요로 했다. 원래 말라리아 감염의 증상은 열이 나는 것이므로 신코나 가루를 복용하면 말라리아로 인한 열이 내렸는데, 나중에는 그냥 열이 나면 해열제로 썼다. 별 효과는 없었을 듯한데 위약효과placebo effect와 함께 다른 약이 없었던 이유도 있지 않았을까 생각한다. 아스피린이 해열제로 처음 소개된 때가 1897년이라는 것을 염두에 두기 바란다.

그런데 신코나 가루를 얻기 위해 계속 남미의 오지 안데스산맥까지 가야 할까? 그 지역을 가려면 일단 배를 타고 남아메리카 끝단을 돌아서 페루 지역까지 거슬러 가야 한다. 배를 타는 것은 그럭저럭 참을 수 있었다. 당시의 배는 번거로운 교통수단이 아니라 오히려 고속도로처럼 여겨졌으니까. 가만히 앉아만 있으면 앞으로 가니 얼마나 편한가? 물론 노예들이 그만큼 고생했겠지만 부유한 상인에게 그런 것은 별로 중요한 고려 사항이 아니었다. 그런데 배에 내린 후 한참을 내륙으로 들어가야 했다. 그것도 산이었다. 부유한 상인들도 번거로웠다. 그리고 그 지역은 스페인의 식민지였다. 남아메리카를 선점했다는 이유로 스페인은 참 오래도록 지배권을 행사했다. 지금도 남아메리카는 대부분 스페인어를 쓰고 있다.

스페인을 제외한 유럽 국가는 저 귀한 신코나 가루를 자신들의 식민지에서 확보하고 싶어졌다. 대부분의 식민지가 해안가에 가깝다는 것을 생각하면 더 쉽게 이해가 된다. 신코나 가루를 확보하기 위해서는 당연히 신코나 나무부터 길러야 한다. 그런데 그 종자를 어디서 확보할 수 있을까? 당시 세계 유일의 신코나 나무 산지인 안데스산맥에서는 스페인 정부가 철통같이 종자 밀반출을 단속하고 있었다.

하지만 어디든 작정하고 훔치려고 하면 막기가 쉽지 않은 법이다. 1860년을 전후해 영국과 네덜란드의 탐험가들과 상인들은 신코나 나무 종자를 빼내는 데 성공하고 몇 차례의 시행착오 끝에 네덜란드 식민지인 인도네시아 자바섬 일대에서 신코나 나무를 길러냈다. 유럽판 문익점 선생이라고 볼 수 있는데 이 경우에는 파장이 훨씬 컸다. 자바섬에서 나오는 신코나 가루는 그 후 네덜란드의 주력 상품이 되었으며 해상무역의 끝자락에서 몰락해 가던 네덜란드를 경제적으로 지탱하는 데 일조한다. 하지만 1942년 일본이 동남아시아를 점령하면서 이 귀한 전략 물자를 몽땅 뺏기고 말았다. 네덜란드는 이 귀한 신코나 가루를 암스테르담에도 상당량 저장해 두었지만, 1940년 독일이 공격 개시 4일 만에 네덜란드를 점령하면서 그 또한 뺏긴 지 오래였다. 안타까울 따름이다.

퀴닌

1820년 신코나 가루에서 주성분이 분리된다. '퀴닌quinine'이라고 이름을 붙인 이 하얀 가루는 맛이 너무 쓴 까닭에 초기에는 사람들이 복용을 힘들어했다. 하지만 효과 자체가 확실해서 와인이나 토닉 워터tonic water에 섞어 마시는 방식으로 말라리아를 극복하고는 했다. 무엇보다도 부피가 줄었다는 장점이 있다. 장거리 원정을 떠날 때 배에 한가득 신코나 나무 껍질이나 신코나 가루를 싣고 가는 것은 짐이 너무 무겁다. 그것보다는 주성분인 퀴닌만 분리한 후 현지에서 필요할 때 물에 타 먹는 것이 훨씬 가벼운 방법이다. 공간도 남는다. 그리고 그만큼의 공간에 무기와 식량을 싣고 유럽인은 지금껏 정복하지 못한 미개척지로 들어가기 시작했다. 아프리카다.

1492년 콜럼버스가 인도로 가는 새로운 항로를 개척했다고 기자회견을 연 후 사람들은 신대륙으로 앞다투어 들어갔다. 그런데 정작 자신들이 오래전부터 알고 지낸 아프리카 지역을 정복하는 것은 미뤄놓고 있었는데, 그 이유는 정복할 수가 없었기 때문이다. 아프리카 풍토병은 유럽인이 도저히 감당할 수 없는 질병이었다. 지금도 아프리카에서 유래한 질병인 에이즈나 에볼라 같은 질환은 답이 없지 않은가? 그러나 에이즈나 에볼라 같은 질환이 세상에 나오기 전에도 유럽인의 접근을 막던 풍토병은 많았다. 말라리아는 이러한 풍토병을 대표하는 질환이었다.

그랬던 유럽인이 퀴닌을 얻은 것이다. 이제는 말라리아에 대한 부담을 덜고서 대륙을 깊숙이 들어갈 수 있었다. 물론 여전히 위험하기는 한데 또 이런 일에 앞장서는 탐험가들도 있다. 그들이 길을 터놓은 덕분에 이제는 해안가만 상륙했다가 교역만 하고 부랴부랴 나올 필요가 없었다. 노예를 사서 노예선에 꾸역꾸역 밀어 넣고 아메리카 등의 식민지로 옮겨 와 노동을 시킬 일도 없었다. 그냥 아프리카에 공장을 세워 아프리카 노예들을 부리면 될 일이었다. 얼마나 편한가?

하지만 그렇게 되지 않았다. 여기에는 세 가지 이유가 있었다. 우선, 유럽 자본가들의 주된 수입원인 설탕, 퀴닌, 커피, 담배 등의 작물이 동남아시아나 중남미의 식민지에서는 잘 자랐지만 아프리카에서는 잘 자라지 않았다. 둘째, 이미 자본가들이 식민지에 잘 세워놓은 공장을 옮기려고 하지 않았다. 그들은 공장을 아프리카로 옮기는 것보다 아프리카의 노예를 공장으로 옮겨 오려 했다. 그렇게 하는 것이 더 쌌으니까.

세 번째 이유는 조금 정치적이다. 노예제도가 1800년대 중반에 본격적으로 폐지되었기 때문이다. 노예를 옮겨 오는 과정에서의 인권 문제가 끊임없이 불거져 나왔지만 자본가들이 그런 것을 신경 쓸 사람인가? 그것보다는 1700년대 말 증기기관이 본격적으로 도입되면서 공장이 기계화되기 시작한 것이 변화의 시작이었다. 도시가 산업화하면서 농촌에 있던 사람들이 도시로 몰려들었는데 정작 도시에서는 기계를 이용하기 시작하니 갈수록 일자리가 부족해졌다. 그만큼 노동력이 풍부한 상황에서 노예까지 받을 수는 없는 일이었다. 이와 같은 정치·경제적 이유로 노예제도가 영국에서부터 폐지되었고, 미국이 남북전쟁을 1865년에 마치면서 이 흐름에 막차로 합류했다. 물론 노예제도는 폐지되었지만 그들은 해외 노동자라는 다른 이름으로 팔려 가기 시작했다. 이 시기 중국에서도 망해가는 청나라를 탈출해 해외로 향하는 노동자들이 많아지기 시작했는데, 지금 생각해 보면 참 막막한 시대가 아니었나 싶다.

값싸고 효능 좋은 퀴닌 유도체

퀴닌이 노예무역의 흐름을 바꾸지는 못했지만 제국주의 확장에는 큰 도움이 되었다. 영국과 프랑스는 본격적으로 아프리카를 유린하며 종으로 횡으로 식민지를 개척하고 있었고, 1871년 드디어 통일된 제국을 완성한 독일은 뒤늦은 출발에 아쉬워하며 남아 있는 지역이 어디 없나 지도를 살펴보았다. 어느 나라든 간에 식민지를 노리는 국가들은 지도를 보며 땅을 탐내기 시작했는데, 남들이 가지 않은 지역을 가거나 남들이 확보한 지역을 뺏거나 둘 중의 하나였다. 그리고 어느 경우가 되든 대부분 무력 충돌이 일어날 수밖에 없었다.

말라리아를 일으키는 모기는 어느 지역에나 존재했기에 식민지를 노리는 군대는 결국 퀴닌을 챙겨 갈 수밖에 없었다. 이러한 경향은 제2차 세계대전을 전후로 더욱 심해지는데, 그나마 전선 대부분이 유럽이었던 제1차 세계대전과는 달리 제2차 세계대전은 말 그대로 전 세계에서 싸웠기 때문이다. 스키 타며 싸우고 물속에서 싸우고 하늘에서도 싸우는 이 전쟁 중에서 열대 우림이라고 빠졌겠는가?

그런데 전 세계 퀴닌의 공급에는 한계가 있다. 자바섬에서 신코나 나무를 생산해 봐야 전 세계에 공급할 수는 없을 것이다. 물론 제2차 세계대전을 전후해서는 다른 지역에서도 신코나 나무를 재배하기는 했는데 그래도 한계가 있는 것은 똑같다. 나무는 자라는 데 오래 걸리지만 퀴닌은 순식간에 소비된다. 전쟁은 끝없는 소모전이다.

독일에서는 1930년대 클로로퀸chloroquine과 아타브린atabrine을 만들어 냈다. 퀴닌의 구조를 모방해서 다양한 화합물을 테스트하던 독일의 제약회사가 결국 유사한 효능을 가지지만 구조적으로 훨씬 단순한 물질들을 대량 생산해 낸 것이다. 이 물질들

그림 파푸아뉴기니 지역의 아타브린 권장 문구

의 효과가 알려지자 미국에서도 값싸고 효과 좋은 퀴닌 대체제라며 이 물질들을 생산해서 미군에 지급했다. 평시라면 특허권 문제로 싸웠겠지만 어차피 전쟁 중인 상황이었다. 그것 말고도 싸울 것이 많았다. 그런데 미군이 이런 약들을 복용하는 것이 꽤 씀했던지 독일군은 소문을 퍼뜨렸다. 아타브린을 오래 복용하면 성 기능이 감퇴한다고. 이런 흑색선전이 퍼지자 미군은 아타브린 복용을 멈추게 된다. 파푸아뉴기니 지역의 표지판은 약이 있는데도 복용하지 않는 미군에 대한 경고였다.

클로로퀸은 아타브린보다 더 강력한 말라리아 치료제였다. 그러므로 제2차 세계대전 때 미군에 의해 광범위하게 사용되었는데, 놀라운 것은 아직까지도 사용된다는 점이다. 다만 너무 오랜 시간 사용하면서 모기도 내성이 생겼고, 이로 인해 제한적으로 사용하는 것을 권장하고 있다.

군의관들의 활약

1880년 프랑스 군의관인 알퐁스 라브랑Alphonse Laveran은 알제리에 근무하면서 본인의 부대에 말라리아가 지긋지긋하게 발생하는 것을 지켜보지만은 않았다. 그는 말라리아 환자의 혈액을 채취하고 현미경으로 열심히 관찰해 환자의 혈액에만 특이하게 존재하는 기생충을 발견했다. 당시는 독일의 시골 의사인 로베르트 코흐가 현미경을 이용해 탄저균을 찾아내고 배양함으로써 세균학과 감염설을 유행시킨 시점이기도 했다. 그리고 탄저균이 아닌 말라리아에서도 유사한 현상이 관찰된 것이다.

라브랑은 이 원충을 다시 배양하고 지속적으로 관찰하면서 이 원충이 말라리아를 유발하는 원인체라고 학계에 보고했으며, 다른 학자들의 검증을 통해 사실로 증명되었다. 원충에 이름도 붙였다. '플라스모듐 팔시파룸Plasmodium falciparum'이라는 학명이 붙으며 우리에게 의미 있는 존재가 되었다. 로마제국 시대 전부터 사람들을 괴롭히던 말라리아의 베일이 조금은 벗겨지는 순간이었다.

하지만 그 베일이 다 벗겨진 것은 아니었다. 그 원충은 어떤 경로로 사람에게 옮겨지는가? 로마제국 시절 주장했던 대로 안 좋은 공기 때문에 옮겨 오는 것일까? 감염 중간체에 대한 연구가 필요한 시점이었다.

당시 많은 사람들은 그 중간체로 모기를 지목하고 있었다. 다만 확인이 어려울 뿐이었다. 환자에게서 피를 뽑고 가만히 있는 피를 현미경으로 관찰하는 것은 차라리 쉬운 일이었다. 모기를 연구하기 위해서는 모기를 배양해야 하고 적절한 동물을 모기에게 제물로 바쳐 피를 빨리도록 해야 했다. 세상의 모기가 한 종류인 것도 아니어서 어떤 모기가 말라리아를 유발하는지 추정하는 것도 어려운 문제였다. 자칫 잘못하다 사육하는 모기가 본인을 물 수 있는 위험한 실험이기도 했다. 이런 어려운 실험을 하나부터 열까지 수행하며 1897년 중간체가 모기라는 것을 밝혀낸 사람은 로널드 로스Ronald Ross라는 인물이다. 그는 인도에 주둔하던 영국 군의관이었다. 로널드 로스는 1902년, 알퐁스 라브랑은 1907년 말라리아 전파 경로를 규명한 공로로 각각 노벨상을 단독으로 수상했다. 같은 주제로 노벨상을 수여하는 사례가 드물다는 사실을 고려하면 당시에 말라리아가 얼마나 위험한 질환이었는지를 짐작할 수 있다.

인류가 잠깐이나마 말라리아를 압도하던 시기

인류는 말라리아를 치료하기 위해 약을 계속 찾았지만 계속 실패하고 있었다. 심지어 지금까지도 성공하지 못하고 있다. 그런데 두 군의관과 많은 학자들의 노력으로 말라리아가 모기를 통해 감염된다는 사실을 알게 되었다. 그렇다면 차라리 모기를 죽이는 것은 어떨까? 모기약을 만들어 모기를 죽이는 것이 더 효율적이지 않을까?

실제 1900년대 초반 미국은 파나마운하를 건설하면서 모기가 옮기는 황열병 때문에 공사가 힘들어질 정도로 피해를 입자 군대를 동원해 모기를 박멸했다. 어지간한 늪지대나 연못을 메꿔버리고 불태우면서 모기를 쫓아낸 것이다. 그렇게 그들은 모기에 승리했고 파나마운하를 건설했으며 지금까지도 그 운하를 이용하고 있다. 답이 쉽다. 모기를 죽이면 되겠구나.

하지만 짐작하듯이 모기를 없애는 것은 바퀴벌레를 없애는 것만큼이나 어려운 일이다. 어쩌면 지구의 주인은 모기일지도 모른다. 그들의 생명력은 타의 추종을 불허한다. 황열병 때는 승리했지만 그것도 잠깐, 공사 기간 동안이었다. 시간이 지나며 황열병 모기는 권토중래하며 파나마를 힘들게 만들고 있었다. 그런데 인류가 잠깐이기는 하지만 모기에 우위를 점할 때가 있었다.

파울 밀러Paul H. Müller는 스위스의 제약회사 연구원이었다. 그는 해충 구제를 목적으로 연구실에 틀어박혀 300개가 넘는 화합물을 만들다가 1873년에 이미 보고된 화합물을 다시 만들었다. 평소라면 선행 기술 조사 없이 만들었다고 상사에게 호되게 혼날 일이지만, 막상 이 화합물이 살충제로서 활성이 뛰어나다는 것을 찾아내며 상사에게 칭찬을 받게 된다. 그렇게 DDTdichloro-diphenyl-trichloroethane의 신화가 시작되었다. 1939년 독일이 폴란드를 침공하던 해의 일이었다.

스위스는 영세 중립국이다. 추축국이든 연합국이든 가리지 않고 DDT를 팔 수 있었다. 그리고 이 DDT를 구입한 추축국과 연합국은 DDT를 공중 살포하며 전투를 치르기 시작했다. 새로운 지역으로 진입해서는 DDT를 방사하며 모기가 있을 만한 지역을 초토화했다. 그래야 안심하고 이 지역을 정복할 수 있었다.

전쟁이 끝나면 군사 기술은 민간에 개방된다. 기관총 회사는 스테이플러를 팔았고, 부식성의 우라늄 보관을 위해 개발되었던 테플론은 프라이팬 바닥에 사용되었으며, 우라늄 동위원소를 분리하던 초원심분리기는 지질단백질(HDL과 LDL)의 미세한 밀도 차이를 분석하는 데 사용되었다. DDT도 마찬가지였다. 전쟁 때 말라리아 박멸을 위해 사용된 DDT는 전쟁 종료와 함께 농작물을 좀먹는 해충 구제에 투입되었다. 1873년에 만들었을 정도의 구조이니 얼마나 생산하기 쉬웠겠는가? 그만큼 저렴하게 구매할 수 있었으므로 또 그만큼 많이 썼다. 말라리아는 설 곳을 잃어가고 있었다. 하지만 인류 역시 그 대가를 치르게 된다.

DDT가 생태계에 미친 영향은 고등학교 교과서에도 잘 정리되어 있다. 익충이나 천적이 죽어서 생태계가 파괴되고 먹이사슬을 통해 DDT가 농축되어 고등생물들까지도 죽어나가는 현상이 발생했다는 내용이다. 이러한 현상을 보고하기 위해 쓰인 레이첼 카슨Rachel Carson의 『침묵의 봄Silent Spring』은 여전히 스테디셀러에 이름을 올리고 있다.

이런 차원까지는 아니지만, DDT의 개발자인 뮐러도 DDT를 희망적으로 바라본 것만은 아니었다. 해충 구제를 목적으로 DDT를 개발했을 때 그는 스위스의 산악 지형을 생각했었다. 하지만 DDT는 그의 손을 떠나면서 광활한 아메리카 대륙에 소개되었고 비행기로 뿌려졌다. 그가 상상할 수도 없을 정도로 많이 쓰였고 그렇게 위험해진 것이다. 뮐러는 1948년 노벨상 수상 강연을 하면서 DDT의 지나친 사용은 내성과 같은 위험을 초래할 수 있음을 피력했다.

DDT는 1970년대에 들어오면서 금지되었다. 하지만 지난 50년간 우리는 DDT 없는 세상에 다시 말라리아가 창궐하는 것을 지켜보았다. 물론 말라리아를 억지하는 방법이 없는 것은 아니지만 대부분 비싸다. 그리고 말라리아가 창궐하는 지역은 대부분 후진국이다. 그들에게 DDT를 능가할 만한 선택지가 별로 없기에 지금 DDT는 다시 사용되고 있다. 물론 엄격한 제한 조건이 달려 있으며 최소 한도로 사용하게끔 권장하고 있다.

DDT는 한국전쟁 이후 열악한 환경에 있던 우리나라의 해충 구제를 위해서도 사용되었다. DDT에 대한 위험이 알려지기 전이었던 만큼 비교적 과격하게 사용되었는데, 사람을 앞에 두고 직접 살포하는 방식이었다. 먹지만 않았지 사실상 그에 상응하는 양만큼 호흡기나 피부로 들어간 것으로 생각된다. 지금의 관점으로 보면 위험하기 짝이 없는 행위다. 하지만 그렇지 않았다면 우리는 말라리아나 티푸스 감염으로 더 많은 사람이 죽었을지 모른다. 지나간 시절을 지금의 관점으로 평가하는 것 자체가 무리한 일이기는 하다.

베트남전쟁

1970년대 DDT가 금지되고 말라리아가 다시 창궐한 것은 맞지만, 그렇다고 세계가 손 놓고 있었던 것은 아니다. 클로로퀸을 능가하는 말라리아 치료제를 개발하기 위해 다시 연구하기 시작했으며, 그 성과는 베트남전쟁 덕분에 나타났다.

베트남전쟁은 1960, 1970년대를 대변하는 전쟁이다. 공산주의 진영인 북베트남과 자본주의 진영인 남베트남이 전면전을 벌였다는 점에서 한국전쟁과 구도는 비슷하지만 전쟁의 흐름은 사뭇 달랐다. 북베트남은 남베트남을 교란하기 위해 남베트남 민족해방전선, 속칭 '베트콩'이라 부르는 조직을 후원했다. 이들은 일반적인 남베트남 사람들 속에 섞여서 활동했으므로 남베트남 정규군은 간첩 색출 및 북측과의 전쟁에 어려움을 겪었다. 남베트남은 우리나라에도 참전을 요청했고, 우리는 군사정권이던 1964년 의료 부대 파병을 시작으로 전쟁에 참여하게 되었다.

북베트남이 베트콩과 협력해 남측을 흔들고 게릴라전으로 압박했지만 화력은 미군 부대를 앞세운 남베트남이 우세했다. 그리고 전쟁이 길어지면서 제3의 적이 나타났다. 말라리아다. 말라리아는 이념과 진영을 가리지 않고 말라리아 원충을 감염시키기 바빴다. 관련 문헌에 따르면 우리나라가 베트남전에 참전했던 1964년에는 전투로 인한 사상자보다 네다섯 배나 많은 미군이 말라리아로 고통받고 있었다. 이에 따라 미군은 클로로퀸과 같은 전통적 약제와 함께 보다 개선된 의약품을 합성하고자 했다.

북베트남이라고 상황이 크게 다르지는 않았다. 말라리아 환자가 폭증하면서 클로로퀸 같은 약제들을 계속 사용했지만 내성을 가진 모기만 양산했다. 미국처럼 독자적으로 약을 개발할 수 있으면 좋겠지만, 그럴 만한 기술력은 자국 내 어디에도 없었다. 결국 그들은 위로 국경을 마주하고 있는 같은 공산권의 거대한 국가에 도움을 요청했다. 바로 중국이다.

당시 중국은 같은 공산권인 북베트남의 요청이 들어오자 이를 적극적으로 지원하기 위해 능력 있는 과학자들을 대거 동원했다. 중국은 당시 문화대혁명을 시행하고 있어서 낡은 것을 타파하자는 기치 아래 사회 체제에 대변혁을 가하고 있었다. 과학자들이 제대로 연구할 수 있는 여건이 전혀 마련되지 않았음에도 불구하고 말라리아 치료제를 연구하기 위해 비밀리에 과학자들을 모은 것이다. 1964년의 일이다. 당시 과학자들이 한데 모일 수 있었던 것은 중국에서도 말라리아가 창궐하기 시작했기 때문이다. 중국에서만 4,000만 명의 말라리아 환자가 발생했다고 하니 그 심각함은 이루 말할 수 없었다. 그런데 이런 절박함이 의외의 대박으로 이어졌다.

온고지신

시작을 잘하면 끝이 편하다. 중국은 독자적인 말라리아 치료제 개발의 시작을 고대부터 내려오던 중국 고유의 의약 관련 문헌에서 찾았다. 우리로 치자면 『동의보감東醫寶鑑』에서 학질을 치료하는 약재를 찾아 뒤졌다는 얘기인데, 중국 문헌에는 개똥쑥이 효과가 있다는 기록이 있었다. 개똥쑥을 길러서 달여 먹는 것도 좋지만 베트남에 개똥쑥이 자랄지는 알 수 없었다. 그리고 어느 세월에 식물을 길러서 효과를 보겠는가? 더군다나 당시 미국은 고엽제를 뿌려대며 식물을 말려 죽이는 무지막지한 작전을 수행하고 있었다. 개똥쑥에서 실제 효과를 보이는 주성분을 찾는 것이 모범 답안이었다.

당시 이 프로젝트를 주도했던 투유유屠呦呦는 개똥쑥에서 실제 효과를 내는 성분을 찾기 위해 노력했지만 계속해서 실패하고 있었다. 약초에 효과가 있다면 약초 성분을 우려낸 추출액에도 그만큼의 효과를 보이는 물질이 있어야 했다. 이 추출액을 여러 차례 나누고 효과를 추적한다면 결국 주성분도 추적할 수 있을 터였다. 대부분 약재의 주성분은 이렇게 분리했다. 그런데 없었다. 추출액 어디에도 말라리아 치료 효과를 보이는 물질이 없었다. 주성분이 어느 순간 사라진 것이다. 어떻게 된 것일까? 190번의 실험 동안 투유유는 무엇을 잘못한 것일까?

투유유는 식물 성분을 추출하기 위해 정상적인 방법을 모두 사용했다. 식물을 물리적으로 자르고 으깨고 물에 녹였다. 필요한 성분이 녹지 않을 수도 있으므로 끓였다. 끓이면 잘 녹으니까. 그래도 안 녹을 수 있으므로 유기용매를 추가해서 분리했다. 이제 주성분이 무엇이든 간에 물이나 유기용매 둘 중 하나에는 녹아 있을 것이다. 이와 같은 정석대로 화합물을 녹여서 분리했지만 계속해서 주성분이 사라진 것이다.

이럴 때 보통 좌절하기 마련인데 놀랍게도 투유유는 공부를 했다. 투유유는 관련 문헌을 뒤지면서 자기가 놓친 부분이 있는지를 다시 확인했다. 3세기경, 그러니까 1700년 전 갈홍葛洪이라는 사람이 쓴 『주후비급방肘後備急方』에서 실마리를 찾았다. 갈홍은 학질 치료를 위해 개똥쑥을 우리기는 했는데 끓이지 않고 두 시간 동안 상온에 두기만 했던 것이다. 그 시절에도 탕약으로 조제하기 위해 물을 끓이는 것은 당연했을 텐데 끓이지 않고서 우려냈다는 것은 특별한 행동이었다. 생각해 보면 투유유도 개똥쑥에서 주성분을 찾기 위해 계속 끓여서 녹였다. 거기에서 뭔가 잘못된 것일까?

191번째 실험에서 투유유는 이제 과감히 개똥쑥을 끓이는 과정을 바꾼다. 고온에서 추출하는 대신 35도 정도로 온도를 낮게 유지했다. 대신 물에 불리는 시간을 되도록 길게 했다. 어차피 계속 실패한 실험인데 한 번쯤 더 실패한다고 뭐가 달라지겠는가? 그리고 유기용매를 가해서 추출했다. 유기용매도 낮은 온도에서 다룰 수 있는 용매를 선별해서 사용했는데, 투유유의 세심함이 돋보인다. 그리고 그 유기용매 추출물은 전례 없이 강력한 말라리아 치료 효과를 보였고, 계속된 분리 과정을 거쳐 아르테미시닌artemisinin을 보고했다. 분리하고 나니 그간 실패했던 이유를 알 수 있었다. 화합물 구조가 불안정해 열에 약했던 것이다. 온고지신은 진리다.

아르테미시닌

1971년 투유유가 분리해 낸 아르테미시닌이 북베트남을 지원하기 위해 사용했는지에 대해서는 명확한 기록이 없다. 의약품 개발 과정을 고려했을 때 독성 시험이나 대량 생산에 걸리는 기간이 상당한 만큼, 1975년에 종결되는 베트남전쟁에 이 물질을 지원하기에는 시간상으로 어려웠을 것이다. 실제로 1978년까지도 추가 임상시험을 진행했으니 아무리 급하다고 한들 동맹국에게 이 물질을 제공했을 것 같지는 않다. 심지어 발견자인 투유유는 임상시험 도중 이 화합물을 직접 복용하기까지 했으니 새삼 대단하다는 말밖에 할 말이 없다.

하지만 이 아르테미시닌은 그 후로 말라리아 치료제의 희망이 되며 많은 환자들을 구원했다. 기존에 연구되어 온 아타브린, 클로로퀸 그리고 그 후에 개발된 대부분의 말라리아 치료제는 기본적으로 퀴닌의 구조에서 유래했다. 그래서 활성 기전이 유사하고 내성도 쉽게 생기는 편이었다. 이에 비해 아르테미시닌은 기원이나 구조가 완전히 다른 약이어서 클로로퀸이나 퀴닌에 내성을 가지는 말라리아에 탁월한 치료 효과를 보였다. 심지어 베트남전쟁 기간에 워싱턴에 있는 미군 연구소는 말라리아 치료제를 개선하기 위해 20만 개가 넘는 화합물을 합성하고 활성을 검색했는데, 그중 아르테미시닌보다 뛰어난 화합물은 없었다.

아르테미시닌이 말라리아의 희망으로 떠오르자 화학자와 미생물학자들이 효율적으로 아르테미시닌을 생산하기 위해 경쟁

퀴닌   클로로퀸   아르테미시닌

그림 대표적인 말라리아 치료제의 구조

한 것도 유명하다. 기본적으로 작은 화합물이기 때문에 화학자들은 합성 공정을 개발하며 생산 효율을 높이려고 했다. 미생물학자들은 개똥쑥이 식물체 내에서 아르테미시닌을 생산하는 유전자를 연구해 대장균에 그 유전자를 이식했다. 대장균은 번식이 빠르므로, 유전자가 쉬지 않고 발현되어 개똥쑥보다 훨씬 빠른 시간 안에 아르테미시닌을 생산하도록 한 것이다. 이런 연구를 위해 빌&멀린다게이츠재단Bill & Melinda Gates Foundation이 거액의 연구비를 후원한 것도 고마운 일이다.

그런데 결국 승자는 중국의 농부들이었다. 아르테미시닌이 돈이 된다는 것을 알게 된 중국의 농부들은 개똥쑥을 심고 재배량을 늘렸다. 그리고 관련 연구자들에게 팔았고, 연구자들은 개똥쑥을 전통적인 방식으로 추출하여 아르테미시닌을 값싸게 얻을 수 있었다. 기술도 좋지만 노동의 가치는 볼수록 대단하다.

투유유는 2015년 노벨상을 수상했다. 박사 학위도 없고 외

국어도 못하지만, 그런 것은 별로 중요하지 않다. 훌륭한 연구는 학위가 없어도, 말하지 않아도 알게 된다. 박수를 보낸다.

끝없는 전쟁

예전에는 알렉산드로스 대왕Alexander the Great이 모기에 물려 죽었다고 책에서 배웠다. 하지만 이제는 그렇게 이야기하지 않는다. 정말로 모기에 물려 죽었다면 이 책에 쓸 내용이 훨씬 풍성해졌을 것이다. 그러나 워낙 베일에 가린 인물이다 보니 발병 경위나 종류를 추정하기가 쉽지는 않다. 모기에 의해 사망한 사람이 한 명 줄어든 것이기는 하지만 이 페이지를 읽는 동안 다시 한 명이 모기로 죽는다. 우리는 1분에 한 명씩 모기로 죽는 세상에 살고 있다. 그리고 이렇게 빠르게 사람들이 죽는다면 언제 돌연변이가 생겨 1분에 두 명을 죽일지 모르는 일이다. 50년도 더 된 코로나바이러스가 갑자기 흉포해진 것처럼, 세계는 하나의 질병을 공유하고 있다.

이를 막기 위해 사람들은 여전히 노력하고 또 노력한다. 모기장을 보급하고, 모기약을 개선하고, 천적을 양성하고, 모기 불임약을 연구하고 있다. 심지어 모기가 포만감을 느끼게 해서 피를 빨지 못하도록 하는 연구도 이루어지고 있다. 얼핏 들으면 피식 웃을 내용 같지만 2019년 세계적 권위의 학술지인 《셀Cell》에 발표된 연구 결과다. 다이어트 용도로 개발된 식욕억제제가 얼마나 많은가. 이 물질들을 개량해서 모기에게 적용하는 것도 마냥 불가능한 일은 아닐 것이다. 처음에는 말도 안 되는 것 같은 연구들이 차츰 쌓이며 현실성이 생겨난다. 이런 것이 과학을 하는 묘미가 아닐까?

정작 알퐁스 라브랑이 모기의 원충을 발견했다고 1880년 최초로 학계에 보고했을 때 당시 세균학의 최고 권위자였던 로베르트 코흐는 라브랑의 주장을 터무니없다고 무시했다. 하지만 그도 시간이 지나며 라브랑의 업적을 인정하고 퀴닌의 효과를 과학적으로 검증해 관련 의약품을 개선하는 데 큰 역할을 했다. 많은 사람들의 기발한 발상과 헌신적 노력, 지속적 관심이 이어진다면 모기로 인해 죽는 사람이 조금은 줄지 않을까 생각해 본다. 그리고 여러분에게 지속적인 관심을 부탁드린다.

아프리카인은 어떻게
말라리아를 견뎌냈을까?

아프리카에 그렇게 말라리아가 심하다면 정작 아프리카인은 어떻게 살고 있었던 걸까? 그들도 같은 사람 아닌가? 당연히 그들도 똑같은 사람이다. 하지만 오랜 기간 말라리아와 함께 생활하면서 그들에 맞서 싸울 무기를 진화적으로 습득했다. 겸형적혈구 빈혈증sickle cell anemia 이다.

빈혈이 어떻게 무기가 될 수 있을까? 적혈구는 도넛 모양이지만 겸형적혈구 빈혈증 환자의 적혈구는 길쭉한 낫 모양이다. 도넛 모양의 적혈구는 그럭저럭 탄력성이 있어서 좁은 모세혈관도 잘 통과하지만 낫 모양의 적혈구는 그렇지 않아서 모세혈관까지 들어가지 못한다. 여러모로 사람에게 불리한 증상이다. 실제로 겸형적혈구 빈혈증이 심할 경우에는 사망한다. 아프리카인 중에는 이런 겸형적혈구 빈혈증 유전자를 가진 사람들이 꽤 많은데, 운이 나빠 부모에게서 이런 유전자를 모두 물려받게 되면 증상이 심해져서 사망한다. 그런데 애초에 아프리카인은 왜 이런 유전자가 많은 것일까? 진화적으로 얻은 무기라고 하는데 왜 무기가 되는 것일까?

말라리아는 모기가 우리 몸에 남긴 원충이 증식하면서 생기는 질환이다. 원충은 우리 몸속에서 증식하다가 적혈구를 모아서 파괴하는데, 이때 열이 난다. 말라리아가 열을 동반하는 이유이자 사람이 죽는 이유기도 하다. 원충이 파괴하는 적혈구는 정상적인 도넛 모양의 적혈구이지 낫 모양의 적혈구가 아니다. 낫 모양의 적혈구는 원충이 모으지 못한다. 그렇기 때문에 그럭저럭 말라리아 원충에 감염되더라도 보험 역할을 하며 살아갈 수 있는 것이다. 시간이 지나면 우리 몸은 면역이라는 경찰이 있어서 원충을 모두 사멸시킨다. 버티면 이긴다. 보통은 못 버티는데 낫 모양의 적혈구가 있으면 그럭저럭 버틴다.

겸형적혈구 빈혈증은 아프리카인이 대륙을 벗어나면서 전 세계에 퍼지게 된다. 말라리아 위험 지역에 거주하지 않는 한 그렇게 도움이 되지는 않는다. 필요 없고 값비싼 보험일 뿐이다. 그래서 이 질환을 고치고 싶어 하지만 막상 고치려면 쉽지가 않다. 유전자에 각인된 돌연변이이기 때문에 유전자 차원의 치료가 이루어져야 한다. 최근 들어서는 유전자 가위 등을 이용한 치료 기술이 연구되고 있으니 좋은 소식을 기다려 봐도 될 듯하다.

6장

스페인 독감, 그 시작과 끝

최초의 환자

코로나19의 창궐을 경험한 뒤로 많은 사람들이 스페인 독감을 자세히 알게 되었다. 예전에 강의할 때는 2년간 2,000만 명 이상이 죽고, 이 수치는 제1차 세계대전 사망자보다 많으며, 스페인 독감 때문에 제1차 세계대전이 조기에 종료되었다는 평가마저 듣는다는 사실을 믿게 하는 데 많은 시간을 들이고 관련 사진을 들이밀었다. 하지만 이제는 그런 정도의 노력을 하지는 않는다. 사람들이 더 많이 알고 있을 때가 있어서 긴장도 하지만, 언론이 코로나19를 보도하면서 스페인 독감을 함께 언급하는 것은 관련 주제를 강의하는 나에게는 고마운 일이다.

코로나19의 기원이 중국 우한이냐 다른 지역이냐를 놓고 논쟁하는 것처럼 스페인 독감의 기원 또한 오랜 시간 연구되어 왔다. 그러나 비슷한 시기의 독감 환자들을 아무리 연구해 봐도 그 독감이 일반적인 계절성 독감인지 스페인 독감인지를 구분하는 것은 거의 불가능하다. 최초의 환자, 즉 페이션트 제로patient zero를 찾는 일 또한 무척이나 어렵다.

하지만 스페인 독감이 폭발적으로 증가하게 된 계기는 비교적 공통으로 추정하고 있다. 바로 1918년 3월 미국 캔자스주 포트 라일리Fort Riley의 신병 훈련 캠프다. 당시 미국은 제1차 세계대전 참전을 결정하고 유럽 전선으로 미군을 파병하기 위해 전국 각지에서 다양한 신병을 모집해 기초 군사 훈련을 하고 있었다. 하지만 이 훈련소에 모인 신병들은 갑자기 몰아닥친 스페인

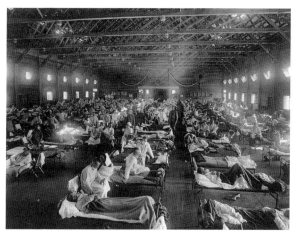

그림 포트 라일리 소속 신병들의 독감 치료 현장

독감으로 말미암아 순식간에 환자 진료소로 향하게 되었다.

처음엔 간단한 독감으로 여기고 며칠 쉬게 했는데 갈수록 증상이 심해져서 얼굴이 파랗게 변할 정도까지 악화되었다. 그 뒤엔 독감으로 죽는 병사들도 많지만 폐렴 합병증으로 죽는 경우가 훨씬 더 많았다. 3일 만에 체온이 섭씨 40도를 넘을 정도로 올라 처음에는 '3일열three-day fever'이라고도 불렸다. 4일이 되기 전에 죽는 경우도 많았다. 결정적으로 전염 속도가 빨랐다. 일주일 만에 500명이 넘는 감염자가 나왔다. 처음에는 포트 라일리만의 문제인 줄 알았는데 다양한 전파 경로로 다른 훈련소에서도 유사한 증상이 터져 나왔다.

많은 의사들이 이 질병을 치료하기 위해 훈련소로 달려왔지만 의사들이 할 수 있는 일은 별로 없었다. 당시는 1918년이었다. 독감이 바이러스 질환이라는 것을 알게 된 때가 1930년대였다. 1918년에는 독감 또한 다른 여느 질환처럼 균에 의해 발생하는 것이라 믿었고 존재하지도 않는 '독감균'을 분리하기 위해 엉뚱한 노력을 하면서 소중한 시간을 헛되이 쓰고 있었다. 안타깝게도 균과 바이러스는 나무와 볼펜처럼 심각하게 다른 개체다. 그렇기 때문에 의사들이 아무리 노력해도 별다른 대책이 있을 수가 없었다.

늘어지는 전황과 미국의 참전

미국의 상황과는 상관없이 유럽의 전선은 고착화하고 있었다. 영국에서는 윈스턴 처칠Winston Churchill이 독일을 양쪽에서 공격하기 위해 러시아를 도와주고 있었는데, 정작 처칠의 외교적 패착으로 인해 오스만튀르크를 적으로 돌리고 말았다. 그래도 러시아를 지원하기 위해 여러 경로를 고민하다가 결국 오스만튀르크를 관통하려고 했지만 이는 갈리폴리 전투라는 처참한 실패, 처칠의 흑역사로 이어지고 말았다.

정작 러시아는 나폴레옹의 모스크바 원정이나 제2차 세계대전과는 다르게 제1차 세계대전에서 큰 역할을 하지 못했는데, 정치적 불안이 큰 이유였다. 물론 이러한 정치적 불안을 부추기기 위해 국외에 체류 중이던 러시아 정치범 블라디미르 레닌Vladimir Lenin의 러시아 송환을 독일이 지원한 것이 결정적 한 수이기도 했다. 러시아는 1917년 붉은 혁명과 함께 사실상 전선에서 이탈했다.

프랑스는 잘 싸우고 있었다. 독일군의 치밀한 공격을 참호전으로 버티고 있었다. 당시로서는 깊게 파인 참호와 기관총 사수를 돌파할 방법이 마땅치 않았으므로 누가 오래 버티는지로 승패가 갈리고는 했다. 그리고 이런 사례가 늘어나면서 버티기는 더더욱 길어져 갔다. 그렇게 기관총을 쏘고 병사들을 쏟아붓고 그 병사들에게 탄약과 식량을 지급하면서 버티는 최악의 전장이 4년째 이어져 오고 있었다. 그래도 버텨야 한다. 나갈 수는 없으니까. 밀릴 수는 더더욱 없으니까.

전쟁을 수행하려면 탄약과 식량이 있어야 한다. 병사들의 보급 문제는 심각한 문제여서 보급이 끊어지면 하루도 싸우기 힘든 것이 군대다. 탄약과 식량을 확보하려면 화약과 비료가 있어야 하고, 이 화약과 비료를 생산하려면 초석에서 나오는 질산염이 필요하다. 초석은 주로 '칠레의 구아노'라고 하는 새똥 더미를 이용했는데, 영국 해군이 오래전부터 해상 봉쇄를 통해 이러한 전략 물자의 유출을 차단하고 있었으므로 장기적으로 간다면 독일이 버틸 수 없을 것으로 보았다. 더군다나 영국에서는 코르다이트cordite라는 물질을 개발해서 총알이나 대포 발사에 사용하고 있었다.

독일도 가만히 있지는 않았다. 영국이 코르다이트를 생산하려면 아세톤이 반드시 필요했는데, 아세톤의 원료는 주로 독일에서 생산하는 광석에서 나오고 있었다. 독일도 이를 전략물자로 규정해 영국에서 수입하지 못하도록 규제하고 있었다. 영국도 더 이상 버틸 수 없을 것이다. 애초에 칠레에서 생산되던 초석도 이제는 거의 바닥나 있지 않았던가? 코르다이트마저 바닥난다면 영국이 무슨 수로 총알을 쏘겠는가? 기관총이 멈추는 날도 머지않았다. 아세톤만 막으면 된다고 독일은 생각하고 있었다.

그런데 영국이 독자적으로 아세톤을 생산해 내는 데 성공했다. 유대인 생화학자 차임 바이츠만Chaim Weizmann이 설탕에서 아세톤을 생산하는 방법을 이미 개발한 것이다. 전쟁 전에는 별의미를 찾지 못하고 있었는데 전쟁이 길어지니 이만큼 좋은 방법도 없다. 설탕 발효만 잘하면 그 귀한 아세톤이 쏟아져 나오니까. 에탄올도 함께 나온다. 술과 화약이 생산되니 이보다 더 좋은 기술이 있을까? 영국으로서는 급한 불을 껐다. 이제 급한 것은 독일이다. 칠레 초석이 없는데 독일이 어떻게 화약을 만들고 비료를 만들겠는가? 영국이 급할 줄 알았는데 독일이 다급해졌다. 문제가 독일로 넘어왔다. 못 넘기면 끝이다.

그런데 독일은 화약과 비료를 공기에서 생산해 내는 데 성공했다. 인류 역사 최고 발명 중 하나로 손꼽히는 하버-보슈법이다. 프리츠 하버Fritz Haber라고 하는 정통 화학자가 개발한 하버법은 공기에서 무한대로 추출 가능한 질소와 수소를 이용해서 암모니아를 생산한다. 그리고 이 암모니아를 산화해 칠레 초석보다 더 좋은 질산염을 생산해 낸다. 일부 식물의 뿌리혹 박테리아에서나 일어나던 일을 실험실에서 재현해 내다니 천재가 맞다. 더 이상 냄새나는 새똥을 캐기 위해 칠레로 일꾼을 보낼 일도, 그렇게 모은 새똥을 영국 해군 눈치 봐가면서 몰래 가져올 이유가 없다. 애초에 이미 100만 년 넘게 쌓였던 그 새똥, 구아노가 이미 10여 년 만에 고갈되기도 했다.

물론 하버법은 고온-고압 반응이고 대량 생산에는 한계가 있다. 이때 고온-고압 반응의 전문가인 카를 보슈Carl Bosch가 나타나 이 문제를 해결했다. 하버법이 하버-보슈법으로 진화하는 순간이다. 이 혁신을 바탕으로 라인강 유역에 대규모 공장을 짓고 화약과 비료를 무한대로 생산해 내는 때가 제1차 세계대전 개전 직후다. 그 화약과 비료는 독일의 서부전선으로 배송되어 이제는 패배를 선언하고 집으로 돌아가고픈 독일 병사들에게 지급이 되었다. 그렇게 전쟁에 추가 시간이 주어졌다.

전쟁이 길어지면서 중립을 지키던 미국도 참전을 선언했다. 대서양 건너편에서 물자만 팔아 이득을 챙기던 미국이 직접 전쟁에 참여하기로 한 것이다. 그러기 위해 전국 각지에서 신병들을 모아 훈련시켰다. 이제 훈련이 끝나면 뉴욕과 보스턴 항구에 집결해 대서양을 횡단하기만 하면 되었다. 그렇게 열흘이 지나면 유럽 전선에 미군 병사들이 투입되고 예상보다 오래 버티고 있는 독일을 한층 더 밀어붙일 수 있었다. 그런데 그 병사들이 아픈 것이다. 그것도 많이.

심각한 전염병이 창궐하면 환자를 파악하고 동선을 추적하고 적절한 격리를 통해 질병의 확산을 막는 것이 우선이다. 치료제나 백신이 있다면 쓸 수 있는 카드가 더 많아진다. 그런데 1918년 미국은 스페인 독감을 호소하던 미군 부대원들을 과감하게 파병했다. 병을 얕보았던 것이다. 그리고 이러한 결정은 유럽 전선에 스페인 독감을 급속도로 퍼뜨리는 계기가 되었다.

제1차 세계대전에 참전하지 않았던 스페인으로서는 억울할 법도 했다. 전쟁 중 독감의 창궐을 자유롭게 보도하면서 질병 전파를 막으려고 했던 것뿐인데 그로 인해 '스페인 독감'이라는 명칭을 얻게 되었으니까. 정작 스페인 독감을 확산시키고 전쟁에 참여한 주요 국가에서는 전쟁이라는 이유로 거의 보도가 되지 않았다고 한다. 하긴, 전쟁에 투입한 병사가 전투도 하기 전에

병으로 죽었다는 기사가 나오면 어느 나라 젊은이들이 전쟁에 자원하겠는가? 버텨야 이기는 제1차 세계대전이었다.

스페인 독감은 한 차례 돌연변이를 거치면서 더욱 강력해졌다. 일반적인 독감의 치사율이 0.5퍼센트 내외인데 스페인 독감은 2퍼센트의 치사율을 보였다. 더욱이 질병이 확산되고 4개월 후 치명적인 돌연변이가 나타나 치사율이 6퍼센트로 올라갔다. 코로나19의 치사율이 1퍼센트를 약간 상회한다는 사실을 감안하면 당시 스페인 독감이 얼마나 무서웠을지 쉽게 상상할 수 있다. 더군다나 지금은 백신도, 집중 치료실도, 치료제도 있지만 1918년은 항생제도 없던 시절이었다. 스페인 독감 그 자체로 죽는 사람도 많았지만 약해진 기관지 사이로 폐렴균이 기회감염

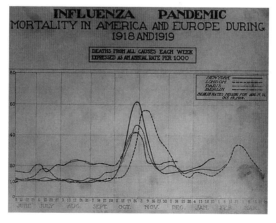

그림 스페인 독감 당시의 사망률 변화

을 일으켜 죽은 환자들이 훨씬 많았던 것은 시대의 한계였다.

2010년 발표된 논문에 따르면 제1차 세계대전의 미국 육군 참전자 400만 명 중 100만 명 이상이 독감에 걸리고 3만 명이 사망했다고 한다. 미국 해군도 비율로는 비슷한데 60만 명의 참전자 중 10만 명이 걸리고 5,000명 이상이 사망했다. 이는 비교적 적게 잡은 수치다. 가벼운 증상의 환자는 제외되었다는 점을 감안하면 실제 미군이 느낀 공포는 가늠하기 어려울 정도로 컸을 것이다. 다른 문헌에서도 미군 4만 명 정도가 스페인 독감으로 희생되었다고 평가하고 있으니 대략 이 정도 수치로 보면 맞을 듯하다. 제1차 세계대전 중 전투에서 발생한 미군 사망자를 6만 명 정도로 추산하고 있으니 애국심에 불탔던 젊은이들의 허무함을 조금은 짐작할 수 있다. 그런데 전투로 인한 사망자는 전쟁터에서 나왔지만 스페인 독감은 전쟁과 상관없는 곳에서 사람들을 학살하고 있었다. 전 세계적인 문제가 발생한 것이다.

억울한 '독감균'

어떤 문제든 해결 방법은 동일하다. 원인을 없애는 것. 스페인 독감의 원인은 무엇이었을까? 스페인 독감이 있기 20년 전 춥디추운 러시아에서 대규모 독감이 있었고, 우리는 이것을 '러시아 독감'이라고 부른다. 러시아 독감이 창궐하자 당시 의료계에서는 러시아 독감의 원인을 찾기 위해 최신 현미경과 배양 기법을 이용했고, 그 결과 러시아 독감 환자의 기관지에서 의심스러운 균을 발견했다. 그리고 이 균을 '독감균Hemophilus influenzae' 이라고 이름 붙였다. 발견한 사람은 리하르트 파이퍼Richard Pfeiffer 라는 잘나가는 독일의 병리학자였다. 그는 38세의 젊은 학자였 지만 이미 티푸스나 독소에 관한 연구로 세계적인 권위를 자랑 하고 있었다. 파이퍼의 연구에는 페스트, 디프테리아, 파상풍 등 의 연구로 후일 노벨상 후보에 오르내리던 기타사토 시바사부로 도 참여했다. 그리고 그들 뒤에는 세계 최고의 세균학 전문가인 로베르트 코흐가 스승으로서 자리 잡고 있었다.

보통 이렇게 권위에 호소할 때는 뭔가 잘못된 경우가 많다. 당장 파이퍼도 '독감균'을 검출했지만 그 '독감균'을 다른 건강 한 개체에 접종했을 때 독감이 발생하지 않는다는 것을 확인했 다. 하지만 1890년대의 화두는 균이었다. 대부분의 질병은 균 또는 기생충 때문에 생긴다는 것이 나름 학계의 정설이었는데, 이것은 당시의 현미경으로 검출할 수 있는 한계가 거기까지였 기 때문이다. 훨씬 더 작은 개체인 바이러스는 1935년에야 전자 현미경으로 그 정체가 세상에 공개되었다. 바이러스가 배양이 까다롭다는 점까지 고려하면 1890년대 러시아 독감의 원인을 헛다리 짚은 것은 그럭저럭 이해할 만한 일이다. 파이퍼 본인도 '독감균'을 접종했을 때 발병하지 않았던 것은 알 수 없는 특수 한 이유였을 것이라고 이야기했다. 그리고 다른 사람들은 아무 도 그들의 권위에 도전하지 못했다.

파이퍼의 발견은 그들이 지지했던 '코흐의 가설postulate of

Koch'에도 어긋난다. 코흐의 가설은 특정 균이 질병의 원인이라고 규정하려면 감염체에서 균을 분리하고 배양한 후 건강한 다른 개체에 재접종했을 때 그 개체가 같은 질병에 걸려야 한다고 규정한다. 그리고 재접종해서 걸린 개체에서도 같은 균이 검출되어야 한다. 이처럼 분리, 배양, 접종과 발병, 검출의 과정을 거칠 때에만 의심할 여지 없이 질병의 원인을 찾아냈다고 할 수 있다. 이러한 코흐의 가설은 100년이 지난 지금도 널리 인정받고 있다.

실제로 코흐의 가설을 만족시키기 위해 지금도 많은 병리학자들이 균을 키우고 배지를 갈고 동물도 키우고 있다. 1984년 배리 마셜Barry Marshall은 자신이 주장하던 헬리코박터 파일로리Helicobacter pylori가 위궤양의 원인균임을 증명하기 위해 본인이 직접 이 균주를 마시기도 했다. 열흘 후 위궤양이 발병한 것에 동료인 로빈 워런Robin Warren과 함께 기뻐했고, 이 둘은 2005년 노벨상을 받았다. 코흐의 가설은 이제 '코흐의 공리'로 부를 정도로 권위 있는 원칙이다. 그런데 파이퍼의 '독감균'은 이것을 만족하지도 않은 것이다. 그리고 발견자들의 권위에 눌려 병원체로 공인되고 있었다.

시간이 지나며 파이퍼의 '독감균'에 대한 의문이 쌓여갔다. 일단 '독감균'이 다른 개체에서도 관찰되는데 그 개체들은 독감과는 전혀 상관없이 건강한 개체들이었다. 또한 '독감균'이 모든 독감 환자들에게서 검출되는 것도 아니었다. 그 균이 억울한 누명을 썼다는 것을 학자들은 조금씩 느끼고 있었다.

그런데 저 '독감균'은 왜 저기 있었을까? 결론부터 이야기하자면 저 균은 독감과 상관없이 약해진 기관지에 침투했다가 누명을 썼을 뿐이다. 하지만 그 누구도 대안을 제시할 수 없었다. '독감균'이 아니라면 독감은 누가 일으킨다는 말인가? 이 질문에 답을 하지 못한다면 논의가 불가능했다. 진실은 승리한다. 하지만 때로는 너무 늦게 승리한다.

패닉

결국 이 억울한 균은 1918년 스페인 독감이 창궐하자 악의 축으로 규정되며 전 세계 내로라하는 의학자들의 집중 타깃이 되었다. 스페인 독감 환자야 널렸으니 그 환자의 기관지에서 저 균을 추출하고 배양해서 독성을 누그러뜨리면 백신이 될 것이었다. 이러한 과정이 쉽지야 않겠지만 몇 차례 배지를 갈아주고 배양을 거듭하면 '순한 독감균'이 나올 것으로 기대했다. 정 안 되면 열을 가한다거나 화학물질을 가해 균을 사멸시키면 '독감균 사체'가 나올 텐데 이것을 백신으로도 쓸 수 있을 터였다. 그렇게 '순한 독감균'이나 '독감균 사체'를 통해 백신이 나온다면 제1차 세계대전이라는 지옥과 같은 버티기 싸움을 훨씬 더 유리하게 끌고 갈 것이 분명했다. 적국에는 당연히 안 줄 것이다.

당연히 균의 배양부터 막히고 만다. 애초에 스페인 독감 환자에게서 저 균이 검출되지 않는 경우가 많았다. 학계에 보고하니 배양이 까다로운 균이라서 높은 수준의 정밀도가 요구된다고 했다. 하지만 전 세계에서 유사한 문의가 빗발치고 검증해 나가면서 이 '독감균'이 스페인 독감의 원인이 아닐 수도 있다는 생각이 번지게 되었다. 결국 파이퍼도 털어놓는다. 자신도 이상했다고. 자기가 관찰한 검체의 51.6퍼센트에서만 관찰되었을 뿐나머지 검체에서는 관찰되지 않았다고. 파이퍼가 꼬리를 내리면서 드디어 '독감균' 이론은 근거를 잃게 되었다.

권위자가 사라지자 가짜가 활개치기 시작했다. 독감 치료에 대한 희망이 사라지자 사람들은 대체 의학에 관심을 쏟기 시작했고 근거 없는 광고가 그들을 현혹하기 시작했다. 마늘즙이 좋

그림 독감에 좋다는 술 광고

다는 사람들도 있었고, 퀴닌이나 살리실산 같은 다른 약에 의존하는 사람들도 있었다. 심지어 일부 회사는 술이 독감을 막는 데 효과적이라며 술을 광고하기도 했다.

스페인 독감으로 많은 사람들이 희생되고 그보다 더 많은 사람들이 고통을 받았지만, 그때를 틈타 돈을 번 사람도 많았다. 오늘날 코로나19 시대에도 비슷한 일이 벌어지고 있다. 하지만 현명하게 판단하는 것은 쉽지 않은 일이었다. 당장 1800년대 후반에 사라진 나쁜 공기 이론, 즉 미아즈마miasma설도 다시 불거지던 상황이었다. 많은 질병이 공기가 나빠서 생긴다는 이론인데, 비슷하게 원인을 찾은 것 아니냐고 반문하는 사람들도 있겠지만 완전히 잘못된 이론이다. 대충 봐서 비슷한 것은 대충 볼 때까지만 그렇다. 미아즈마 이론을 가지고 치료를 논하게 되면 치료법도 엉뚱한 방향으로 흘러갈 수밖에 없다. 어떻게든 병원체를 찾고 그것을 박멸할 생각을 해야 한다.

독감의 진짜 병원체는 바이러스다. 진작 연구해서 밝혔더라면 좋았겠지만, 1918년은 전쟁이 끝없이 길어지고 있었고 사람들은 당장 스페인 독감으로 죽어가고 있던 때였다. 기초과학의 발전을 통해 원인을 규명하고 해법을 찾기에는 시간이 촉박했고 기반 기술 자체도 열악했다. 그리고 바이러스는 강력했다. 돌연변이를 통해 치사율은 올라갔고 전파 속도는 줄어들지 않았다. 미국은 스페인 독감을 얕잡아 봤던 과거의 결정을 후회하며 마스크를 강조하고 환자를 격리하며 손 씻기도 강조했다. 마스크 없이는 대중교통 이용도 금지하며 강력한 봉쇄책을 펼쳤지만 이미 지역사회 감염이 만연해 버렸다. 그렇게 전 세계 5억 명으로 추산되는 환자들이 감염되었으며 2,000만 명 정도로 추산되는 사망자들이 발생했다. 우리나라에서도 1918년 가을부터 겨울까지 전 인구의 40퍼센트가 감염되었고 14만 명이 사망했다. 식민지배도 억울한데 원인 모를 역병이라니. 얼마나 힘들었을까?

그리고 2년이 지나자 스페인 독감은 신기루처럼 사라졌다. 어떠한 치료제나 백신도 없이 사라졌다. 아마도 너무 많은 감염자가 나오면서 자연스럽게 집단면역이 생성된 것이 아닐까 생각만 할 뿐이다.

돌연변이를 막아라

인류가 스페인 독감을 물리친 것이 아니다. 스페인 독감이 스스로 물러난 것이다. 그렇다면 다시 올 수도 있지 않을까? 러시아 독감이 오고 스페인 독감이 다시 오는 데에는 20년이 걸렸지만 그다음 독감은 언제 올지 모르는 일이다. 똑같이 당할 수는 없지 않은가? 그런데 스페인 독감은 도저히 당해낼 상대가 아니다. 당장 원인체도 모르는데 어떻게 이겨낼 수 있다는 말인가?

1920년이 되면서 제1차 세계대전과 스페인 독감이 비슷한 시기에 종료되었지만 이 둘의 무게는 달랐다. 제1차 세계대전은 어쨌든 사람의 일이었고 사람이 마무리 지었으며 베르사유조약으로 일단은 끝이 났다. 스페인 독감은 언제 다시 올지 모를 일이었지만 사람들은 조약을 비준하는 것처럼 스페인 독감도 확실하게 마무리되길 바랐다. 하지만 그렇게 되겠는가? 자연은 위대하고 또 위험하다.

사람들은 차선책이라도 마련하려고 했다. 스페인 독감 환자를 실제 사망에 이르게 하는 질병은 합병증인 폐렴이었다. 그래도 폐렴이라면 폐렴균이 명확하게 밝혀져 있었다. 세균학의 아버지인 로베르트 코흐가 이미 1882년에 폐렴균을 보고했고, 많은 후속 연구에 의해 검증까지 끝났다. 폐렴을 정복한다면 아쉬운 대로 치사율은 낮출 수 있지 않을까? 살아만 있다면 사람 몸은 바이러스를 이길 수 있다. 우리에겐 면역 체계가 있으니까.

앨리 메치니코프Élie Metchnikoff가 대식세포를 이용한 면역 체계 연구로 노벨상을 받았을 때가 1908년이다. 에드워드 제너Edward Jenner가 종두법을 시행해 천연두 백신을 개발한 것은 무려 1796년이다. 그 원인체가 무엇이든 간에 1918년 당시에도 면역에 대한 믿음은 있었다. 폐렴만 막아도 사람들은 승산이 있다고 보았다. 그런데 어떻게 폐렴을 막을까? 현대적 개념의 최초 항생제라고 할 수 있는 살바르산salvarsan은 1910년에 시판되었지만 매독균을 치료하는 데에만 효과가 있었고 그나마도 부작용이 심해서 이때는 거의 사용되지 않았다. 페니실린은 폐렴균에 효과가 있지만 아직 개발되기 전이었다. 답이 없는 것은 비슷했다.

이때 폐렴균의 살상력을 연구했던 사람이 프레더릭 그리피스Frederick Griffith다. 당시에도 현미경과 동물실험을 통해 폐렴균을 모양과 살상력에 따라 두 가지 형태로 구분할 수 있다는 것은 알려져 있었다. 그런데 그리피스는 그 유명한 형질전환 실험을 통해 이 두 종류의 폐렴균이 지킬과 하이드처럼 서로 변할 수 있다는 것을 확인했다. 지금의 관점에서는 DNA가 유전물질이라는 것을 뒷받침하는 실험으로 유명하고 고등학교 교과서에도 등장하지만, 엄밀히 말해서 이 실험은 유전물질의 존재보다는 어떻게 하면 폐렴균의 살상력을 낮출 수 있을지를 알아내는 데에 초점이 맞추어진 연구였다. 1928년 1월에 발표한 그의 논문은 「폐렴 타입의 중요성The Significance of Pneumococcal Types」이라는 짧은 제목이었다.

그리피스가 연구를 더 진행했다면 형질전환의 원인을 찾아내고 DNA가 유전물질이라는 것을 밝혀 역사를 앞당길 수 있었을까? 이 정도로 실력 있고 꼼꼼한 과학자라면 조금은 영향을 줄 수 있었을 것이다. 하지만 그는 그러지 못했다. 그리피스는 1941년 4월 나치 폭격기의 런던 대공습으로 사망하고 만 것이다.

독감 바이러스의 규명과 백신 생산

적을 알아야 이긴다. 그리고 결국 시간이 지나면서 독감 바이러스의 정체가 밝혀진다. 1890년대부터 바이러스가 질병을 일으킨다는 사실 정도는 알려져 있었는데, 1930년대에 접어들면서 독감의 원인 바이러스 역시 규명된 것이다. 다음은 배양이다.

배양을 해야 백신을 만든다. 아무렇게나 잘 자라는 균과는 달리 바이러스는 무척이나 까다로워서 배양에 어려움을 겪었다. 바이러스를 키우기 위해 동물에 접종하는 것은 무리가 많았다. 사람에게서 잘 자라는 바이러스가 동물에게서는 자라지 않는 경우가 많다. 설령 자란다고 하더라도 동물은 성장 속도가 느리고 성장에 노력도 많이 간다. 개에게 접종했는데 개가 물면 큰일이다. 아무리 개를 잘 키우는 사람도 물린다. 윤리적인 문제도 있다.

하지만 어떻게든 사람들은 해답을 찾아냈다. 예를 들어, 닭의 수정란에 바이러스를 접종했을 때 바이러스가 수정란을 살아 있는 개체로 인식해서 잘 자란다는 것을 확인했다. 또는 동물 개체가 아니라 동물 조직의 세포만 떼어낸 후 세포에 접종하는 방식으로도 바이러스를 배양했다. 이러한 학자들의 노력은 독감 바이러스의 배양으로도 이어졌다. 결국 다양한 방법으로 바이러스 기반 백신을 생산해 시판한 것은 1940년대 초반이었다. 제2차 세계대전에 참전한 미군은 이제 막 개발된 독감 백신 덕분에 제1차 세계대전 당시 스페인 독감의 악몽에서 해방될 수 있었다.

독감 치료제가 개발된 것은 그로부터 50년이 지난 1990년대 후반이다. 당시로는 작은 바이오 벤처인 길리어드Gilead사의 연구원이던 재일교포 김정은 박사가 바이러스의 체내 침입 과정을 모방하여 오셀타미비어oseltamivir를 개발했다. 오셀타미비어는 그 전까지 사용되던 항바이러스제에 비해 탁월한 효능과 복용 편의성을 가지고 있었으므로 많은 주목을 받게 되었고, 적절한 개발 과정을 거쳐 로슈Roche사에 기술이전 되었다. 로슈사는 '오셀타미비어'라는 복잡한 이름 대신 '타미플루Tamiflu'라는 친숙한 이름으로 시판했고, 우리는 이 약을 급할 때 처방받아 복용하고 있다. 타미플루의 개발을 바탕으로 로슈사는 2009년 한 해에만 3조 원 이상의 수익을 올렸고, 길리어드사 역시 5,000억 원의 계약금과 연간 1조 원이 넘는 로열티를 벌어들였다. 그리고 C형 간염, 에이즈 등의 후속 치료제를 자체적으로 출시하며 바이러스 치료제 전문 기업으로 자리매김했다. 지금은 길리어드사를 바이오 벤처가 아니라 전 세계 10대 제약회사로 분류하고 있다. 김정은 박사는 길리어드사의 화학 담당 부사장까지 지냈다.

이제 우리는 백신과 치료제를 모두 가지고 있다. 그렇다면 우리는 독감에서 해방되었는가? 안타깝게도 우리는 해마다 독감 백신을 맞아야 하며, 그나마도 예측이 빗나가는 경우가 많아 백신을 맞아야 하는지조차도 매년 고민하게 된다. 독감 바이러스는 헤마글루티닌hemagglutinin, H과 뉴라미니데이즈neuraminidase, N라는 특징적인 단백질의 변이에 따라 분류된다. H는 18개, N은 11개의 돌연변이가 알려져 있다. 이론적으로 198개(18×11개)의 돌연변이가 가능한데, 실제로 모든 경우의 돌연변이가 다 나온 것은 아니므로 지금은 100여 종의 돌연변이가 있는 것으로 판단하고 있다. 하지만 H와 N의 돌연변이 수도 점차 늘어나므로 돌연변이 또한 늘어날 것이다.

100개가 넘는 변종은 치사율이나 전파 속도에서 모두 차이가 있다. 물론 A형 독감, B형 독감 등으로 크게 나눌 수는 있으나 세부적으로는 다르다. 독감 바이러스의 정체가 밝혀질 당시만 해도 문제가 해결되는 줄 알았겠지만, 다양한 독감 바이러스 군집은 우리의 섣부른 희망을 비웃고 있었던 것이다. 그렇다면 스페인 독감과 같은 치명적인 바이러스가 다시 출몰할 우려는 없을까?

스페인 독감과 생물학무기

앞서 언급했듯이, 독감 백신은 1940년대 중반 이후 개발되었다. 하지만 독감은 다양했고, 이 독감 백신이 스페인 독감 바이러스에도 효과적이라는 보장 역시 어디에도 없었다. 그렇다면 돌고 돌아 스페인 독감이 다시 전 세계에 창궐할 때 우리는 잘 방어해 낼 수 있을까? 지금도 이렇게 걱정하는 사람이 많은데 제2차 세계대전 직후에는 오죽했을까? 더군다나 막 냉전이 시작되고 있었고, 소련에서는 스페인 독감으로 45만 명이 죽었다. 그리고 그중 상당수의 사체는 시베리아 벌판 아래 얼어 있다. 소련이 저 사체들을 끄집어내서 독감 바이러스를 분리한다면 어떻게 될까? 1950년대는 바이러스의 배양과 백신 개발이 가능한 시대였다. 소련이 무시무시한 스페인 독감 바이러스를 분리하고 자국민에만 백신을 맞힌 뒤 생물학무기로서 미국을 공격한다면 어떻게 될까? 실제 소련은 순식간에 원자폭탄을 제조하면서 자국의 기술력이 미국에 비해 결코 뒤떨어지지 않음을 보여주었다. 나중 일이기는 하지만 인공위성으로 우주에 사람을 먼저 보낸 나라도 소련 아닌가?

미국에서도 이와 같은 상황을 심각하게 바라보고 있었다. 교전이라면 대응할 방도가 있는데 냉전이라면 이야기가 다르다. 더군다나 이런 상황에서의 생물학무기는 비대칭 전력이 될 수 있다. 미국은 생물학무기를 막을 방법을 찾아야 했다. 그러려면 스페인 독감으로 죽은 사체를 구해야 했다. 그런데 그것을 30년이나 지나서 어떻게 찾을 수 있다는 말인가? 더우면 시체도 썩는다. 그리고 미국은 소련보다 더운 나라다.

그런데 미국도 그런 땅이 있다. 알래스카. 소련이 미국에 별 쓸모 없다고 팔았던 그 알래스카가 미국 땅이다. 석유가 나와서 대박이 났는데 이런 전략적 용도가 있을 줄이야. 아무런 외교적 마찰 없이 자국 연구진을 파견해 원하는 만큼 사체를 찾고 바이러스 샘플을 확보할 여유가 있다. 잘만 하면 소련보다 먼저 연구를 진행해 오히려 소련을 압박할 수도 있다. 최소한 자국을 방어할 수단 하나는 확보할 수 있을 테다. 이제 누군가 실행에 나서기만 하면 된다. 영웅이 필요하다.

요한 훌틴

1951년 당시 요한 훌틴Johan Hultin은 1925년 스웨덴에서 나고 자란 26세의 의대생이었다. 부푼 꿈을 안고 미국 아이오와대학의 박사과정 대학원생으로 온 지 2년도 되지 않아 뉴욕의 저명한 바이러스 학자 윌리엄 헤일William Hale을 만나 식사하게 된 것은 꿈만 같은 일이었을 것이다. 그리고 그 자리에서 "스페인 독감 사체를 찾기 위해 영구동토층으로 가야 한다"라는 이야기를 듣는 순간 원인 모를 사명감이 생겼던 것 같다. 이 사명감은 막연하게만 느껴지던 박사과정의 연구 주제로 자리 잡았다. 그는 어느덧 알래스카 지도를 펼쳐서 보고 있었고, 알래스카에 도착해 있었다.

홀틴이 도착한 지역은 알래스카 중에서도 북쪽, 정확히는 브레빅 미시온Brevik Mission이라는 지역이었다. 많은 사람들이 관광과 휴양을 목적으로 떠나는 주도 앵커리지와는 비교도 안 될 정도로 척박한 토양. 그 땅에 사람이 살고 있었다. 그리고 죽었다. 스페인 독감이 들이닥쳤을 때 주민 80명 중 72명이 사망한 지역이다. 그리고 당시 관습에 따라 2미터 정도의 구덩이를 파고 사체를 매장한 지역이기도 하다. 이제 이 지역을 발굴해 사체를 확보하고 비교적 온전해 보이는 조직을 떼어내 밀봉한 후 배송하면 된다.

인근 알래스카 대학생들의 도움을 받아 다섯 구의 사체를 찾는 데 성공했다. 지역 주민이 협조했기에 가능한 일이기는 했다. 물론 협조를 가능하게 했던 데는 홀틴의 자세 또한 크게 기여했다. 홀틴은 지역 주민을 만나서 하고자 하는 바에 대해 진심으로 설명했고, 사체를 훼손하게 되는 과정에서 최대한의 예를 다했다. 사체 발굴을 앞두고서는 지역 주민과 함께 추도회를 여는 성의도 보였다. 그리고 사체 발굴 후 다시 매장하는 과정에서 훼손된 관을 새것으로 바꾸는 세심함도 더했다. 이러한 성의는 훗날 홀틴에게 큰 도움이 되었다. 어쨌든 지금은 발굴한 사체에서 바이러스를 분리하는 것이 중요했다. 그런데 생각보다 일이 복잡했다. 고생 끝에 확보한 폐 조직이 생각보다 심하게 상해 있었던 것이다.

보통 시베리아나 알래스카라고 생각하면 땅이 완전히 얼어 있을 것 같지만 그렇지 않다. 그래도 북반구에는 보통 여름이 있고 여름이 되면 땅이 녹는다. 그리고 그 위에 사람이 산다. 지금도 냉동실에 얼음 조각을 여러 개 넣어두면 어느 순간 커다란 덩어리로 변해 있는 것을 볼 수 있다. 비슷한 이치다. 완벽히 얼어 있다고 생각한 곳도 주기적으로 얼고 녹는다. 정말로 완벽히 1년 내내 얼어 있는 지역이라면 사람이 살 수 없다. 사체가 묻혀 있는 지역이라면 어느 정도 땅이 해동되는 기간이 있다. 심지어 홀틴이 브레빅 미시온 이전에 발굴하고자 도착했던 다른 두 마을은 이미 영구동토층이 아닌 평범하게 추운 지역이었다.

브레빅 미시온은 그나마 나았다. 영구동토층으로 분류하고 있었고 땅도 적당히 얼어 있었다. 그럼에도 불구하고 이 지역 역시 계절과 날씨에 따라 땅이 조금씩 얼고 녹는 것을 반복하던 터였다. 하긴, 애초에 사람이 사는데 어떻게 얼음 위에서만 생활하겠는가? 사람은 북극곰이 아니다. 생각해 보면 쉽게 유추할 수 있는 일이다. 스페인 독감으로 죽은 사람을 묻었다는 것은 당시에 땅이 녹아 있었다는 말이기도 하다.

이처럼 얼고 녹는 과정이 매년 반복되는 것은 조직 보존에 그렇게 바람직한 여건이 아니다. 세포가 녹을 때는 얼음 결정이 생기고 그 결정이 세포막을 물리적으로 터뜨리게 된다. 그래서 초기에는 비교적 온전했을 조직이 막상 발굴했을 때는 그다지 의미 없는 조직으로 훼손되어 있었던 것이다.

여기까지 왔는데 훌틴도 포기할 수는 없었다. 그나마 괜찮아 보이는 샘플을 취해서 대학 연구실로 돌아왔다. 그리고 바이러스를 배양하기 위해 닭의 수정란에 이 샘플을 주입했다. 바이러스가 살아 있다면 수정란 속에서 증식할 것이다. 그러면 양이 늘어날 것이고 언젠가는 분리와 분석이 가능할 정도의 양을 얻을 수도 있을 것이다. 훌틴의 인터뷰에 따르면 그는 잠도 제대로 자

그림 1951년의 발굴단과 요한 훌틴(가장 왼쪽)

지 못한 채 흥분해서 다음 날 새벽 실험실로 출근했다고 한다.

하지만 바이러스는 증식하지 않았다. 닭의 수정란은 아무 일 없다는 듯 놓여 있었고 어떠한 변화도 관찰되지 않았다. 불굴의 홀틴은 좀 더 직접적 배양 방식인 기니피그나 쥐, 앵무새 등을 이용해 바이러스 배양을 시도하기도 했다. 혹시 아는가? 조건이 좋으면 바이러스가 증식할지. 하지만 역시 바이러스는 증식하지 않았다. 바이러스는 죽어 있는 것이 분명했다.

당시 기술로는 죽어 있는 바이러스를 분석할 수 있는 기법이 없었다. 지금이야 여러 가지 방법으로 유전자를 증폭할 수 있지만, 당시에 쓸 수 있는 유일한 방법은 살아 있는 바이러스를 키우는 방법밖에 없었다. 사실 이 방식은 극도로 위험한 방식이기는 하다. 바이러스가 유출된다면 스페인 독감이 대학 실험실에서 재현될 수 있기 때문이다. 그래서 지금 이런 실험을 하기 위해서는 고도의 설비가 갖춰진 실험실에서 전문가가 수행해야만 한다. 영화에서나 보는 그런 실험실을 상상하면 된다. 정작 홀틴은 이런 측면에 대해서는 전혀 고려하지 않았다고 한다. 어떻게 보면 홀틴이 가져온 바이러스가 죽어 있었던 것이 다행이기도 하다.

결국 홀틴은 원하는 결과를 얻지 못했다. 바이러스 샘플은 명백하게 죽어 있었다. 그나마 다행인 것은 소련도 비슷한 상황일 것이라는 것. 온전한 사체가 묻혀 있는 영구동토층은 없다. 묻혔다는 것은 여름을 거치면서 훼손된다는 것을 뜻한다. 그 훼손된 샘플을 분석할 만한 기술은 당시 지구상 어디에도 없었다. 잊지 말자. 당시는 1951년이다. DNA가 유전정보인지 아닌지로 토론하고 있을 때였다.

괄목상대

다행히도 스페인 독감이 다시 찾아오거나 스페인 독감을 생물학무기로 사용해 냉전 체제를 뒤흔드는 일은 일어나지 않았다. 많은 사람들은 세대가 지나면서 스페인 독감을 더는 두려워하지 않았고 오히려 암이나 에이즈, 고혈압 같은 질환에 관심을 가지게 되었다. 하지만 모든 사람들이 경계를 게을리한 것은 아니었다. 미군 병리학 연구소의 제프리 타우벤버거Jeffery Taubenberger는 여전히 스페인 독감의 원인 바이러스를 분리하려 하고 있었다.

1989년 개혁, 개방의 바람과 함께 공산권이 붕괴하면서 당분간 미국을 견제할 만한 세력은 없었다. 물론 그 와중에도 걸프 전쟁 등이 발발했으나 조기에 종료됨으로써 미국의 패권을 더 강화하는 계기가 되고 말았다. 자연스럽게 미군 병리학 연구소의 예산도 삭감될 위기에 처했는데 다행히 스페인 독감의 원인체를 밝히려는 대규모 연구는 진행되었다. 생물학무기로서 스페인 독감은 여전히 두려운 존재였다.

1995년 타우벤버거는 그간 병리학 연구소에서 일하면서 쌓은 노하우를 바이러스의 '끝판왕'이라고 할 수 있는 스페인 독감에 적용하고자 했다. 그런데 샘플은 어디서 얻을 수 있다는 말인가? 이미 80년이 지난 사체에서 좋은 바이러스 샘플을 얻을 수 있을까? 50년 전 알래스카에서도 얻지 못한 샘플을? 그러나 타우벤버거는 믿는 구석이 있었다. 50년이 지났다. 1951년의 발굴 기술과 1995년의 발굴 기술은 차원이 다르다. 그리고 그동안 유전자 관련 기술은 더욱 비약적으로 발전했다.

예를 들어, 1993년에는 중합효소연쇄반응polymerase chain reaction이 노벨상을 받았는데, 이는 보통 'PCR'로 부르는 기법으로서 극미량의 유전자도 증폭해 후속 연구를 가능하게 하는 방법이다. 코로나19 검사를 위해 우리가 일일이 피를 뽑지 않아도 되는 이유, 화성연쇄 살인범을 이제야 특정할 수 있게 된 이유가 모두 PCR 덕분이다. 이러한 기법은 1995년 타우벤버거도 숙지하고 있던 기술이었다. 그밖에도 각종 독감 바이러스의 정보가 많이 축적되어 있었기 때문에 티끌만큼의 스페인 독감 바이러스 정보만 있어도 지문을 확인할 수 있었다. 더 이상 과학계는 예전만큼 어리숙하지 않았다.

그렇다고 해도 그 티끌만큼의 좋은 샘플을 구하기가 쉽지는 않았다. 사체가 오염되어 버리면 바이러스 정보가 파괴될 뿐만 아니라 다른 미생물이 들어오면서 연구진을 속이고는 한다. 최소한도로 깨끗한 바이러스 감염 조직을 구해야 하는데, 기술이 발전한 만큼이나 시간이 너무 지나버린 것이다. 꼭꼭 숨어버린 범인과 범인을 찾아내고자 하는 하이테크 형사들. 집요한 추적이 시작되었다.

로스코 본Roscoe Vaughn 일병은 운이 없었다. 그는 제1차 세계대전 참전을 위해 사우스캐롤라이나주의 포트 잭슨에 설치한 신병 훈련소에 입대했으나 독감에 걸리고 말았다. 간단한 독감으로 여기기에는 주위에 안 좋은 환자들이 너무 많았고, 적절한 조치를 기다리기에는 쓸 수 있는 방법이 별로 없었다. 안타깝게도 본 일병은 스페인 독감 발병 일주일 만인 1918년 9월 26일 사망했다. 그런데 무명 용사로 묻힐 뻔한 본 일병은 타우벤버거 연구팀의 집요한 추적 끝에 역사에 남게 된다. 본 일병의 폐 조직에서 그나마 흔적이 남아 있던 스페인 독감 바이러스 샘플을 구하는 데 성공한 것이다. 100여 구의 사체를 발굴하고 70여 개의 폐 조직을 떼어내서 13개의 바이러스 샘플을 조사한 끝에 얻은 실낱같은 희망이었다.

로스코 본 일병의 샘플이라고 완벽한 것은 아니었다. 끔찍할 정도로 오염되어 있었지만 그래도 분리가 가능한 유전자가 조금 남아 있었다. 물론 분석을 위해서는 여전히 많은 후반 작업이 필요했다. 적절한 방식으로 유전자를 분리하고 증폭해 기존의 데이터와 비교하면서 그 치명적인 독감 바이러스의 특징이 그간 알려진 독감 바이러스 데이터베이스 중 H1N1 바이러스와 일치한다는 사실을 밝히고, 이를 1997년 《사이언스Science》에 발표했다. H1N1 바이러스라면 돼지나 사람을 매개로 전파되는 바이러스다. 스페인 독감은 조류독감도, 철새가 매개체인 질병

그림 스페인 독감 유전자 서열을 분석하는 타우벤버거(왼쪽)와 동료 앤 리드

도 아니었던 것이다. 최초의 원인이 사람인지 돼지인지는 알 수 없으나 대비책을 위한 실마리는 어느 정도 나왔다. 그리고 이 논문을 주의 깊게 본 사람 중 한 명이 타우벤버거에게 직접 연락을 해온다. 요한 훌틴이다.

시간이 지나도 퇴색되지 않는 열정

요한 훌틴이 누구인가? 26세가 되던 해에 알래스카까지 가서 바이러스 샘플을 구하려고 했으나 영구동토층의 한계로 인해 실패한 바로 그 청년 아닌가? 1997년 세상을 놀라게 한 타우벤버거 연구팀의 논문이 발표되었을 때 훌틴은 72세의 은퇴한 학자였다. 그러나 은퇴했다고 해서 열정이 사라지지는 않았다. 훌틴은 자신이 20대 때 꾸었던 꿈을 다른 사람이 실현해 나가는 것을 보고 희열을 느꼈다.

홀틴이 보기에 타우벤버거 연구팀의 논문은 불완전했다. 기존에 있던 100여 개의 독감 바이러스 정보와 대조하면서 H1N1이라고 했는데, 애초에 로스코 본 일병의 바이러스 샘플은 심하게 훼손되어 있었고 그들이 확인한 유전자 염기 서열은 140쌍이 되지 않았다. 독감 바이러스 유전자의 염기 서열은 1만 3,500개가 넘는다. 기능으로 분류해도 여덟 개의 유전자단gene segment이 존재하는데 타우벤버거는 헤마글루티닌 하나를 부분적으로 본 것이었다. 장님이 코끼리를 만진 것은 아닐까? 타우벤버거가 헤마글루티닌 유전자를 분석한 것은 정확했지만, 혹시 타우벤버거의 결론이 잘못되었을 수도 있지 않을까? 예를 들어 스페인 독감 바이러스는 H1N1의 특징적인 패턴을 가지는 새로운 바이러스일 수도 있지 않을까?

애초에 로스코 본 일병이 스페인 독감으로 죽은 것은 확실한가? 여러 가지 정황상 그렇게 생각하는 것이 합리적이지만, 그래도 스페인 독감이 H1N1이라고 결론 내리기 위해서는 더 많은 사례를 통한 검증이 필요했다. 다른 샘플들을 구해서 검증한다면 훨씬 더 공신력 있는 연구 결과를 내놓을 수 있을 것이다.

홀틴은 타우벤버거에게 서신을 보냈다. 본인이 1951년에 진행한 프로젝트를 이야기하고 그 지역을 다시 한번 방문해 매장된 사체에서 샘플을 채취해 전달할 테니 분석해 줄 용의가 있는지 타우벤버거에게 문의한 것이다. 물론 알래스카에서 얻는 샘플이 좋을 가능성은 그리 크지 않았다. 전에도 실패하지 않았는가? 하지만 발굴 기술이 좋아지기도 했거니와 분석 기술도 발달한 1990년대다. 적어도 미국 본토에서 얻은 바이러스 샘플보다는 온전하지 않을까?

타우벤버거는 흔쾌히 동의했다. 좋은 샘플이 있다는데 달나라라도 못 가겠는가? 타우벤버거는 연구비를 신청할 테니 함께 가자고 훌틴에게 편지를 보냈다. 연구비 심사를 마치고 실제 집행을 한다면 다음 해에는 타우벤버거와 훌틴이 같이 발굴을 진행할 수 있을 터였다. 그런데 훌틴의 답장에는 생각지도 못한 답이 적혀 있었다. "다음 주는 조금 무리이니 2주 뒤에 갑시다"라고 답한 것이다. 연구비고 뭐고 다 필요 없으니 그냥 자기 돈으로 가겠다는 뜻이었다. 그의 열정은 진심이었다.

실제로 훌틴은 그해 여름 준비를 마치고 사비로 브레빅 미시온을 찾았다. 26세의 파릇파릇한 청년은 어느덧 흰머리가 가득한 70대의 노년이 되었지만 열정은 그대로였다. 46년 만에 다시 방문한 이 노인을 현지 주민은 따뜻하게 대해주었다. 이런 환대가 가능했던 이유는 그가 1951년 사체를 발굴하러 왔을 때 보여준 진지하고 성실한 태도를 사람들이 기억하고 있었기 때문이다. 1997년 발굴을 도운 사람은 1951년 발굴을 목격한 사람의 손녀딸이었다. 세대를 거슬러 훌틴은 뜻깊은 협조를 받았다.

훌틴은 현지인들의 협조를 얻어 적절한 추모식을 연 후 사체를 발굴하기 시작했다. 예전에는 깊이 파고 내려가지 못했지만, 깊이 발굴할수록 조금 더 온전한 관이 나타났다. 그리고 그 관

그림 1997년 발굴장에서의 요한 훌틴

에서 30대로 추정되는 비교적 비만한 여성의 사체를 찾아냈다. 이름도 없던 이 시신에 훌틴 발굴팀은 '루시Lucy'라는 이름을 붙였다.

영구동토층이라고 해도 여름이면 땅이 녹고 이는 사체 훼손의 주된 요인이 된다고 했던 것을 기억하자. 루시라고 샘플이 온전했을까? 그런데 루시는 비교적 지방질이 풍부한 사체였다. 지방은 어는점이 높다. 즉, 땅이 녹는 여름이 오고 온도가 올라가 사람들이 살 만한 기후가 되어도 땅속의 루시와 루시의 지방질은 얼어 있었던 것이다. 그렇게 훌틴은 루시에게서 바이러스에 감염된 것으로 보이는 샘플을 네 군데 채취해서 타우벤버거에게 보냈다. 혹시라도 모를 배송사고에 대비해서 이 귀하디귀한 네 개의 샘플은 각각 다른 방법으로 보냈다.

검증과 확인

좋은 샘플을 확보한 타우벤버거는 지체 없이 분석에 들어갔다. 그리고 얼마 지나지 않아 로스코 본 일병에게서 얻은 바이러스 정보와 루시에게서 얻은 바이러스 정보가 일치함을 확인했다. 전혀 상관없는 두 샘플에서 얻은 유전자 정보가 동일하다면 맞다고 봐야 할 것이다. 루시를 통해 얻은 바이러스 유전자 정보 역시 로스코 본 일병의 유전자 정보만큼 훼손되어 있었다. 하지만 동일한 바이러스라는 것을 확인하는 데는 별로 문제가 되지 않았다. 스페인 독감은 H1N1이 맞다는 것이 확인되었고, 이러한 결과는 다시 세계로 알려졌다. 이후 추가 사체 발굴과 염기 분석을 통해 여덟 개의 유전자단에 대한 염기서열 분석을 모두 완료했고, 이 결과는 2005년에 발표되었다. 사람들은 스페인 독감 바이러스를 완전하게 만들어 낼 수 있었다.

타우벤버거 연구팀은 그동안 확보한 유전자 정보를 바탕으로 바이러스를 제조했고 실험실에서 태어난 이 괴물을 쥐에게 접종했다. 그리고 90년 만에 세상에 나와 어리둥절한 이 바이러스는 아무 일도 없었다는 듯이 쥐를 가볍게 살해했다. 여전히 무서운 바이러스였다.

타우벤버거와 홀틴의 연구로 스페인 독감의 정체가 밝혀지고 난 후, 우리는 다양한 괴질 때문에 두려움에 떨어야 했다. 홍콩 독감, 사스SARS, 메르스MERS 등의 전염병이 퍼질 때마다 스페인 독감을 걱정했는데, 코로나19가 창궐하고 난 뒤로는 그러한 걱정이 현실이 된 것 같아 안타까울 따름이다.

우리는 지난 100년간 스페인 독감의 트라우마를 극복하기 위해 노력하고 또 노력했다. 그 과정에서 기초과학이 발달하기도 했고, 공동묘지에서 시체를 꺼내는 수고를 하기도 했으며, 누군가는 알래스카의 혹독한 오지를 두 번이나 방문하기도 했다. 이러한 노력이 있었기에 코로나19라고 하는 팬데믹을 맞아서도 전례 없이 빠른 속도로 백신을 개발했고, 환자들을 관리하고 있으며, 치료제 개발에서도 가시적인 성과를 거두고 있다. 그러나 100년 전과는 달리 세계는 가까워졌고 당시와는 비교도 할 수 없을 정도로 빠르게 바이러스가 대륙을 가로지르며 무고한 사람들을 유린하고 있기도 하다. 지난 100년간의 발전은 우리에게 유리한 것일까? 바이러스에게 유리한 것일까?

코로나19가 언제 종식될지를 단언하는 것은 쉽지 않은 일이다. 하지만 분명하게 말할 수 있는 것이 하나 있다. 언젠가 우리가 마스크를 벗고 자유로이 교류하며 코로나19 종식을 선언하는 날이 온다면, 그것은 스페인 독감으로부터 배운 교훈이 있었기에 가능하다는 사실이다. 스페인 독감으로 희생당한 사람들과 그들의 발자취를 쫓아온 사람들을 다시금 떠올려 본다.

훌틴은 2022년 1월 22일, 97세를 일기로 자택에서 영면했다. 그의 노고와 열정에 깊은 존경을 보낸다.

의외로 바이러스 치료제는 거의 없다. 감기도 바이러스지만 감기약은 바이러스를 죽이지 못한다. 증상을 가라앉히면서 우리 몸의 면역세포가 감기 바이러스를 죽일 때까지 기다려야 할 뿐이다. 그 기간이 대략 일주일인데, 감기가 낫는 기간과 비슷하다. 그런데 일주일 만에 낫지 않는 바이러스 질환이라면, 우리가 언제까지 기다리고 있을 수만은 없다. 그러다 죽는다. 그래서 증상이 심한 바이러스 질환에 대해서는 치료제를 개발하려고 시도하지만 생각보다 쉽지 않다.

일단 바이러스는 너무 작아서 공격할 포인트가 적다. 바이러스와 대비되는 박테리아의 경우 세포벽도 있고, 표적 단백질도 많고, 유전자도 있어서 그럭저럭 타깃이 될 만한 지점이 꽤 있다. 하지만 바이러스는 생물과 무생물의 경계에 있으면서 자기만의 유전정보와 최소한의 단백질로 무한히 증식하려고 한다. 그만큼 우리가 공격하기 어렵다.

다행히 100년 넘게 바이러스에 대해 연구하면서 일부 질환에 대해서는 바이러스 치료제가 나와 있다. 치료제라기보다는 대부분 바이러스 증식을 억제하고 결국 면역세포가 죽이게 되지만, 넓은 의미에서는 치료 효과를 보니까 치료제라고 통칭해서 설명했으면 한다.

독감 바이러스는 본문에도 언급한 것처럼 타미플루를 이용해 대처할 수 있다. 독감 바이러스가 증식하는 과정에 필요한 단백질을 억제하는 기전으로 개발되었다. 2019년에는 바이러스 유전자 증식을 억제하는 기전으로 조플루자 Xofluza라는 의약품이 국내에서 승인되었는데, 타미플루 이후 20년 만의 독감 치료제여서 관심을 모으고 있다. 하루 두 알씩 5일 동안 꼬박 먹어야 하는 타미플루에 비해 한 번만 투여해도 되는 복약 편의성도 있다.

C형 간염 치료제도 개발되었다. 2010년대에 들어서면서 C형 간염 바이러스를 직접 공격하는 치료제들이 혁신적으로 개발되었다. 이제는 3개월만 치료하면 99퍼센트의 완치율을 보인다고 하니 혁신이 맞다. 여기에는 이 바이러스의 특성에 관한 기초 연구가 결정적인 도움을 주었다. 2020년 노벨생리의학상은 이러한 연구를 수행한 세 명의 학자들에게 수여되었다.

B형 간염 치료제는 C형에 비해 개발이 더디다. 완치는 힘들지만 약을 먹으면서 어느 정도 관리 가능한 수준까지 오기는 했다. 오히려 B형 간염은 치료제보다는 백신에 의존하는 경향이 크다. C형 간염은 RNA 바이러스여서 돌연변이가 많고 그만큼 백신 개발이 어렵다. 하지만 B형 간염은 DNA 바이러스여서 돌

연변이가 상대적으로 적고 백신 개발에도 용이하다. 지금은 어릴 때부터 B형 간염 백신을 접종하도록 하고 있다. 참고로 B형 간염과 관련한 연구도 노벨생리의학상을 받았다. 1976년이다.

에이즈 치료제도 많이 개발되어 있다. 이제 에이즈는 관리만 잘하면 무난하게 살아갈 수 있는 질환이 되었다. 다만 에이즈 바이러스HIV의 완치는 극도로 어렵다. 지금까지 완치된 경우는 딱 두 명밖에 없다. 그런데 이 두 명은 약으로 완치된 것이 아니라 백혈병 치료를 위해 골수 이식을 하는 과정에서 완치되었기 때문에 조금 특수한 경우라고 할 수 있다. 백혈병과 에이즈가 같이 온 암담한 케이스였는데 거꾸로 전화위복이 된 것이다. 유럽 사람들 중에는 에이즈 바이러스가 침입하지 못하는 돌연변이 유전자를 가진 경우가 조금 있다. 기왕 백혈병 치료를 위해 골수를 이식한다면 이 돌연변이를 가진 사람들의 골수를 이식하면서 에이즈도 치료할 수 있지 않을까 생각하면서 이식했는데, 2006년과 2019년 각각 베를린과 런던에서 에이즈를 완치했다고 보고했다. 하지만 골수 이식을 위해서는 여러 가지 조건이 맞아야 하는 만큼 이런 치료법을 일반적인 치료법으로 보기는 어렵다.

일반적인 바이러스 치료제로 한때 각광 받았던 물질이 인터페론interferon이다. 1950년대 중반 일본과 영국의 연구진이 독감 바이러스에 감염된 닭의 수정란은 다른 바이러스에 잘 감염되지 않는다는 것을 독자적으로 발표했다. 독감 바이러스에 감염되면 무슨 일이 일어나는지를 궁금해한 연구진은 수정란에서 분비하는 물질을 분리하기 위해 후속 연구를 진행했는데, 그 작업은 극도로 어려운 것이었다.

결론부터 이야기하자면, '인터페론'이라고 부르는 일종의 면역 호르몬이 나와서 면역을 강화하고 그 결과 다른 바이러스에 감염되지 않는 것이었다. 그런데 이 인터페론의 양이 극미량이어서 당시 기술로는 검출이 쉽지 않았던 것이다. 하지만 많은 학자들이 관련 연구를 진행하면서 결국 원인체인 인터페론을 분리해 발표하게 되었다. 이후 인터페론과 유사한 다른 물질들이 속속 보고되면서 인터페론처럼 면역계에 직접 작용하는 작은 단백질을 사이토카인cytokine으로 분류하게 된다.

인터페론은 폭발적인 주목을 받았다. 박테리아의 경우 페니실린과 같은 항생제로 죽일 수 있지만 바이러스는 그런 물질이 없었다. 그런데 인터페론이 등장한 것이다. 인터페론이 많아지면 다른 바이러스에 감염되지 않는다. 초기 실험처럼 굳이 위험하게 독감 바이러스를 감염시킬 필요도 없었다. 외부에서 인터페론을 만들어서 넣어주면 다른 바이러스에 감염되지 않을 것이 분명했다. 그리고 1980년대에는 인터페론을 생산하는 기술은 가지고 있었다. 바이러스를 모두 죽일 수 있는 '바이러스계의 페니실린'이 등장한 것이다.

이러한 기대에 부풀어 1980년대에 유전공학 붐도 일었고 후속 연구가 많이 진행되었다. 지금도 인터페론은 바이러스 치료에 널리 사용되고 있다. 코로나19가 처음 창궐했을 때 인터페론

요법이 소개되기도 했다. 하지만 인터페론은 '바이러스계의 페니실린'이 되지 못했다. 결정적인 부작용이 있었는데, 면역이 너무 활성화되면 그 자체로 문제가 생겼던 것이다. 급성으로 나타날 때는 '사이토카인 폭풍 cytokine storm'이 나타나 하루 만에 건강한 청년을 죽이기도 했고, 만성으로 나타날 때는 관절염 등 심각한 질환을 초래해 환자와 의료진을 당황시키기도 했다.

면역을 높이려는 목적으로 인터페론을 사용하지만 면역이 높아지면 다시 부작용이 생기는 아이러니 속에서, 인터페론에 대한 기대는 조금씩 낮아지고 있다. 하지만 여전히 해답을 찾기 어려운 바이러스 질환에 대해서는 인터페론을 사용하고 있고 관련 기술도 좋아지고 있다. 사람들은 항상 답을 찾을 것이다. 늘 그래왔듯이.

3부

전쟁이
남기다

선물과 청구서

7장

대륙봉쇄령과 아스피린
그리고 타이레놀

전투의 순간: 트라팔가르해전

넬슨Horatio Nelson 제독은 신호를 보냈다. 기함의 신호에 맞춰 27척의 영국 함대는 과감한 2열 종대 대형으로 프랑스와 스페인 연합함대의 가운데로 돌진해 갔다. 1805년 10월 21일 트라팔가르해전의 시작이었다.

나폴레옹은 영국을 정복하기 위해 스페인 함대와 연합해 해상에서의 경쟁력을 확보하고자 했다. 설령 해전에서 이기지 못하더라도 도버해협에 자신의 군대를 상륙시키기만 한다면 영국을 정복할 자신이 있었기에, 나폴레옹은 해군 육성에 심혈을 기울였다. 단 하루만 영국 해군의 관심을 돌리게 하면 되는데, 그다지 무리한 요구는 아닐 수도 있었다.

하지만 그것은 무리한 요구가 맞았다. 영국 해군은 프랑스가 야심 차게 준비한 스페인과의 연합함대를 하루 만에 괴멸하였다. 프랑스와 스페인 연합함대 33척 중 21척이 영국 함대에 나포되고 연합함대 함장마저도 포로로 잡히는 수모를 겪어야 했다. 반면 영국 함대는 단 한 척도 침몰하거나 나포되지 않았다. 다만 함대 지휘관이었던 넬슨 제독이 사망한 것은 안타까운 일이었다.

당시 넬슨 제독은 자신의 함대를 2열 종대로 편성하여 적진 가운데를 돌파했다. 측면에 있는 대포를 발사하기 위해 횡대로 늘어져 서로 포탄을 날리는 모습이 당시의 일반적인 해전 양상이었다. 그런데 송곳처럼 들어온다고? 프랑스와 스페인 함대 입장에서 본다면 자신들의 대포 앞으로 적들이 일렬로 서서 들어오는 형국이었다. 본인들에게 먼저 공격 순서가 넘어온 셈이었다. 전투에서 선제공격이 얼마나 중요한지를 생각하면 절호의 기회가 아닐 수 없었다. 하지만 그 기회를 놓친다면 영국 함대가 자신들의 대열 가운데를 관통하며 양쪽으로 대포를 발사해 본인들을 전멸시킬 수 있었다.

그런데 넬슨 제독은 자신이 있었다. 자신들의 돌파 속도를 연합함대가 따라잡지 못할 것으로 봤다. 흔들리는 배 위에서 대포를 정확하게 사격하는 것이 쉬운 일도 아니었다. 프랑스 대혁명 이후 급조된 프랑스 함대와 노쇠한 스페인 함대로는 자신들을 명중할 수 없다고 생각했다. 실제로 빠르게 돌파하는 영국 함대를 상대로 연합함대는 제대로 된 대응 사격조차 하지 못한 채 자신들에게 주어진 첫 번째 턴을 넘겨주었다. 그리고 그것으로 전투는 끝이 났다.

트라팔가르해전 이후 나폴레옹은 영국을 무력 정복하는 것에 미련을 버렸다. 이후 장기전을 대비하며 경제적 봉쇄에 나서게 되고 이듬해 대륙봉쇄령을 발표했다. 하지만 이 조치는 나폴레옹 본인의 몰락을 가져오는 계기가 되었다. 동시에 새로운 진통제, 아스피린의 등장을 알리는 시작이기도 했다.

대륙봉쇄령과 해열제 품귀

1806년 11월 프랑스의 나폴레옹이 발표한 대륙봉쇄령의 원칙은 간단했다. "아무도 영국과 거래하지 마." 이에 영국은 답했다. "아무도 프랑스와 거래하지 마." 영국은 유럽의 모든 상선에 대해 프랑스와의 교역을 간섭했다. 초반에는 추가 관세만 부과했지만 나중에는 교역을 금지하는 데까지 이어졌다. 이와 같은 상호 봉쇄령에 누가 더 타격을 입었을까? 프랑스였다. 영국은 해외에 막대한 식민지가 있었고, 산업혁명을 통한 값싼 공산품이 있었으며, 결정적으로 강력한 해군이 있었다. 애초에 해군이 약한 프랑스가 어떻게 해상을 봉쇄하겠는가? 다시 말하지만 당시 바다는 육지보다 운송이 쉬운, 일종의 고속도로로 여겨지고 있었다. 하지만 프랑스와 영국의 경제 전쟁에서 가장 고생하는 쪽은 다른 나라들이었다. 일부는 프랑스 몰래 영국과 교류하며 숨 쉴 틈을 마련했는데, 독일(당시 프로이센)은 바다를 통한 교역이 쉽지 않았던 탓에 이런 밀무역마저 어려웠다.

이런 상황에서 독일은 신코나 가루의 재고가 소진되었다. 당시 사람들은 신코나 가루를 해열제로 사용하고 있었다. 엄밀히 말해 신코나 가루는 말라리아 치료제지만, 말라리아의 고열 증상을 해결하는 것을 본 사람들이 다른 고열 증상에도 그냥 신코나 가루를 쓰고는 했었다. 해열제가 딱히 없던 시절임을 감안하자. 해열제가 필요해지자 독일의 학자들은 신코나 가루를 대체할 수 있는, 그리고 쉽게 공급할 수 있는 해열제를 찾게 되었다. 열심히 문헌을 뒤진 결과 그들은 1763년 영국의 에드워드 스톤Edward Stone이라는 성직자가 버드나무 껍질 추출액을 해열제로 사용한 기록을 보게 되었다. 그 전에는 무심코 넘겼던 기록이지만, 신코나 가루의 공급이 끊긴 상황에서 그들은 본격적으로 그 기록을 검증했고 그렇게 버드나무 껍질을 아쉬운 대로 사용했다.

이후 나폴레옹이 실각하고 대륙봉쇄령이 풀렸지만, 남아메리카에서 실어 오는 신코나 가루는 여전히 비쌌다. 반면 버드나무 껍질은 주변에서 쉽게 구할 수 있었다. 이제 독일 학자들은 버드나무 껍질에서 해열 효과를 보이는 물질이 무엇인지 궁금해졌다. 마침 1800년대 초반은 약초에서 주성분을 분리하는 연구가 유행하던 때였다. 아편에서 모르핀이, 신코나 가루에서 퀴닌이 분리된 때가 각각 1804년, 1820년이었다. 화학적으로도 기구가 개발되고 도제 시스템이 정착되면서 노하우가 조금씩 축적되던 순간이었다.

1828년 요한 부흐너Johann Buchner라는 뮌헨의 약물학 교수가 드디어 버드나무 껍질에서 해열 효과를 내는 주성분을 분리했다. 그는 이 물질에 '살리신salicin'이라는 이름을 붙였는데, 분리 효율은 그다지 좋지 않았던 것으로 전해진다. 그러나 5년 뒤 하인리히 머크Heinrich Merck가 추출법을 개선하면서 살리신이 크게 유행하기 시작했다. 당장 하인리히 머크는 독일 다름슈타트 지역에서 약국을 운영하고 있었는데 이제 그 약국 고유의 비방이 생긴 셈이었다. 버드나무 껍질은 주성분 함량이 지역마다 다르고 추출하는 과정에서 순도에 차이가 나서 효과를 예측할 수 없는 경우가 많다. 하지만 분리 과정이 확립되면 순수한 물질을 약장에 보관할 수 있으므로 사람 몸무게에 맞춰 조제만 하면 되는 셈이었다. 이후 머크는 약국 의약품 판매보다 원료 의약품 생산에 주력하며 지금의 거대 제약회사이자 화학회사인 머크Merck사를 일궈내는 데 성공했다.

살리실산

살리신은 다시 한번 진화한다. 1838년, 24세의 젊고 야심 찬 약물학자 라파엘 피리아Raffaele Piria는 버드나무 껍질에서 고생 끝에 추출한 살리신에 산과 열을 가해 가수분해를 하고 산화반응까지 수행하면서 당시로서는 처음 보는 물질을 분리했다. 산화

그림 귀한 살리신에서 살리실산을 제조하는 반응

를 거쳤으므로 화합물이 산성 작용기를 가진 것은 분명했고 살리신에서 나온 물질이었으므로 '살리실산salicylic acid'이라는 이름을 붙였다. 이 물질은 기존의 살리신보다 해열 효과나 진통 효과가 좋았다. 그래서 관절염에도 어느 정도 사용이 가능했고 살리신보다 더 유명해지게 되었다. 단점도 물론 있었다. 화합물이 비싸다는 것. 버드나무 껍질 추출액이나 살리신만 해도 충분히 비쌌는데 여기에 부가가치가 더 붙은 화합물이니 어쩔 수 없었다.

이러한 가격 문제는 1859년 살리실산을 화학적으로 합성하는 방법이 알려지면서 완전히 해결되었다. 독일의 화학자인 헤르만 콜베Hermann Kolbe와 그의 조수인 루돌프 슈미트Rudolf Schmitt는 석유산업의 부산물인 페놀에 간단한 시약인 수산화나트륨과 이산화탄소를 가하고 열을 가하면 살리실산이 만들어진다는 것을 발표해서 세상을 놀라게 했다. 이 과정이 놀라운 이유는 세 가지다.

우선, 그 전까지 살리실산을 얻기 위해서는 버드나무를 찾아 껍질을 분리하고 물과 유기용매 등으로 살리신을 분리한 후 가수분해를 하고 산화반응을 수행하는 번거로움을 감내해야 했다. 그런데 그럴 필요 없이 화학자들이 손쉽게 그 귀한 살리실산을 만드는 방법을 개발한 것이었다. 값싼 것을 더 좋은 것으로 만들어 비싸게 파는 것이 사업의 본질이다. 의약품 생산이라고 특별히 다를 것은 없다. 이 방법이 개발되면서 살리실산의 가격이 기존의 10분의 1로 내려갔다. 이처럼 가격이 내려가면 관련 연구자들 입장에서도 연구할 수 있는 여지가 많아진다. 예나 지금이나 연구비는 부족하다.

두 번째 이유는 당시의 화학 기술이 지금과는 비교도 안 될 정도로 열악했기 때문이다. 드미트리 멘델레예프Dmitri Mendeleev가 주기율표를 제안한 것이 1869년이다. 원소가 가지는 기본 특성에 대해 제대로 알지도 못하던 시절에 얻은 쾌거이니 교과서에 실리는 것도 무리는 아니다. 오늘날 우리는 이 반응을 콜베-

그림 값싼 페놀에서 살리실산을 생산하는 과정

슈미트Kolbe-Schmidt 반응이라고 부르며 일반화학 시험 문제로 만나고 있다.

이 반응이 가지는 세 번째 의미는 살리실산의 구조를 파악했다는 점이다. 그 전까지는 구조를 모르는 채 약으로 썼다. 효과만 좋으면 되니까. 그런데 이제 구조를 파악하게 되니 간단한 변형을 가해서 더 좋은 물질로 개선할 수 있는 여지가 생겼다. 그전에는 자연, 즉 버드나무가 주는 물질을 고생 끝에 분리해서 썼다면, 이제 더는 버드나무 껍질을 벗기러 장비 챙겨 떠날 필요가 없게 되었다. 화학 공장으로, 부설 연구소로 출근해서 어떻게 구조를 변경할 것인지를 고민하면 될 일이었다.

아세틸 살리실산

펠릭스 호프만Felix Hoffmann은 그렇게 구조를 변경하던 사람이었다. 그는 1897년 바이엘사에서 의약품 개발을 수행하고 있었는데, 목표는 좋은 진통제를 찾는 것이었다. 당시 살리실산은 많은 사람들이 사용하던 진통제였다. 특히 관절염으로 고생하던 사람들이 살리실산을 정기적으로 복용했다. 관절통을 줄이는 데 이만한 물질이 없었다. 다만 정기적으로 복용하기에 아쉬운 점이 한 가지 있었는데 바로 약이 쓰다는 점이었다. 약간 쓴 정도가 아니라 심각하게 써서 구역질을 유발할 정도였다. 마침 호프만의 아버지도 같은 불편을 호소하고 있었다. 호프만으로서는 회사 일이 곧 집안일이 되는 상황이기도 했다.

호프만은 1853년 살리실산에서 아세틸 살리실산acetyl salicylic acid을 만든 것을 알고 있었다. 하지만 당시 살리실산은 쉽게 접근하기 힘든 물질이었고 후속 연구 또한 이루어지지 않고 있었다. 또한 1853년에 만들었던 아세틸 살리실산은 분리가 힘들고 생산에서 재현성이 떨어졌기 때문에 한계를 보이고 있었다. 1897년 8월 10일, 호프만은 아세틸 살리실산을 다시 만들어 볼 생각에 살리실산에 무수 아세트산acetic anhydride을 가하는 훨씬 쉬운 방법으로 아세틸 살리실산을 분리했다. 이 방법은 간단하고 안전한 방법이어서 지금도 고등학교나 대학교 화학 실습에 자주 등장하는 의약품 생산 공정이다. 그리고 그의 실험노트에 기재된 1897년 8월 10일은 아세틸 살리실산이 태어난 날로 기념하고 있다. 이후 바이엘사는 호프만이 합성한 화합물을 이용해 1853년에 하지 못한 동물실험과 임상시험을 수행했으며, 곧바로 이 물질이 기존의 살리실산보다 해열, 소염, 진통 효과가 뛰어난 것을 확인했다. 이렇게 아세틸 살리실산이 시판되었는데, 바로 아스피린이었다.

살리실산   무수 아세트산   아스피린

그림 아세틸 살리실산의 생성

아스피린은 역사상 가장 많이 팔린 약이다. 지금도 전 세계에서 연간 4만 톤 넘게 생산되어 600억 정 이상 판매된다. 전 인류가 1년에 10알씩 먹는다는 이야기다. 기네스북에도 가장 많이 판매된 약으로 등재되어 있다. 1960년대에는 우주비행사에게도 지급되었는데, 미국과 소련 양쪽 모두에게 해당하는 일이었다.

아스피린은 왜 이렇게 많이 팔린 것일까? 우선 아스피린은 다른 약보다 훨씬 일찍 개발된 약이다. 해열제가 딱히 없던 시절에 개발되어 시장을 선점했다. 참고로 타이레놀은 1953년 시판되었다. 그런데 오래되었기 때문에 지금까지 잘 팔린다는 것은 부족한 설명이다. 비슷한 시기에 개발된 바비탈 계열 수면제 베로날Veronal이나 마약류 진통제 헤로인은 모두 시판되지 않고 있다. 지금 타는 차를 100년 뒤에 구매하는 사람이 얼마나 될까? 다른 이유가 있을 것이다.

두 번째 이유가 좀 더 중요한

그림 우주비행사에게도 지급된 아스피린

데, 아스피린은 효과가 좋다. 특히 염증과 통증을 줄이는 데 탁월한 효과를 보인다. 중독성이 없다는 점도 장점이다. 단점도 있다. 위장관 내 출혈을 일으키는 치명적인 단점이 있다. 하지만 사람들은 아스피린을 오랜 시간 사용하며 적절한 복용법을 찾아냈다. 시간이 지나며 아스피린이 작용하는 기전을 연구해 1982년에는 관련 연구로 노벨상이 수여되었다. 아스피린을 연구하며 사람들은 통증의 메커니즘과 염증, 위벽 보호 등에 대한 실마리를 풀어나갔다. 물론 이제는 아스피린보다 더 좋은 약이 많이 나와 있다. 하지만 의약품의 대명사로 아스피린이 쓰이고 있어서 당분간은 그 권위를 유지하지 않을까 생각한다.

전쟁과 아스피린 공급 위기

이렇게 잘나가는 의약품의 대명사이자 슈퍼 블록버스터인 아스피린에게도 힘든 시절이 있었다. 제1차 세계대전 때였다. 콜베-슈미트 반응으로 페놀에서 살리실산을 만들고 아스피린을 생산하는 과정은 너무나도 간단한 공정이어서 충분히 많은 양을 생산할 수 있었다. 그런데 제1차 세계대전이 발발하면서 이 공정의 단점이 드러났다. 바로 출발 물질인 페놀이었다. 지금이야 시약회사에 연락해서 하루 만에 얻을 수 있는 석유 제품의 하나이지만, 1914년의 독일 바이엘사는 페놀의 대부분을 영국에서 수입하고 있었다. 전쟁이 시작되자 당연히 페놀 수급에 차질이 생기기 시작했다. 다른 나라를 통해 수입하는 방식으로 영국산 페놀을 확보하려 했지만 그것도 불가능했다. 영국은 페놀을 전략 물자로 간주해 특별 관리하고 있었다. 페놀이 폭탄의 원료인 피크르산 생산의 출발 물질로 사용되었기 때문이다.

페놀과 질산을 섞고 황산을 가한 후 가열하면 피크르산이 생긴다. 이 피크르산은 폭발성이 강해 화약의 성분으로 TNT, 니트로글리세린 등과 함께 쓰였고 제1차 세계대전이 발발하면서부터는 그 수요가 더욱 많아졌다. 이런 상황에서 귀한 페놀을 적국의 회사에 수출할 수는 없는 일이었다. 그런데 정작 영국의 페놀 수출이 막히자 불똥은 미국으로도 튀었다.

미국에서도 페놀이 필요했다. 미국이 영국 편에 서서 전쟁에 참여한 것은 1917년의 일이었고, 1914년 개전 당시에는 엄연한 중립국이었다. 영국이 미국에 페놀을 수출한다면 미국이 독일로 페놀을 재수출하는 것도 가능한 시나리오였다. 물론 미국은 잠정적으로 영국에 가까운 나라였다. 당시 미국 여론도 영국에 우호적이었다. 하지만 그것은 정서적인 면일 뿐 경제적으로는 분

그림 페놀을 이용한 폭탄 제조 과정

명히 중립이었다. 돈 앞에 흔들리지 말라는 법 없다.

　미국에서도 특히 급해진 사람은 발명왕 토머스 에디슨Thomas Edison이었다. 그는 당시 축음기를 내세워서 시장을 장악해 가고 있었는데, 이 축음기 제조에 페놀이 필요했다. 아무 걱정 없이 수입하던 페놀에 공급 차질이 생긴다니 답답할 노릇이었다. 페놀이 조금씩 수입되기는 했지만 페놀 가격은 수요와 공급 법칙에 따라 너무 비쌌다. 결국 그는 발명왕으로서의 재능을 보여 주었는데, 미국 내에서 페놀을 생산해 낸 것이다. 필요가 발명의 어머니라지만 이런 재능을 보면 참으로 대단하다는 말밖에 생각나지 않는다. 그런데 그는 너무 많이 만들었다. 하루에 12톤 정도를 만들었는데, 이 정도면 축음기 제조에 쓰고도 남을 양이었다. 에디슨이 필요한 양은 9톤이면 충분했다. 페놀 재고가 쌓여가던 찰나, 에디슨은 페놀을 사갈 다른 회사를 찾는 데 성공했다. 휴고 슈바이처Hugo Schweitzer가 책임자로 있던 미국 내 바이엘 지사였는데, 매일 3톤에 해당하는 양의 페놀을 사기로 계약했다. 1915년 7월 1일이었다.

　그런데 한 달도 지나지 않은 7월 24일, 독일의 스파이 활동을 감시하던 미국 정보 당국에서 에디슨의 페놀이 슈바이처를 통해 독일로 흘러간 것을 포착해 냈다. 슈바이처가 에디슨에게 사간 페놀은 당시 가격으로 130만 달러 정도인데, 현재 가치로 환산하면 3,000만 달러(약 390억 원) 정도에 해당한다. 이 돈은 바로 독일 본국에서 들어온 활동 자금이었고, 이 활동 자금으로 페놀을 구입한 것이다. 물론 이때도 미국은 여전히 중립국이었으므로 법적으로는 문제될 것이 없었다. 하지만 독일을 지지하지 않았던 미국인은 슈바이처에게 속아 넘어간 에디슨을 비난하기 시작했다. 에디슨의 계약은 곧 취소되었지만 페놀이 이미 독일로 넘어가고 난 이후였다.

이런 일이 생기면서 바이엘사는 제1차 세계대전 중에도 비난을 받게 된다. 1918년 전쟁이 마무리되자 패전국 독일의 아스피린 상표권은 승전국 미국의 스털링Sterling사로 넘어갔는데, 바이엘사는 이 상표권을 돌려받기 위해 76년을 더 기다려야 했다. 결국 바이엘사는 1994년 10억 달러를 지불하고서야 상표권을 다시 가져올 수 있었다.

아스피린의 한계와 대체재의 등장

아스피린이 완벽한 약일 리는 없다. 아스피린의 가장 큰 부작용은 위장관 출혈로 인한 궤양 증상이다. 처음에는 가벼운 속쓰림으로 시작하지만, 차츰 위벽이 헐고 출혈이 지속되어 나중에는 궤양이 나타난다. 아무리 통증이나 고열로 고생하는 환자라도 이러한 부작용을 한번 겪고 나면 다시는 쳐다보기도 싫을 것이다.

1940년대에 접어들면서 아스피린의 또 다른 효과가 알려졌다. 바로 혈액순환 개선 효과다. 이러한 효과는 심근경색이나 뇌졸중 환자에게는 도움이 되는 정보였다. 실제 1950년대에는 LA

지역 의사인 로런스 크레이븐Lawrence Craven이 자신의 환자 약 8,000명에게 아스피린을 처방해 수년간 심근경색이 단 한 건도 나타나지 않았다고 보고하기도 했다. 이후 제대로 된 임상시험을 거쳐서 1985년 미국 식약처에서는 심근경색을 예방하거나 치료하기 위해 아스피린을 복용해도 된다고 승인했다.

그런데 이런 효과가 마냥 좋은 것만은 아니었다. 아스피린이 혈류를 개선하는 것은 혈소판의 응집 기능을 억제해서 생기는 효과인데, 지금처럼 좋은 가이드라인 안에서 필요한 검사와 함께 복용한다면 아주 훌륭한 약이고 아스피린의 매출을 지속시키는 요인이 될 수 있다. 하지만 원치 않는 환자에게는 지속적으로 출혈을 일으키는 요소일 뿐이었다. 더군다나 아스피린을 장기 복용한 많은 환자에게서 위장관 출혈을 일으키는 부작용과 겹쳐지면서 환자들의 불편함이 심각해져 갔다. 환자들은 대체재를 기다리고 있었다. 그리고 1953년 타이레놀이 출시되었다.

타이레놀은 우여곡절이 많은 약이다. 아스피린보다 먼저 개발될 수 있었지만 임상시험 과정에서 혈액과 관련한 치명적인 부작용이 나타나 개발을 중단한 적이 있었다. 1893년의 일이었다. 그런데 시간이 지나며 그 부작용은 주성분인 아세트아미노펜acetaminophen의 부작용이 아니라 생산과정에서 혼입된 다른 물질에 의해 나타나는 부작용이라는 것이 밝혀졌다. 초기 개발 후 60년이나 지난 1953년이 되어서야 시판된 이유다.

잃어버린 60년이 아쉬웠는지 타이레놀은 초기부터 공격적인 광고를 진행했다. 그리고 아스피린과 같은 부작용이 적다는 것이 알려지면서 시장에 안착했다. 아스피린이 염증과 관련해 지저분한 부작용을 일으키지만 타이레놀은 깔끔하게 해열과 진통 효과만 냈다. 아스피린에 고생한 사람들은 타이레놀로 갈아타기 시작했다. 하지만 타이레놀도 완벽한 약일 리 없었다. 아스피린에서 보이지 않던 타이레놀만의 심각한 부작용이 나타나기 시작했다.

모든 약은 독이다. 타이레놀도 많이 먹으면 죽는다. 죽을 정도로 먹을 사람은 없을 테니 괜찮지 않을까 생각한다면 오산이다. 미국 식약처에서는 2019년 약 5만 6,000명의 환자가 타이레놀 과다복용으로 응급실에 왔고 그중 약 100명이 죽었다고 발표했다. 연간 1억 명가량이 복용하는 대중화된 약이고 편의점에서도 살 수 있지만 많은 사람들이 쓴다고 해서 안전한 것은 아니다. 다행히 타이레놀 부작용에 관해서는 많은 연구가 진행되어 있다. 타이레놀이 주로 일으키는 부작용은 간독성이다.

타이레놀의 운명

우리 몸은 기본적으로 외부에서 온 물질을 내보내려 한다. 처음부터 흡수가 안 되게 하면 좋지만 일단 들어온 물질은 어쩔 수 없이 배설계로 보내야 한다. 그런데 이렇게 배설하는 과정에서 우리 몸은 들어온 물질의 구조를 바꾸기도 한다. 이러한 과정이 다름 아닌 대사인데, 외부 물질을 가능한 한 물에 잘 녹게 만들어서 빨리 몸 밖으로 배출하고 몸을 보호하려는 진화의 산물이다. 약이라고 해도 별반 다를 것이 없다. 수많은 약학자들을 고민하게 만드는 것이 이런 흡수와 대사, 배설 과정이다. 우리가 아무리 약을 잘 설계해도 우리 몸은 기본적으로 외부에서 들어온 것은 흡수하지 않거나 빨리 배설하기 때문이다. 심지어 의약품 구조까지 바꿔가면서 그 과정을 더 빠르게 진행하려고 한다.

외부 물질의 구조를 바꾸는 작업은 주로 간의 효소가 담당한다. 간에 있는 이 효소는 우리 몸에 무엇이 들어올지 모르기 때문에 대부분의 물질을 산화해서 내보내려고 한다. 이 효소의 존재는 1950년대에 밝혀졌는데, 검출 파장 450나노미터에서 확인 가능한 색이 나왔기 때문에 '사이토크롬 P450cytochrome pigment 450, CYP450'이라는 거창한 이름이 붙었다. 하지만 여기서는 그냥 산화효소라고 불렀으면 한다.

우리가 타이레놀 두 알을 먹었다고 치자. 이 커다란 알약 두 개는 구강, 식도, 위와 장을 거치며 녹아서 주성분인 아세트아미노펜 1그램을 방출하는데, 이 주성분은 두 시간 내에 90퍼센트 가까이 소장에서 흡수되어 간으로 간다. 화합물이 워낙 작기 때문에 별 무리 없이 흡수는 되지만, 우리 몸의 출입국 관리소 역할을 하는 간에서는 문제가 발생한다. 간에 있던 산화효소가 항상 해오듯이 아세트아미노펜도 내보내려고 하는 것이다. 그냥 내보내기만 하면 사실 별로 문제될 것이 없다. 그러나 산화효소는 충실하게 아세트아미노펜을 산화해서 다른 구조로 바꾸는데,

아세트아미노펜   아세트아미노펜 대사체

그림 아세트아미노펜과 독성 대사체의 구조

이 바뀐 구조가 심각하게 독성을 띤다.

그림에서 보는 아세트아미노펜의 대사체는 반응성이 아주 강해서 세포 내에 존재하는 다른 단백질과 결합하려고 한다. 그것도 아주 단단한 화학적 결합이어서, 이렇게 결합하면 그 단백질은 다시는 원래 역할을 수행할 수 없다. 이 과정이 일어나는 장소가 간이므로 우리가 타이레놀을 많이 복용하면 간 손상도 심해진다.

타이레놀 적정량

얼마 정도 먹으면 많이 먹는 걸까? 가장 일반적인 가이드라인은 하루에 아세트아미노펜 4그램을 초과해서 복용하지 말라는 것이다. 타이레놀 한 알에 아세트아미노펜이 0.5그램 들어 있으니, 간단하게 생각할 때 두 알씩 하루 세 번은 적당하다. 네 번도 가능하다. 하지만 다섯 번은 절대 안 된다는 말이다. 일반 약국에서 열 알짜리 한 통을 판매하고 있으니 하루에 한 통을 다

먹으면 안 된다. 네 번도 이론적으로는 가능하지만 개인적으로는 권하지 않는다.

타이레놀은 편의점에서도 구입할 수 있다. 그런데 편의점 타이레놀은 한 통에 열 알이 아니라 여덟 알이 들어 있다. 같은 통, 같은 그림이지만 실제 내용량은 다르게 되어 있다. 공장에서 생산할 때부터 아예 편의점용과 약국용으로 분리해서 생산한다. 편의점에서는 복약지도가 불가능하므로 처음부터 4그램 이상을 복용하지 못하도록 차별화하는 것이다. 물론 그럼에도 불구하고 두 통을 산다면 어쩔 수 없다. 그런 경우까지 고려할 수는 없는 노릇이다.

모든 독은 약이다. 타이레놀의 간독성이 문제가 되기는 하지만, 가끔 복용하고 그것도 하루에 4그램 이하로 맞춘다면 그다지 문제될 것이 없는 좋은 약이다. 하지만 특수한 경우 타이레놀의 간독성이 심각해질 수 있는데, 크게 두 가지 경우다.

첫 번째는 서방정과 관련한 이슈다. 서방정은 서서히 방출하게끔 설계된 약이다. 약효 지속시간이 길어지도록 만든 약인데, 주성분인 아세트아미노펜의 함량이 650밀리그램이다. 그런데 열이 높아 타이레놀을 복용하는 환자 입장에서는 신속하게 열이 내리기를 원한다. 기다리면 내려가겠지만, 기다리기 싫은 환자 중 추가로 약을 복용하는 경우가 있다. 이 경우에는 4그램을 넘기는 상황도 발생한다. 약국의 복약지도와 환자의 주의가 모두 필요한 지점이다. 유럽에서는 이런 이유로 2018년 아세트아미노펜이 함유된 서방정을 판매하지 않기로 발표했다.

두 번째는 술을 많이 마시는 경우다. 우리 몸은 환경에 적응하는 속도가 빠르다. 그래서 평소에 술을 자주 마시면 그에 맞춰서 산화효소도 늘어난다. 산화효소가 훨씬 더 많이 준비되어 있는 셈인데, 폭음한 다음 날 숙취 때문에 타이레놀을 복용한다면 평소보다 훨씬 많은 독성 대사체가 생길 것이다. 하루 4그램 이하로 복용해도 눈치 없는 산화효소가 성실하게 일을 해서 간에 부담을 주는 것이다.

과거 미국 행정부에서 일했던 안토니오 베네디Antonio Benedi는 1994년 4일간 타이레놀을 정해진 용법대로 복용했지만 급성 간부전으로 혼수상태에 빠졌다. 그가 하루 4그램 이하로 타이레놀을 복용했음에도 간 손상이 나타난 이유는 날마다 와인을 서너 잔씩 마시던 습관이 있었기 때문인 것으로 밝혀졌다. 하지만 그가 복용한 타이레놀 박스에는 이러한 경우에 대한 경고가 없었다. 제약회사에서 안내한 대로 복용했지만 문제가 생긴 것이다. 그는 회복 후 '평소 술을 마시는 사람은 복용에 주의하라'라는 문구를 넣지 않았다는 이유로 제약회사에 소송을 제기해 100억 원에 가까운 배상금을 받아냈다. 이 소송 이후로 우리는 '매일 석 잔 이상 정기적으로 술을 마시는 사람은 반드시 의사 또는 약사와 상의할 것'이라는 노란색 경고 문구가 타이레놀 포장 용기에 인쇄되어 있는 것을 볼 수 있다.

심지어 2000년 4월 17일 일본 사이타마현에서는 이러한 부작용을 이용한 독살 시도가 보도되기도 했다. 야기 시게루라는 대부업자가 내연녀와 짜고서 100억 원 정도 되는 내연녀 남편의 사망 보험금을 노렸던 것이다. 내연녀는 멀쩡히 살아 있는 남편을 자연사로 위장해 죽이려고 내연남이 가르쳐 준 대로 남편에게 1년간 술과 타이레놀을 꾸준히 먹였다. 아무것도 모르던 전직 예술가 남편은 1년 만에 만성 간 손상을 입고 입원하게 되었다. 자연사 당할 뻔한 것은 당연한 수순. 하지만 다행히도 이 과정에서 내연남인 시게루가 그 전에도 유사한 사건과 연루된 정황이 포착되자 경찰 수사로 이어지게 되었다. 이후 시게루, 가와무라 등 이 사건에 관여한 사람들이 체포되면서 진상이 드러났다. 불쌍한 남편도 병원에서 회복해 살아날 수 있었다.

타이레놀은 제대로 사용하면 충분히 안전한 해열제다. 시럽으로도 조제가 가능하기 때문에 어린아이부터 노인까지 별 무리 없이 복용할 수 있다. 하지만 모든 약은 독인 법. 타이레놀 역시 방심하지 않았으면 한다. 특히, 코로나19 백신을 복용하는 과정에서 타이레놀을 함께 복용하는데, 너무 많이 복용하는 것은 아닌지 우려가 된다. 일선 약국의 반응을 들어보면 2020년 3월 코로나19 초기에는 마스크 대란이 있었고 2021년 6월에는 타이레놀 대란이 있었다고 한다. 타이레놀은 제대로 복용하면 아주 훌륭한 약이다. 백신 접종 과정에서 나타나는 몸살이나 고열은 어떻게든 해결해야 하는 증상이니 타이레놀은 좋은 선택지가 될 수 있다. 하지만 열이 안 떨어진다고 급한 마음에 너무 많이 복용하다가는 큰 문제가 될 수 있으니 조심해서 복용하기 바란다. 본인이 술을 자주 마신다고 생각하면 타이레놀을 복용하기 전에 약사와 상의하는 것도 잊지 말기 바란다.

아스피린은
어떻게 작용하는가?

1966년 《뉴욕 타임스The New York Times》는 아스피린을 "아무도 모르는 놀라운 약"이라고 불렀다. 시장에 나온 지 70년이 다 되어가지만 작용 기전조차 모르는 현실을 꼬집은 것인데, 마침 그 후로 관련 연구가 활발히 진행되었다. 아스피린의 작용 기전은 사이클로옥시저네이즈cyclooxygenase, COX를 저해하여 프로스타글란딘prostaglandin 생합성을 줄이고 결과적으로 염증을 없애는 것으로 요약할 수 있다.

염증은 우리 몸을 지키는 필수적인 과정이고 면역의 주요 시작 단계이지만 동시에 겁나게 아픈 과정이기도 하다. 이러한 통증은 우리에게 필요한 경고 현상이다. 하지만 통증이 심한 환자에게는 꽤나 짜증 나는 상황이 되기도 한다. 치통을 예로 든다면 처음의 통증은 치과에 가라는 의미로 좋게 해석할 수 있지만 치과에 가고 난 후에도 계속해서 나타나는 통증은 짜증만 유발할 뿐이다. 이미 치과를 다니고 있는데 계속 경고 신호를 보내는 것이 의미가 있는가? 지속적인 통증은 듣기 싫은 잔소리일 뿐이다.

통증의 과정은 다양하지만 주로 관계하는 기전은 프로스타글란딘이 각종 면역 물질을 불러 모으는 염증 과정이다. 이제 거듭된 치통으로 고통받는 환자들은 굳이 저 프로스타글란딘이 더 필요 없다. 충분히 인지하고 있으니까. 프로스타글란딘을 줄여야 하는데, 그러려면 프로스타글란딘이 만들어지는 과정을 억제하면 된다. 물론 프로스타글란딘이 매개하는 염증이 고통만 수반하는 것은 아니고 결국에는 우리 몸을 지키는 주요한 과정 중 하나다. 하지만 당장 이가 아픈 우리에게는 이런 교훈이 큰 의미 없다.

프로스타글란딘은 우리 몸에서 자체적으로 생산한다. 여러 효소가 관여하는데 COX가 초기 단계에 작용한다. 아스피린은 이 COX를 저해함으로써 프로스타글란딘을 줄이고 염증을 줄여 결과적으로 통증도 줄인다. 아스피린이 가진 '아세틸'기를 COX에 붙임으로써 COX가 정상적으로 작동하지 못하게 되는 것이다. 화학적 결합 중에 가장 강력한 공유결합을 형성한다. COX는 저해되고 프로스타글란딘은 만들어지지 못하며 염증으로 인한 통증도 줄어든다.

그런데 COX는 하나가 아니다. 여러 가지로 나뉘는데, 임상적으로 중요하게 다뤄지는 것은 COX1과 COX2. 비슷하게 생긴 효소이기는 하지만 작용하는 기관과 역할, 효소의 모양이 살짝 다르다. COX1은 위벽을 보호하기 위해 프로스타글란딘을 만든다. COX2는 우리 몸 전반을 다니면서 프로스타글란딘을 만들고 통증을 일으킨다. 진통 목적이라면 COX2만 저해해도 되는데 아스피린은 COX1과 COX2를 공평하게 저해한다. 그래서 아스피린을 복용하면 위벽이 헌다. 장기간 복용하면 위궤양이 나타난다. 최근에는 선택적으로 COX2를 저해하는 약이 개발되어 그나마 도움을 주고 있다.

약국에 다양한 소염진통제가 있는 이유는 효과가 조금씩 다르기 때문이다. 그리고 유사한 용도로 해열진통제인 타이레놀도 있다. 각자의 상황에 맞춰서 본인에게 맞는 약을 파악하고 적절하게 복용하는 지혜가 필요하다.

8장

마법의 탄환

대륙을 넘어선 공조

할 만큼 했다. 하워드 플로리Howard Florey와 노먼 히틀리Norman Heatley는 만감이 교차하는 것을 느꼈다. 곰팡이 피는 실험실에서 2년 가까이 함께 생활하던 연구원들도 이제는 끝이라고 생각하고 있었다. 부족한 예산으로 엘리베이터도 멈춰가며 운영한 실험실이었다. 그렇게 쥐어짠 예산으로 여섯 명의 보조원을 고용해서 매주 500리터씩 냄새나는 곰팡이 여과액을 정제해 보기도 했다. 성과가 나왔을 때는 세상이 곧 바뀔 것 같았다. 주사를 맞은 동물들은 살아 움직였고, 패혈증으로 죽어가던 경찰관은 잠시나마 증세가 나아지기도 했다. 그 힘든 시간 속에서 두 편의 논문을 발표한 것 역시 기적이었다. 스스로 생각하기에도 대단한 시간이었다.

그러나 독일군의 지긋지긋한 야간 공습은 언제 다시 시작할지 모르는 일이었다. 제약회사 생산 시설도 상당히 파괴되어 다른 약을 생산하기에도 빠듯했다. 그 다른 약 중에 본인들이 연구한 샘플만 한 약이 없다는 것도 플로리는 누구보다 잘 알고 있었다. 옥스퍼드 의대 병리학과장으로서 그는 기존 약의 한계를 직접 확인하는 사람이었다. 그래서 사람들을 모으고 곰팡이에 집착했다. 이제 조금만 더 하면 끝이 보일 것 같고 방법도 아는데 할 수가 없다. 죽었다 살아난 경찰관도 결국 죽었다. 실험실에서 생산하는 양으로는 부족했다. 한 명의 환자도 못 살리는데 어떻게 세상을 바꾸겠는가? 오히려 독일군이 런던을 점령하는 것이 걱정되어 기밀문서를 파괴하자는 사람들도 있었다.

히틀리는 플로리의 손을 바라보았다. 플로리의 손에는 작은 서류 가방과 약간의 샘플이 있었다. 이 샘플을 확보하기 위해 그간 얼마나 울고 웃었던가? 하지만 이제는 때가 왔다. 안내원이 다가왔고 밖으로 비행기가 보였다. 서둘러 탑승하자 비행기는 독일 항공망에 포착될까 조심스럽고 빠르게 이륙했다. 런던의 하늘이 멀어지고 뉴욕의 하늘이 가까워지고 있었다. 1941년 6월 27일이었다.

플로리와 히틀리가 미국으로 향하고 3년 뒤인 1944년 6월 6일, 페니실린이 유럽으로 되돌아왔다. 다만 이때는 한 병이 아니라 수백만 병으로 불어나 있었다. 그날 새벽 노르망디 상륙작전에 참여한 7만 3,000명의 미군 병사들은 의무병의 구급함에 들어 있는 페니실린 덕을 톡톡히 보았다. 그것이 기관총으로 구성된 '킬 존kill zone'을 지나 기뢰와 지뢰를 넘어 독일군 참호로 진격하는 용감한 연합군 선봉대에게 주어진 약간의 위안이었다. 그 후로 1년 남짓 독일군과 교전을 하면서 파리를 수복하고 베를린을 진격하는 과정에서도 그들은 독일군이 가지지 못한 하나의 무기를 더 가지고 싸울 수 있었다.

전쟁 후 남편과 아들을 무사히 만난 연합국의 가족들은 "고마워요, 페니실린"을 외치며 페니실린을 개발한 사람들이 노벨상을 받는 모습을 당연하다는 듯이 지켜보았다. 전쟁이 끝난 지 불과 3개월 만의 일이었다. 하지만 세상은 그때부터 바뀌고 있

그림 페니실린으로 치료받는 부상병 삽화

었다. 페니실린은 가격이 1,000분의 1로 떨어져 민간에 개방되었고, 더 좋은 항생제를 찾기 위한 회사와 학자의 노력 또한 시작되었다. 그들은 페니실린이 곰팡이에서 나왔던 것을 생각하며 주변의 땅을 뒤졌다. 나중에는 남들이 가지 않는 깊은 오지, 즉 공동묘지나 깊은 바닷속, 열대우림, 북유럽의 피오르, 심지어 이스터섬의 석상들 주변까지도 뒤지고 다녔는데, 실제로 효과를 거두기도 했다. 그런데 안타깝게도 같은 시각 내성균의 역습 또한 시작되고 있었다.

페니실린을 언급하면 보통 알렉산더 플레밍Alexander Fleming이 우연히 찾아낸 약이라고들 한다. 하지만 플레밍이 그 약을 찾기 위해 10년 넘게 헤맸고, 다시 10년 동안 잊힌 후 다른 사람들이 다시 10년의 추가 연구를 거쳐서 개발한 사실은 잘 알려져 있지 않다. 그 '10년의 시간들' 이전에, 100년의 시간 동안 사람들이 미생물과 싸워온 일 또한 이야기되지 않는 것도 마찬가지다.

100년의 시간

이그나즈 제멜바이스Ignaz Semmelweis는 1847년에 비엔나 병원의 산과의사로 근무하고 있었다. 당시 그가 속한 비엔나 종합병원은 이름에서 짐작할 수 있듯이 지역 내에서 가장 큰 병원이었기에 많은 산모들이 몰려들었고, 몰려드는 산모들을 수용하기 위해 산부인과를 확장해서 두 개의 병동으로 운영하고 있었다. 그런데 두 개의 병동에서 사망률이 현저하게 차이 나는 것은 공공연한 비밀이었다. 제1병동의 사망률은 9.8퍼센트, 제2병동은 3.6퍼센트였다. 사망 원인은 대부분 산욕열이었다. 지금처럼 출산이 원활하지 않던 시절, 산모들의 질이 파열되는 경우가 많았고 그 사이로 감염이 일어나 출산 후에 열이 나면서 산모들이 죽는 일이 빈발했다.

이럴 때 우리는 보통 큰 병원에 간다. 그런데 신기하게도 제1병동이 더 크고 더 많이 죽었다. 그리고 이러한 차이는 일시적이 아니라 꽤 오랫동안 나타났다. 산모들도 알음알음 이런 차이를 입소문으로 퍼뜨리고 있었다. 이상했다. 제1병동이 시설이 더 좋았다. 심지어 제1병동은 의대생들이 관리하고 출산 시에 직접 참관도 하는 실험실이었다. 가끔 실습하는 경우가 있기는 했지만, 의대 교수들이 철저하게 감독하고 있었고 또 민첩하게 대처하고 있었다. 실습에 참여하는 의대생들은 그중에서도 잘 훈련된 학생들이었다. 그들은 출산 실습 이전에 해부실에 들러 사체를 만지며 해부학을 체험하고 오는 학생들이었다. 몸에 대해서는 충분히 아는 학생들이었다.

하지만 제멜바이스는 다르게 생각했다. 그 의대생들이야말로 위험의 근원이라고. 지금이야 의사들이 수술장에 들어올 때 손을 씻고 오는 모습이 당연하지만 당시에는 손을 씻는 문화가 익숙하지 않았다. 그래서 의대생들은 사체를 만진 손으로 수술실 문을 열고 들어와 산모들의 질을 만졌다. 경악할 만한 위생 관념이지만 그때는 그랬다. 루이 파스퇴르Louis Pasteur가 '생물속생설'

을 실험과 함께 주장한 것이 그로부터 15년 뒤인 1862년이었다는 사실을 염두에 두기 바란다.

제멜바이스가 제1병동 의대생들에게 손을 염소chlorine 소독 후에 들어오도록 시정명령을 내린 1847년부터 제1병동의 사망률은 1.2퍼센트로 급감했다. 교과서를 새로 쓰고 병원장으로 승격시켜도 모자랄 업적이었다. 그런데 정작 제멜바이스는 의대교육 시스템을 부정한다는 근거 없는 모함을 받아 병원에서 쫓겨났다. 그 후 그는 다른 병원을 전전하다 자신의 성과를 부정하는 사람들과 잦은 마찰을 일으켰다. 그리고 정신과 병원에서 일해보지 않겠냐는 동료의 조언을 받아 정신과 병원을 방문했다가 그곳에서 자신을 입원시키고, 사실상 감금하려는 의도를 간파하고 탈출을 시도했다. 하지만 경비원들에게 붙잡혀 정신병원에 갇히게 되고, 입원하는 과정에서 입었던 손의 상처로 인해 2주 만에 사망했다. 그의 나이 47세 때인 1865년이었다.

제멜바이스가 억울하게 죽던 1865년, 스코틀랜드의 저명한 외과의 조지프 리스터Joseph Lister도 유사한 고민을 하고 있었다. 그는 외과에서 활동했으므로 상처를 절개하는 수술이 빈번했는데, 아무리 봉합을 잘해도 일주일 뒤에 상처에서 붉은 반점이 생기고 곪아서 터지는 상황은 도저히 납득할 수가 없었다. 자기가 학생 때 참관한 외과 수술의 대가 로버트 리스턴Robert Liston의 수술에서는 이런 문제가 심하지 않았다. 그는 다리 하나를 28초 만에 자르는 당대 최고 속도의 외과의사였다. 리스터 본인도 실력은 자부하고 있었다. 심지어 그는 최신 트렌드를 따라가는 남자였다. 리스터는 수술을 정교하게 하기 위해, 그즈음 개발된 마취제도 사용하고 있었다. 환자의 고통을 줄여가며 천천히 정확하게 봉합하는데, 문제가 있다고 보기는 어려웠다. 그런데 환자는 예전보다 더 많이 죽었다. 문제가 뭘까?

리스터는 최신 트렌드를 따라가는 남자답게 루이 파스퇴르가 발표한 생물속생설을 알고 있었다. 3년 전 발표되어, 세상을 떠들썩하게 만든 논문이었다. 리스터는 어쩌면 집도 중 수술 부위에 나쁜 무언가가 따라 들어온 것은 아닐까 가설을 세워보았다. 마취제를 이용해 수술 시간이 길어질수록 수술 후유증이 빈발한다는 것을 설명하기에 적합해 보였다. 그렇다면 확인할 차례였다. 어떻게 하면 수술 중 따라 들어온 무언가를 막아낼 수 있을까? 파스퇴르의 목이 긴 플라스크는 실험에 적당한 기구였지 수술에 적당한 기구는 아니었다.

병동을 깨끗이 청소하는 것만으로는 해결이 되지 않았다. 플로렌스 나이팅게일Florence Nightingale은 1850년대 우크라이나 반도에서 벌어진 크림전쟁에 간호장교로 참여했다가 야전병원의 열악한 환경을 개선하기 위해 사력을 쏟았다. 당시 야전병원은 죽어나가는 사람의 수가 40퍼센트에 육박할 정도로 악명이 높았는데, 간단한 상처로 병원에 들른 사람들마저 죽는다는 것이 치명적인 한계였다. 나이팅게일은 복도에 어지러이 널려 있는 피 묻은 붕대들을 치우고, 병실에 침대를 마련하고, 환자들도 상처를 씻고 갓 세탁한 옷으로 갈아입게 했다. 이런 청결한 환경을 유지하는 것만으로도 야전병원의 사망률을 2퍼센트로 낮출 수 있었다. 1,000명이 병원에 들른다고 할 때 예전에 400명 죽던 병원이 이제는 20명 죽는 곳으로 변모한 것이다. 당시 영국인이 얼마나 나이팅게일에게 고마워했을지 짐작이 간다.

물론 나이팅게일의 업적은 이에 그치지 않는다. 그녀는 야전병원의 환경을 개선하기 위해 정부 관계자들을 직접 설득했는데, 이때 글로만 작성된 문건이 아닌 그림으로 구성된 통계 자료를 제시한 것은 유명한 일화다. 그녀는 통계의 힘을 깨닫고서 일반인도 한눈에 알아볼 수 있는 방식으로 원형 도표 등을 이용했다. 수치만 제시하는 것이 아니라 환자를 부상의 심각성에 따라

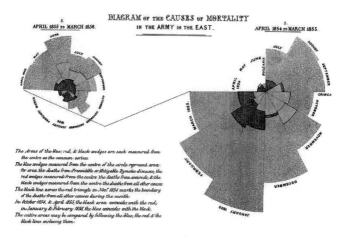

그림 나이팅게일이 작성한 도표

분류하고 그 결과를 통계로 처리하는 치밀함까지 보여주었다. 당시 사람들은 이것을 '나이팅게일의 장미'라고 불렀다. 엑셀도 잘 다루지 못하는 나로서는 그저 경의를 표할 뿐이다.

나이팅게일이 병원 환경을 개선해서 생존율을 높인 사례는 전쟁 후 영국에도 알려지게 되었고, 다른 병원들도 이 시스템을 따라 하기 시작했다. 하지만 거창한 외과 수술이 난무하는 병원 수술실에서는 한계가 있는 접근법이었다. 리스터도 당연히 글래스고 대학병원의 청결을 유지하도록 지시했지만 그런 차원에서 해결 가능한 문제는 아니었다. 수술 중 따라온 무언가를 없애기 위해서는 보다 적극적인 변화가 필요했다.

리스터가 찾은 물질은 페놀이었다. 당시 페놀은 프랑스 파리 하수구의 악취를 없애기 위해 사용했는데, 작은 원충류를 죽인다는 것까지는 알려져 있었다. 또한 영국에서도 쉽게 구입할 수 있었기에 리스터는 페놀을 환자에 살포하기 시작했다. 그 전까지 사용했던 다른 물질들과는 다르게 페놀은 환자의 상처를 깨끗하게 봉합하는 데 도움을 주었고 많은 환자들의 생명을 구했다.

리스터의 살균수술법 역시 의학계에서 곧바로 인정받은 것은 아니다. 전문가들은 관련 수술법의 근거가 희박하고 검증되지 않았다는 이유로 리스터의 성과 역시 폄훼했다. 하지만 좋은 것은 모두가 알아보는 법이다. 빅토리아 여왕Alexandrina Victoria은 1871년 리스터의 집도로 고름 제거 수술을 받았다. 이때도 리스터는 본인이 개발한 페놀 분무기를 사용했고, 그 뒤로 빅토리아

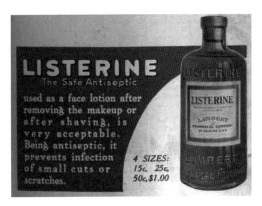

그림 초기의 리스테린 광고

여왕은 30년간 더 영국을 통치했다.

1880년대 로베르트 코흐가 세균이 질병의 원인이라는 것을 증명하면서 리스터의 수술법은 더욱 지지를 받게 되었다. 페놀이 작용하는 근거를 제공해 주는 결과였기 때문이다. 리스터의 방법은 이후 보편화되었으며, 미국에서는 리스터의 이름을 딴 구강소독제도 출시되었다. 우리는 지금도 이 구강소독제를 편의점에서 볼 수 있는데, 그 이름은 '리스테린Listerine'이다.

이제 수술실에서의 살균은 해결되었다. 그것이 산부인과든 외과든 상관없이 의사들은 손을 씻고 들어와 적절한 소독액으로 기구부터 상처 부위까지 소독한다. 병원이 깨끗한 것은 두말할 나위도 없다. 그렇다면 모든 문제가 해결되었을까? 안타깝게도 그렇지 않았다. 대부분의 사람들은 병원에 가지 않은 채 감염되었기 때문이다. 이제 병원에 가지 않는 사람들을 치료하기 위해 나설 때다.

비소, 구원의 약이 되다

지금이야 탐험가들이 방송인이나 유튜버로 활동하지만 예전에는 무엇으로 살았을까? 지구상에 미개척지가 많던 시절, 그 땅은 먼저 가는 사람이 임자였다. 그곳이 열대우림이든 높은 산이든 사막이든 먼저 가서 선을 그어놓고 우기면 되는 그런 때가 있었다. 제국주의와 식민지 개척을 앞세운 많은 유럽 열강들은 서로 앞다투어 군대를 파견하고 있었다. 현지 원주민이 살고 있어도 별로 상관없었다. 그들이 신경 쓰는 것은 원주민이 아니라 다른 나라 군대였다. 그래서 자기들끼리 협상하고 선을 그어 국경을 완성했다.

그 과정에서 탐험가들은 자의든 타의든 큰 역할을 했다. 선교나 봉사, 모험의 의미로 미개척지를 다녀온 경험은 이후 군대를 파견하는 데 큰 도움이 되었다. 알지도 못한 채 대규모 군대를 '올인' 할 수는 없지 않은가? 정부 담당자는 탐험가를 초빙하여 자문하거나 현지에 대동하면서 그들의 노하우를 전수받았다. 그런 과정 없이 들어간 군대는 현지의 풍토병으로 인해 금방 돌아올 수밖에 없었다. 허버트 웰스의 1895년 소설 『우주 전쟁The War of the Worlds』 속에서 세계를 초토화했지만, 막상 박테리아에 허무하게 무너지고 마는 외계인은 바로 자신들이었다.

질문을 바꿔보자. 탐험가들은 풍토병을 어떻게 이겨냈을까? 풍토병을 이기지 못해 죽은 탐험가들도 많다. 말라리아 같은 아프리카의 풍토병은 1800년대에도 악명 높았다. 그랬던 탐험가들에게 든든한 지원군이 생겼다. 1820년 말라리아 치료제인 퀴닌이 분리된 것이다. 그 전에는 아프리카 대륙 깊숙이 들어가기 위해 신코나 가루 또는 키나 나무 껍질(키나피)을 짊어지고 가야 했다. 안 그래도 짐이 많은데 의약품까지 들고 가려니 갑갑할 따름이었다. 캐리어를 끌며 정글을 어떻게 지나가겠는가? 부피가 작고 효과가 강한 퀴닌은 그들의 동선을 넓혀주었다.

그런데 아프리카 풍토병에 말라리아만 있는 것은 아니었다. 다른 기생충과 각종 균이 득실거리는 곳이 아프리카였다. 퀴닌이 치료할 수 없는 질병들이었다. 탐험가들은 퀴닌과 함께 독하디독한 다른 약도 함께 들고 다녀야 했다. 비소arsenic로 만들어진 약인데, 주성분은 메타아비산칼륨KAsO2으로 이름은 '파울러의 용액Fowler's solution'이었다. 독극물의 대명사 비소 맞다. 독하기는 하지만 어쩌겠는가? 비소 정도는 줘야 나쁜 기생충이나 균도 죽지 않겠는가? 어떤 종류든, 비소를 먹었는데 살아남기는 힘들 터였다. 물론 탐험가가 먼저 죽는 경우도 자주 있었지만 어쩔 수 없었다. 그때는 그랬다.

비소가 주는 효과는 강력했다. 하지만 문제가 없는 것은 아니었다. 제일 큰 문제는 역시 독성이었다. 모든 약은 독이고 독은 약이라고 하지만, 그 정도가 좀 심했다. 20세기에 들어서면서 비소 기반의 약을 조금 더 안전한 약으로 바꿔보자는 연구가 진행되었다. 특히 독일에서 이런 연구가 많이 이루어졌는데, 이유는 두 가지다.

우선 독일은 세균학의 발원지로서 당대 최고의 감염병 연구 기술을 가지고 있었다. 현미경을 이용한 관찰이나 세균의 배양에서 독일과 경쟁할 수 있는 나라는 프랑스뿐이었다. 그런데 그 프랑스의 자존심이었던 루이 파스퇴르가 1895년 사망했다. 나름 74세까지 살았으니 할 말도 없었다. 반면 독일의 자존심이었던 로베르트 코흐는 학자로서 전성기를 달리고 있었다.

두 번째 이유는 독일이 당시 아프리카 등의 식민지를 뒤늦게 노렸기 때문이다. 독일은 영국이나 프랑스보다 늦은 1871년에야 통일되었다. 이미 다른 나라들이 지도를 보며 갈 만한 땅은 다 점령한 뒤였다. 독일은 결국 남들이 가지 않을 만한 지역까지 들어가게 되는데, 그러다 보니 풍토병 역시 심각한 문제로 대두되었다.

그들에게 우선 닥친 문제는 아프리카 수면병이었다. 체체파리가 사람을 무는 과정에서 파리 몸속에 있는 기생충이 사람 몸에 들어오면 시간이 지나 증상이 나타나고는 했다. 처음 물릴 때는 살짝 가려울 뿐이지만 일주일 정도 지나면 열이 나고 림프절이 붓고 무력감에 빠져 기면증이 따라왔다. 결국 뇌염 등의 증상으로 죽게 되는 질환으로, 지금도 적도 부근의 아프리카 등에서 많이 발생한다. 카메룬 내 한 부족의 인구를 10년 만에 10분의 1

로 줄여버린 악명 높은 질병이기도 했다. 이 지역까지 들어가기 위해 노력했던 독일군의 노력은 가상했지만, 파리 떼들은 인류의 진출을 막고 있었다.

독일 학자들은 기생충을 염색하고 관찰하면서 기생충만 선택적으로 염색하는 시약이 있다는 것을 알았다. 기생충을 염색한다면 그 염색약에 독한 물질을 연결해 그 기생충을 죽일 수도 있지 않을까? 학자들은 기생충 염색약 구조를 변화시키면서 적당한 물질을 찾고 너무 독해서 약으로는 한계를 보였던 비소를 연결했다. 그러고는 아프리카 수면병을 치료하려고 했지만 안타깝게도 수면병의 원인 기생충인 파동편모충은 이 약에 죽지 않았다. 하지만 사람들은 고생 끝에 만들어 놓은 약이 아쉬워 다른 기생충과 균에게 효과를 확인하였다. 그리고 오랜 노력 끝에 매독균을 비교적 선택적으로 사멸시키는 것을 알게 되었다. 그렇게 '살바르산salvarsan'이라는 이름의 인류 최초 합성 매독 치료제가 시판되었다. 1910년의 일이다. 살바르산의 어원은 '구원salvation'과 '비소arsenic'에 있다. 맹독은 어느덧 구원의 신약이 되어 '마법의 탄환'으로 불리고 있었다.

살바르산을 개발한 사람은 파울 에를리히Paul Ehrlich다. 그는 이미 그 직전인 1908년에 면역 과정 연구에 대한 공로를 인정받아 노벨상을 수상한 면역학의 거장이기도 했다. 그렇다면 이 마법의 탄환으로 두 번째 노벨상을 받았을까? 그는 노벨상을 받은 이듬해부터 살바르산이나 세포 염색 등의 공로로 다시 노벨상

후보에 오르는 기염을 토하지만, 노벨상을 두 번 받는 데는 실패한다. 이유는 여러 가지가 있겠지만 가장 결정적인 것은, 살바르산이 처음에 마법의 탄환으로 선풍적인 인기를 끌었던 것과는 달리 갈수록 효과와 부작용에서 한계를 보였기 때문이다. 사람들은 에를리히가 마법의 탄환을 만들었듯이 다른 물질을 개발해서 다른 질병도 치료해 줄 것으로 믿었다. 하지만 살바르산 하나를 개발하는 데 10년의 노력을 들인 에를리히에게는 무리한 기대였다. 부작용도 상당했는데, 기본적으로 비소가 들어간 물질이다 보니 비소에서 기인하는 독성이 살바르산에서도 나타났다. 네오살바르산neosalvarsan이라는 후속 치료제나, 비소를 탈피하기 위해 수은을 이용해 만든 머큐로크롬mercurochrome이나 상황은 비슷했다. 거기서 거기였다.

플랫폼이 중요한 것은 그때나 지금이나 마찬가지다. 살바르산이 중요한 것이 아니라 살바르산을 개발할 수 있는 플랫폼을 구축했다는 것이 중요하다. 에를리히가 죽고 나서도 연구는 계속해야 할 것 아닌가? 그렇지 않고 이대로 묻힌다면 살바르산은 단 한 번의 기적만으로 끝날 것이 분명했다. 그리고 독일은 그 뒤를 이을 차세대 약물을 개발하는 데 성공했다. 여기에는 제1차 세계대전에 참가한 학도병이 큰 역할을 했다.

기적의 빨간 약

1914년 10월 말 벨기에 해안지역인 이프르에서 독일군과 프랑스군은 치열한 교전을 벌였다. 진격을 위한 한 걸음이었지만 전투에 참여한 사병들에게는 지옥 같은 날이기도 했다. 독일군 척탄병 연대에 속한 게르하르트 도마크Gerhard Domagk는 고작 18세의 학도병일 뿐이었다. 넘치는 애국심에 한 학기를 마친 의대도 접어두고 달려온 전장이었지만, 막상 그 전장에서 평정심을 유지하기는 어려웠다. 피비린내 나는 전투와 빈약한 식사, 나날이 사라져 가는 전우들 생각으로 가득 찬 그는 하루라도 빨리 고향으로 돌아가고 싶어졌다.

그러나 1차 이프르 전투는 도마크의 바람에는 아랑곳없이 그를 사지로 내몰고 있었다. 그가 속한 척탄병 연대는 수류탄을 투척하는 부대였다. 전쟁 영화를 보면 교전 중 수류탄을 던지고 다시 교전에 임하지만, 당시의 수류탄은 그것보다 훨씬 크고 무거웠고 폭발력은 작았다. 그러므로 적들이 눈앞에 올 때까지 기다렸다가 자신이 가진 가장 강력한 무기를 던져야만 했다. 물론 그 전에 적들이 척탄병 부대를 가만히 둘 리 없었다. 운 좋게 본인의 임무를 완수해 폭탄을 던진다 해도, 그들은 간단한 총 한 정또는 칼 한 자루만 가진 채 남아 있는 적들에게 노출되었다. 척탄병 부대야말로 가장 용감하고 잘 훈련된 부대여야만 했다.

안타깝게도 도마크가 속한 척탄병 부대는 어린 학도병들로가득했다. 그들은 함께 훈련했던 동기들이 어느덧 사라져 가는것을 목격하고 있었다. 그날의 전투에 앞서서도 가족에게 전할편지를 교환하고 있었다. 누가 살아남을지 모르는 일이었다. 그들은 간단한 편지를 열다섯 통 써서 서로 나눠 가졌다. 그리고 죽었다.

도마크가 살아남은 것은 순전히 운이었다. 같은 부대원 15명 중 큰 부상 없이 살아남은 사람은 세 명이었는데, 나머지는 교전 후 수 분 만에 죽고 말았다. 적군의 근처까지 가서 척탄한다는 것은 상상도 하기 어려운 환경이었다. 이후 도마크는 후방으로 이송되어 치료를 마치고 다시 전장으로 향했다. 그리고 두 달 뒤 머리에 총을 맞았지만 이번에도 살았다. 철모에 총을 직격으로 맞았는데 철모는 날아가고 그는 살았다. 전투 후 그는 치료를 위해 후방으로 옮겨졌고 드디어 편한 보직으로 배정받았다. 의무병이다. 그가 한 학기를 마친 의대생이라는 사실을 고려한 보직이었다.

운 좋은 전직 척탄병이자 현직 의무병은 후방에서 복무하며 많은 환자를 돌보게 되었다. 교과서에서 배운 것처럼 수술이 아름답지 않은 것도 알게 되었다. 수술 후 감염은 이미 리스터가 해결한 것 아니었나? 하지만 병원 안에서 깔끔하게 이루어지는 수술과 야전에서 넓은 상처 부위를 급하게 꿰매는 것은 엄연히 다른 일이었다. 아무리 그가 정밀하게 상처를 봉합해도 일주일 만에 가스괴저gangrene가 생기는 것은 어쩔 수 없었다. 지금으로 치자면 괴저균이 들어가서 생기는 질병인데, 알더라도 막을 수가 없었던 것이다. 그리고 전쟁이 끝났다. 이기든 지든 일상으로 돌아갈 시간이었다.

도마크는 제대 후 의대에 복학해 의사가 되었다. 이제 엄연히 단독으로 환자를 진료하고 치료할 자격이 생긴 것이다. 하지만 그는 전쟁에서 목격한 참상을 잊을 수가 없었다. 교전 중에 생긴 상처보다 수술 후에 가스괴저로 더 많은 사람이 죽는 상황에서 수술을 집도할 엄두가 나지 않았다. 대신에 그는 가스괴저를 막는 물질을 개발하고자 했다. 마침 독일의 위대한 코흐와 에를리히가 어느 정도 기초적인 시스템을 확립해 둔 상황이었다. 비록 그 뒤로 20년간 성과가 없었지만 또 누가 아는가? 더 좋은 물질을 찾는 사람이 자기가 될지.

병원과 의과대학에서 가난하게 연구하던 그에게 세계적 제약회사인 바이엘사가 제안한 것은 놓치기 싫은 기회였다. 바이엘사에서도 그가 필요했다. 살바르산보다 더 좋은 물질을 찾겠다고 수천 개의 화합물을 만들어 놓았고 더 만들 수 있는 인력도 있었다. 그들에게 필요한 사람은 활성을 빠르게 검색할 수 있는 능력 있는 의학자였다. 도마크의 연구팀은 최고의 팀이었다. 전임자가 급사하는 바람에 바빠지기는 했지만 화학자, 분석학자 등의 전문 인력이 좋은 시스템 아래 성과를 내고 있었다. 도마크로서는 급사만 피하면 될 뿐이었다. 하지만 그는 죽을 정도로 열심히 일했는데, 그 팀에 도움이 되고 싶었기 때문이다. 이럴 때 기적이 일어난다.

수백 개의 화합물을 추가로 만들고 수천 마리의 쥐를 희생시킨 1932년, 그들은 답을 찾았고 'K1-730'이라는 재미없는 이름

대신 프론토실Prontosil이라는 상품명을 붙였다. 역사상 유례가 없을 정도로 강력했고 다양한 균을 치료할 수 있었다. 예전이었으면 손도 쓰지 못했을 환자들이 이 빨간 약을 투여받고 살아났다. 이 환자들 중에는 도마크의 여섯 살 딸 힐데가르데Hildegarde Domagk도 있었다. 성탄절 준비를 하다 바늘에 찔린 것도 위험한데 바늘이 손을 관통해 손목 안에서 부러지는 끔찍한 사고였다. 바늘이야 수술로 제거했지만, 불안한 예감은 항상 적중한다. 힐데가르데에게서 감염증이 나타났고 곧이어 패혈증으로까지 악화되었다. 다른 희망을 가지기 힘든 이 상황에서 도마크가 선택한 것은 '아빠 찬스'. 그는 자신의 딸에게 프론토실을 투여해 완치시켰다. 1935년 12월의 일이었는데, 그에게는 아마 더할 나위 없는 크리스마스 선물이지 않았을까 상상해 본다.

주식시장에서도 내부자가 주식을 사면 호재로 본다. 하물며 아버지가 딸을 치료했다는데 더 이상의 시그널이 필요할까? 이미 1932년에 합성된 이 기적의 신약에 대해 유럽 전체에 소문이 파다했다. 바이엘사에서는 특허를 신청했고 승인을 받았다. 관련된 구조를 대부분 합성해서 활성을 확인했고, 좋은 화합물은 대부분 특허를 걸었기에 다른 회사에서 따라올 우려도 없었다. 30년째 이어진 기초 연구가 드디어 대박을 터트리기 직전이었다. 프론토실의 색깔을 따라 '기적의 빨간 약'으로도 불렸는데, 전 세계에서 지대한 관심을 보이고 있었다. 하지만 불안한 예감은 다시 한번 적중한다.

40 나누기 9

바이엘사의 꿈을 깨뜨린 건 파리의 파스퇴르 연구소였다. 루이 파스퇴르는 죽어서도 독일을 방해한 셈이었다. 하지만 바이엘사를 제외한 다른 사람들은 그 덕에 좋은 약을 값싸게 사용할 수 있었다. 무슨 일이 벌어진 것일까?

프론토실의 구조가 아직 공개되기 전인 1935년 11월, 이웃 나라 프랑스 파스퇴르 연구소는 소문의 그 약을 따라잡기 위해 실험을 하고 있었다. 화합물 구조가 베일에 가려졌다고는 하지만 특허가 출원된 상황이었고 어느 정도 유추가 가능했다. 그래서 관련된 화합물을 합성했고 프론토실의 구조를 추론해 낼 수 있었다. 더 활성 좋은 물질을 개발할 기대에도 부풀어 있었다. 물론 독일의 바이엘사가 이미 충분히 연구했지만 또 세상일은 어떻게 될지 모르는 법 아닌가?

연구팀이 새로이 합성한 프론토실의 유도체는 일곱 개. 프론토실까지 포함하면 연구팀이 활성을 검색하고자 하는 화합물은 여덟 종이었다. 동물실험으로 효과를 확인하기 위해서는 대조군도 있어야 한다. 즉, 아무 화합물도 테스트하지 않는 경우까지 감안해야 하는 것이다. 그런데 동물실험을 위해 사육한 쥐는 40마리. 연구팀이 화합물을 몇 개 만들지 모르고 넉넉하게 사육한 셈이었겠지만 어쨌든 계산은 복잡해졌다. 40 나누기 9다. 연구팀은 40마리의 쥐 모두를 적당한 균에 감염시킨 후 네 마리씩 열 개조로 나누었다. 대조군인 1조는 아무런 약물을 투여하지 않았고 2조는 프론토실을 투여했다. 3조부터 9조까지는 일곱 개의 유도체를 투여했다. 이 유도체 중에서 프론토실을 능가하는 물질이 나올 것을 기대하면서.

그런데 쥐가 네 마리 남았다. 같은 조건을 유지해야 실험에 의미가 있다. 이 쥐들은 남겨두었다가 다음에 쓸 수 없었다. 결국 연구팀은 설파닐아마이드sulfanilamide라는 물질을 10조에게 주었다. 이 물질은 당시 실험하던 유도체 구조에 공통적으로 포함된 구조였다. 알려진 물질이기는 했지만 크게 손해볼 것 없다는 생각으로 선정한 화합물이기도 했다. 마치 미운 오리 새끼들처럼 네 마리의 쥐는 제대로 준비한 화합물도 아닌 급조한 물질에 생명을 맡겨야만 했다.

그런데 실험 후 그 10조가 가장 많이 살아남은 것이다. 30년 간 바이엘사가 찾아 헤맨 화합물보다 파스퇴르 연구소가 우연히 테스트한 화합물이 훨씬 더 효과가 좋다니 믿을 수가 없었다. 이 미스터리한 사건을 풀기 위해 연구원들은 머리를 쥐어짜야 했는데, 보통 이렇게 좋은 결과가 있으면 나머지는 어떻게든 해결된다.

그들은 프론토실과 설파닐아마이드의 구조를 비교하면서 비밀을 풀었다. 프론토실 구조 자체가 항균활성을 띠는 것이 아니라, 프론토실이 체내에서 훨씬 간단한 구조인 설파닐아마이드로 전환된 후 활성을 나타내는 것이었다. 약물학적으로는 이처럼 체내에서 활성 구조로 바뀌는 의약품을 '전구약물prodrug'이라고

프론토실의 구조   설파닐아마이드의 구조

그림 프론토실과 설파닐아마이드의 구조

한다. 프론토실은 설파닐아마이드의 전구약물이었다.

설파닐아마이드는 이미 1907년에 개발되고 대량 생산된 물질이었다. 합성염료를 만드는 용도로 세상에 나온 화합물인데, 훨씬 더 숭고한 목적으로 쓰일 수 있다는 것이 이제야 밝혀진 것이다. 바이엘사로서는 이 상황을 넋 놓고 바라볼 수밖에 없었다. 특허가 만료된 설파닐아마이드가 효과는 같은데 가격은 저렴했다. 누가 프론토실을 사겠는가? 프론토실은 발매 후 한 해 동안 판매 순위 상위권을 장악했지만 곧 시장의 외면을 받았다.

설파닐아마이드가 세상을 놀라게 했지만 어쨌든 우연히 얻은 물질이다. 그것이 최고의 약물일 리는 없었다. 더 좋은 것을 찾아야 했다. 다행히도 구조가 작아서 화학자들이 관련 물질을 합성하기에 좋았다. 미국과 유럽의 유력 제약회사들은 설파닐아마이드를 보다 우수한 약으로 만들려고 했다. 그렇게 수많은 화합물이 생산되었고 하나의 의약품군으로서 지금도 사용하고 있다. 우리는 이 의약품군을 이제는 줄여서 '설파제sulfa drug'라고 부른다.

활성도 다양하다. 제2차 세계대전 도중 프랑스의 부상병을 치료하는 과정에서 막상 감염은 나았지만 일부 환자의 혈당 저하를 목격하면서 1950년대 말에는 당뇨병 치료제로 개발되었다. 소변이 많이 나오는 특징을 이용해서 역시 1950년대에 이뇨제로도 개발했다. 지금이야 고혈압 치료제가 다양하게 개발되어 많이 사용하지 않지만, 1980년대까지만 해도 고혈압 치료제의 주요 선택지였던 적도 있었다.

전쟁으로 돌아가자면, 설파제는 페니실린이 등장하기 전까지 짧은 시간 감염증 치료제로 명성을 떨치게 된다. 영국의 총리였던 윈스턴 처칠도 폐렴으로 죽을 뻔한 위기를 자국에서 생산한 설파제로 살아남았고, 미국의 프랭클린 루스벨트 대통령도 아들이 패혈증으로 죽을 위기에서 프론토실을 사용해 구해냈다. 루스벨트 대통령의 아들은 설파제가 아닌 프론토실을 사용했는데, 설파제가 본격적으로 나오기 전인 1936년의 일이기 때문이다. 독일로서는 영국과 미국의 수뇌부에게 큰 혜택을 베푼 셈이 되었는데, 전쟁의 측면에서는 안타까워했을 수도 있다는 생각이 든다. 미국으로서는 설파제에 도움을 받는 일이 하나 더 있었다. 1941년 12월 7일 일본군의 진주만 기습 때 하와이 현지에 설파제가 상당량 비축되어 있었다. 일본의 공격으로 군인 2,000명 이상이 죽었는데, 설파제가 없었다면 그 수는 훨씬 더 늘어났을 것이다.

도마크는 프론토실을 개발한 공로로 1939년 노벨생리의학상 수상자로 지명되었다. 다만 나치 정권은 정치적인 이유로 자국 과학자들에게 노벨상 수상을 금지했고, 도마크는 이 상에 지명되었다는 이유로 일주일간 감옥에 갇혔다. 이후 마지못해 노벨상을 거부한다는 서류에 서명한 그는 전쟁 후인 1947년, '마지못해' 거부했다는 상황을 인정받아 뒤늦게 노벨상 수상식에 참가했다. 이런 이야기가 알려지면서 다른 수상자들보다 더 많은 스포트라이트를 받았다. 안타깝게도 상금은 수령 기간 1년이 훌쩍 지나서 받을 수가 없었다.

프론토실과 설파제의 성공은 다른 의미로도 연합군에 기여했다. 바로 잠자고 있던 페니실린을 깨운 것이다. 이를 알기 위해서는 또 다른 제1차 세계대전 참전자를 살펴볼 필요가 있다.

휴가 중에 터진 대박

알렉산더 플레밍은 도마크처럼 제1차 세계대전에 의무장교로 참여했는데, 도마크와 달리 직접 교전을 경험한 일은 드물었다. 하지만 환자의 감염증을 치료하고 싶은 열망은 동일했다. 전쟁 후 플레밍은 런던의 병원에 근무하면서 균을 죽일 수 있는 물질을 찾았다. 도마크가 화학자들과 함께한 것과 달리 플레밍은 혼자였다. 플레밍은 가능성 있는 것은 뭐가 되든지 다 뒤졌는데, 자신의 콧물이 균을 어느 정도 죽일 수 있다는 것을 1922년 발표했다. 눈물 속에도 있는 이 성분을 라이소자임lysozyme으로 명명하고 개발 가능성을 검토했지만 원하는 만큼의 효과가 나지 않자 다른 물질을 찾기 시작했다.

1928년, 플레밍은 그 유명한 기적을 경험하게 된다. 균을 배양하고 뚜껑을 닫지 않은 채 2주간 휴가를 떠난 것이다. 개인적으로는 2주나 휴가를 떠난 것 자체가 기적으로 생각되지만, 사람들은 보통 아래층 푸른곰팡이Penicillium notatum가 위층 플레밍의 연구실 벽 열린 창문으로 날아 들어와 마침 실수로 뚜껑을 열어놓은 배양 접시에 안착한 것을 조금 더 기적으로 여긴다. 휴가를 다녀온 플레밍은 자기가 꿈에 그리던 실험 결과가 떡하니 놓여 있는 것을 보았다. 자기가 배양하던 황색포도상구균이 무언가 알 수 없는 것에 오염되어 있고 그 주변의 황색포도상구균이 다 죽어 있었던 것이다.

플레밍은 그 알 수 없는 것을 추적했다. 이후 그는 원인이었

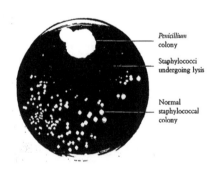

그림 푸른곰팡이에 의해 성장이 멈춘 황색포도상구균

던 푸른곰팡이를 찾아냈고, 그 곰팡이가 만들어 내는 물질을 찾아내려 했지만 제대로 정제하는 데는 실패했다. 화학 지식의 부족, 개인 차원 연구의 한계 등을 원인으로 생각할 수 있다. 어쨌든 그는 후속 실험에 한계를 느끼고 이듬해인 1929년 페니실린으로 동물실험까지 수행한 결과를 발표하며 관련 연구를 종료했다. 사람들의 반응 역시 미지근했다. 이미 1922년에 라이소자임으로 유사한 연구를 발표하지 않았던가? 그런데 이제는 페니실린이라는 효소인지 작은 화합물인지도 모를 물질을 가져와서 발표한 것이다. 그때나 지금이나 사람들은 재탕을 좋아하지 않는다. 그런데 페니실린이 잠자던 사이, 라이벌 독일에서 나온 설파제가 세상을 바꾸었다. 플레밍이 꿈꾸었던 일을 독일의 연구진이 이루어 낸 것이다.

초특급 대우

하워드 플로리는 설파제의 한계를 느끼고 있었다. 옥스퍼드 대학 병리학실을 이끌면서 기초 연구에도 주력한 플로리는 설파제의 항균력이 우수하기는 하지만 여전히 치료하기 어려운 감염증이 많다는 것을 알고 있었다. 쉽게 생기는 내성도 문제였다. 다른 좋은 물질은 없을까? 그는 고민하다가 에른스트 체인Ernst Chain과 함께 관련 문헌을 뒤지기 시작했다. 체인은 유대계 독일인으로, 나치의 박해를 피해 1935년부터 옥스퍼드에서 함께 일하고 있는 화학자였다.

그들은 플레밍의 논문을 접하면서 페니실린의 가능성을 보았다. 동물실험에서 어느 정도 효과를 보였는데, 막상 플레밍의 실험 설계를 보면 빈틈도 군데군데 보였다. 페니실린의 정체는 고사하고 분리조차 하지 않았던 실험 아닌가? 페니실린을 순수하게 정제해 투여한다면 플레밍의 동물실험을 뛰어넘어 사람에게도 적용할 수 있지 않을까? 그들은 꿈을 꾸었다. 그리고 그들에게는 플레밍에게 없었던 화학자도, 함께 토론할 동료 연구자도 있었다.

플로리는 본격적으로 연구팀을 꾸리고 연구를 진행했다. 마침 발발한 전쟁으로 인해 예산이 부족했지만 없는 돈을 아껴가며 연구원을 채용하고 공간을 마련했다. 우선 그들은 곰팡이를 배양하는 일부터 시작해야 했다. 보통 사람들은 곰팡이를 없애는 노하우를 가지고 있다. 하지만 그들은 전혀 다르게 접근해야 했다. 곰팡이가 살기 좋게끔 필요한 영양분을 주었고 주기적으로 배양접시를 갈아주었다. 배양접시는 그 전에 살균처리를 한 접시였다. 안 그러면 다른 균이 자랄지도 모르는 일이었다. 배양접시에 곰팡이가 너무 많아지면 더 자라지 않기 때문에 적절하게 흩어주는 것도 잊지 않았다. 굳이 비유하자면 곰팡이에게 입주 청소까지 완벽하게 해놓은 신축 아파트를 주고 음식물을 가득 채워준 셈이다. 그것도 그냥 아파트가 아니라 대가족을 위한 넓은 아파트. 이 정도면 나도 곰팡이가 되고 싶다.

곰팡이가 많이 자라면 이제 그 곰팡이에서 페니실린을 분리해야 한다. 연구를 거듭하며 페니실린이 단백질 같은 거대 분자가 아닌, 작은 화합물인 것은 알았다. 화합물 분리라면 화학자들이 주로 해야 하는 일이다. 체인과 또 다른 화학자인 히틀리는 산이나 염기를 가하고 적당한 유기용매를 이용한 추출법을 적용해 결국 페니실린을 나름 정제하는 데 성공했다. 지금 관점에서 본다면 그들이 정제한 페니실린의 순도는 1퍼센트 남짓인데, 그렇다면 플레밍은 1928년에 도대체 몇 퍼센트의 순도로 동물실험을 했다는 것인지 궁금해지는 대목이다. 어쨌든 옥스퍼드 연구팀은 그들이 나름 정제한 페니실린이 동물실험에서 놀라울 정도로 높은 항균활성을 보이는 것을 관찰했다. 이제 사람에게 실험할 차례였다.

뚜렷한 한계

사람에게 약물을 시험하려면 세 가지가 필요하다. 의사, 환자 그리고 약물이다. 의사는 있었다. 병원에 의사는 넘쳤고 플로리도 의사였다. 환자도 있었다. 감염증으로 쓰러져 가는 사람들은 지금도 많다. 문제는 약물이었다. 페니실린을 10그램 남짓 쥐에 투여하는 것과 70킬로그램의 사람에 투여하는 것은 단순히 7,000배 많이 생산한다고 해결되는 차원의 문제가 아니다. 쥐는 실험 결과가 좋지 않을 경우 위령제로 마무리할 수 있지만 사람은 어떻게든 살려야 한다. 동물에게는 효과가 있던 용량이 막상 사람에게는 효과가 없어서 고용량을 투여해야 할지도 모른다. 1

회 투여로 완치가 된다면 좋겠지만, 그렇지 않을 때는 기약 없이 약물을 투여해야 할 수도 있다. 동물 실험을 하기 위해 실험실이 온통 샬레로 가득 찼고, 그 샬레에서 나오는 곰팡이 여과액mold juice을 밤새워 추출한 지 한 달도 되지 않았다. 그 이상의 양을 만들 수 있을까? 이 전쟁통에서?

그런데 그들은 해냈다. 배양 용기를 대형화하는 방식으로 생산 규모를 늘렸고, 일을 도와줄 단기 직원까지 채용해서 느리지만 꾸역꾸역 일을 진행했다. 사람에게 투여할 때는 더 높은 순도의 페니실린이 필요했기 때문에 인근 전문가들의 협력을 통해 고순도로 정제하는 프로토콜을 새로이 개발했다. 그 결과 80퍼센트까지 순도가 향상되는 기적을 경험하기도 했다. 18개월의 연구와 노동을 통해 그럭저럭 한 명을 치료할 수 있을 정도의 페니실린을 확보했다.

43세의 경찰관이던 앨버트 알렉산더Albert Alexander는 정원 손질 중 가시덤불에 얼굴을 긁혀 반년 전부터 병원에 입원해 있었다. 하지만 약이 없는데 무슨 치료를 받을 수 있었겠는가? 수술로 제거할 상처도 아니었기 때문에 반년간 상처가 악화되는 것을 그저 안타깝게 지켜보고만 있었는데, 이제 그마저도 얼마 남지 않은 듯 보였다. 그는 패혈증으로 죽어가고 있었다. 옥스퍼드 연구팀은 환자 가족에게 동의를 구하고 페니실린을 투여하기로 했다. 이럴 때 가족은 기적을 바라는 법이다. 페니실린 투여 후 24시간 만인 1941년 2월 13일, 패혈증으로 신음하던 환자의 증상이 기적처럼 거의 사라졌다. 열도 내리고 종기도 가라앉았다. 식욕도 생겼다. 그는 페니실린의 도움을 받아 패혈증을 이겨내는 것으로 보였다. 하지만 마지막 순간 페니실린이 모자랐다. 페니실린을 다시 확보하기 위해 환자의 소변을 모아 농축하거나 분리하는 일도 소용 없었다. 총알이 모자라 허무하게 패한 군인처럼 그는 죽었다. 1941년 3월 15일이었다.

그들에게는 거대 제약회사가 필요했다. 미국 록펠러재단Rockefeller Foundation이 지원하던 연구비가 요긴하게 쓰이기는 했지만 그 연구비만으로는 한계가 명확했다. 그런데 당시는 제2차 세계대전이 한창이었고 독일 공군은 날마다 폭격기를 보내 무차별 폭격을 진행하고 있었다. 또한 독일 해군은 카를 되니츠Karl Dönitz 제독의 놀라운 계획에 따라 해저의 암살자인 유보트U-boat 선단을 운용하고 있었다. 국내에서의 물자는 불타고 있었고 해외에서의 물자는 끊기고 있었다. 이런 전쟁 중에 과연 페니실린을 대량 생산해서 나라를 바꾸고 세상을 구할 수 있을까?

역설적이게도 페니실린은 전쟁 덕분에 대량 생산이 가능했다.

신대륙으로

우리는 제2차 세계대전을 생각하며 전 세계와 맞장 뜬 독일을 대단하다고 생각한다. 하지만 그런 독일을 유럽에서 홀로 맞선 영국의 힘 역시 무시할 수 없다. 영국은 프랑스가 일찌감치 탈락한 전쟁에서 독일과 맞서기 위해 레이더나 암호해독기 같은 최첨단 무기를 개발해 실전에 배치했다. 그런데도 독일을 감당할 수 없자 미국을 끌어들였으며, 이 과정에서 그들이 가진 많은 유무형의 자산을 제공했다. 해외의 식민지나 최신 원천 기술 등 줄 수 있는 것은 모두 주면서 전쟁을 지속한 것이다. 제2차 세계대전 후 영국이 더 이상 예전의 강대국으로서 명성을 지속하지 못한 것은 다 이러한 이유 때문이다. 탈탈 털어 얻은, 값비싼 승리였다. 하지만 그들이 제공한 기술은 미국뿐만 아니라 전 세계를 바꾸는 데 일조했다. 페니실린도 그렇다.

플로리와 히틀리가 페니실린 샘플과 중요 서류를 들고 뉴욕을 방문했을 때, 그들은 한시의 지체도 없이 관련자들을 만나 협력을 요청했다. 옥스퍼드 팀에게 연구비를 제공한 록펠러재단의 연구 담당자부터 시작해, 발효와 관련해 도움을 줄 수 있는 미국 농화학연구소 전문가들까지 두루 만나면서 런던에서는 상상할 수도 없는 대규모 인력과 설비, 자금을 확보했다. 그리고 곧바로 옥스퍼드에서 최적화한 배양 시스템을 넘어섰다. 푸른곰팡이 중 다른 종들을 검색하면서 페니실린을 많이 생산하는 곰팡이를 찾았고, 배양액에 옥수수 추출액을 추가할 때 생산수율이 향상되는 것도 확인했다. 역시 모든 일에는 전문가가 있다.

일단 미국 연구진과의 공동연구를 통해 성과가 향상되고 타 분야 전문가의 인정을 받게 되자 다음 단계인 의약품으로의 전환도 진행되었다. 이 과정에서는 정부 연구소뿐만 아니라 미국 내 제약회사들까지 연계하게 되는데, 미국의 규모 있는 제약회사는 대부분 이 과제에 참여를 신청했다고 봐도 과언이 아니었다. 기적의 항생제였다. 그리고 유럽과 태평양 전선에서 몽땅 사 갈 것이 확실했다. 만드는 즉시 바로바로 팔리는 의약품. 모든 회사가 꿈꾸는 상황이 아닐까?

당시 미군 당국은 유럽 대륙으로의 대규모 상륙작전을 기획하고 있었다. 우리가 훗날 '노르망디 상륙작전'이라고 부르는 것이다. 이를 위해 낙하산, 전차, 수송함, 총알 등 생각할 수 있는 것은 모두 최적화하고 있던 단계였다. 페니실린을 이때 알게 된 것은 미국 정부로서도 행운이었다. 놓칠 수 없었다.

진주만 공습은 이런 상황에 부채질을 한 사건이었다. 설파제가 진주만의 부상병을 지켜주기는 했지만 독일도 알고 있는 의약품이었다. 그런데 설파제보다 훨씬 더 강력한 페니실린이 이제 미국 내에서 아무도 모르게 자라고 있었다. 체인의 노벨상 수상 강연에 따르면 1943년부터 페니실린과 관련한 연구 결과는 논문 발표를 금지할 정도로 보안에 각별한 신경을 썼다. 1943년, 페니실린 생산은 미국 내 전략물자 연구 중 두 번째로 우선권을 지니게 되었다. 첫 번째는 원자폭탄이었다.

제약회사도 부지런히 연구했다. 그들은 돈이 걸려 있었기 때문에 상상을 초월하는 스케일로 접근했다. 특히, 화이자Pfizer는 규모는 작았지만 발효기술만큼은 미국 내 최고의 회사였다. 화이자는 제1차 세계대전으로 구연산citric acid 수입이 이탈리아에서부터 막히자 설탕에서 발효하는 과정으로 구연산을 생산해 낸 회사였다. 그렇게 구연산을 코카콜라나 펩시콜라 회사에 납품하며 성장해 온 회사였는데, 그 후로 20년간 대량 발효 시스템을 최적화한 경험이 있었다. 그들이 봤을 때 이전의 연구자들이 썼던 샬레나 드럼통 등은 페니실린을 대량 생산하기에 우습기 짝이 없었다. 화이자의 재스퍼 케인Jasper Kane 같은 담당자들은 발효탱크 정도는 되어야 제대로 페니실린 수급을 맞출 수 있다고 제안했고, 하나의 발효탱크에서 시험 생산하던 페니실린 공장은 곧 거대 발효탱크들로 가득 찼다.

그릇을 키우는 것이 뭐 대단한 걸까 싶은 독자들을 위해 잠깐 첨언하자면, 이 과정은 단순히 그릇을 키우는 차원이 아니다. 얇은 발효 접시가 거대한 발효탱크로 바뀌게 되면 안쪽에 있는 푸른곰팡이가 공기를 접할 수 없다. 모든 미생물이 공기를 좋아하는 것은 아니지만, 푸른곰팡이를 대량 배양하기 위해서는 공기가 필요하다. 그러므로 별생각 없이 발효 용기만 키우는 방법으로는 표면의 푸른곰팡이만 자랄 뿐이다. 안쪽에서도 균일하게 페니실린을 생산하기 위해서는 적절한 공기 주입 시스템이 필요하다. 그런데 공기가 너무 많이 들어가면 그 자체로 거품이 일어 생산성을 떨어뜨리는 것이 관찰되었기에, 적절한 공기 주입 속도 유지 외에 거품을 조절하기 위해 계면활성제까지 개발해 발효탱크에 추가해야 했다. 이 물질은 지방산의 일종인 글리세릴 모노리시놀레이트glyceryl monoricinolate로, 다른 제약회사인 릴리Lilly사가 개발한 성과다. 국소적으로 농축이 일어나지 않도록 저어주는 과정도 필요한데, 가가멜이 수프 끓이듯이 뚜껑 열고 두 손으로 저었다가는 단번에 오염이 일어나 이상한 균들만 잔뜩 자란다. 밀폐 조건을 유지하면서 적절하게 혼합하는 방법 또한 개발해서 기계를 만들어야 했다.

화이자뿐만 아니라 머크와 같은 다른 대형 제약회사에서도 페니실린을 대량 생산하기 위해 노력했고 상당한 성과를 거두었다. 1943년 210억 단위를 생산하던 업계는 1944년 1조 6,000억 단위를 생산하며 80배 성장했고, 1945년에는 다시 네 배 이상 생산성을 높였다. 그리고 이렇게 생산한 페니실린 제품은 곧바로 의무병의 구급 키트로 들어가 미군의 상륙작전에 동행했다. 불과 3년 만에 경이적인 속도로 발전했는데, 과연 전쟁이 없었더라도 이렇게 성공을 거두었을지는 알 수 없다.

그림 화이자와 머크에서 개발한 페니실린 대형 발효탱크

세계로

노르망디 상륙작전은 페니실린이 없었어도 성공했을 작전이다. 그 하루를 위해 얼마나 준비했던가? 타라와섬 상륙작전같이 상륙 도중에 산호초에 걸려 병사들이 엄폐물도 없는 바다를 기관총 세례 속에서 나아가는 어설픔은 없어야 했다. 조수 간만의 차도 확인해야 하고 확보할 접안 시설도 계획에 두어야 했다. 적에게 발각되지 않을 밤이어야 했지만, 너무 어두워서 작전에 지장을 주면 곤란했다. 날짜와 장소는 특급 기밀이었다. 독일군을 교란시키기 위해, 당장 작전에 투입 불가능한 조지 패튼George S. Patton 같은 명장을 다른 지역에 배치해 일부러 적군에 노출하기도 했다. 실패해서는 안 되는 작전이었다.

노르망디 상륙작전 당일, 확인된 인원만 4,000명이 넘는 사망자가 나왔다. 대부분 상륙 초반에 집중되었는데, 페니실린이 있었다 해도 그들을 당장 살리기는 불가능했을 것이다. 하지만 노르망디 상륙에 성공하고서도 그들의 예상과 달리 파리 수복에는 상당한 접전을 치렀다. 페니실린은 이렇게 시간이 길어지면서 서서히 효력을 발휘했다. 그리고 전쟁이 종식되기도 전인 1945년 3월 미국은 이제 충분한 양이 있다며 페니실린을 민간에 개방했다. 일반인도 적절한 조건하에 페니실린을 살 수 있는 시대가 온 것이다. 경쟁적으로 생산해 낸 페니실린이 전쟁 직후 낮은 가격에 시장에 나온 것도 큰 역할을 했다.

페니실린이 성공적으로 시장에 진입한 후 미국의 다른 제약회사들은 다른 항생제를 찾아 세상을 뒤졌다. 페니실린 이후 첫 번째 성공 사례는 비교적 일찍 나왔는데, 스트렙토마이신streptomycin이라는 결핵 치료제다. 셀먼 왁스먼Selman Waksman이라는 러시아계 미국인이 흙 속의 세균에서 찾아냈다. 그는 이 공로로 1952년 노벨상을 수상했다. 페니실린 개발 이전부터 왁스먼이 이런 연구를 하고 있었고 성과가 어느 정도 나왔다는 것 역시 흥미로운 사실이다.

페니실린을 발효하여 머크사와 같은 제약회사에 공급한 원료의약품 회사 화이자는 제약회사의 영업이익률이 부러웠는지 아예 완제의약품 회사로 변신을 시도했다. 그들이 처음 접근한 의약품도 항생제였다. 화이자는 전 세계의 토양을 다 뒤져서 토양 샘플을 모으고 적절한 추출과정을 거쳐 항균활성이 있는 토양 추출물을 고르려 했다. 수없이 많은 샘플 중 드디어 테러호트Terre Haute라는 지역에서 나온 샘플이 항균활성이 있다는 것을 알게 되었다. 막상 그 지역이 어디인지를 샘플 박스에서 확인했더니 자신들의 공장 뒤뜰이었다. 파랑새는 가까이 있었다. 어쨌든 화이자는 테러호트의 땅에서 나온 화합물을 분리해 테트라사이클린tetracycline계 항생제로 판매했다. 이후 화이자는 거대 제약회사로 성장하며 비아그라 등을 개발했고, 지금은 우리에게 코로나 백신까지 판매하는 회사로 확실하게 각인되었다.

미생물은 왜 항생제를 만들까? 푸른곰팡이가 페니실린을 만드는 이유는 무엇일까? 지금 유력하게 제기되는 가설은 그들의 생존을 위해서라는 것이다. 자연계에서 자원은 한정되어 있고 미생물이 번식하기에는 언제나 부족하다. 결국 그 미생물은 다른 미생물을 물리쳐야만 자신이 살아갈 수 있는 것이다. 우리가 총을 만들고 칼을 갈듯이 미생물은 다른 미생물을 죽일 수 있는 비장의 한 방을 품고 있다. 이러한 마법의 탄환을 이용해서 우리는 원하지 않는 미생물을 죽이는 데 사용하고 있다. 이러한 개념을 '항생제antibiotics'라고 부르는데, 결핵 치료제로 노벨상을 받은 셀먼 왁스먼이 주창한 용어이며 지금은 많은 사람들에게 받아들여지고 있다.

앞으로

페니실린으로 살린 사람은 얼마나 될까? 직접적인 수치를 확인하는 것은 불가능하지만 페니실린이 개발된 뒤로 관련 질환이 얼마나 줄었는지를 확인하는 방식으로 어느 정도는 추론할 수 있다. 미국 질병통제예방센터Center for Disease Control and Prevention, CDC는 관련 학회 자료를 인용하여 1900년부터 1996년까지 감염증으로 인한 미국 내 사망자 통계를 제공하고 있다. 10만 명당 사망자 수로 나타내는데, 통계에 따르면 1900년대 초 800명에 이르던 사망률이 1918년에 1,000명 선까지 상승한다. 이는 스페인 독감에 따른 일시적 상승이며 이후 점차 감소해 간다. 페니실린이 상용화된 1950년대 이후로는 줄곧 50명에서 100명 선을 유지하고 있다.

미국 인구를 3억 명으로 환산하면 1900년보다 1990년에 사망자가 대략 210만 명 줄어들었다고 볼 수 있다. 2022년 6월, 코로나19로 인한 미국 내 사망자는 100만 명을 약간 넘었다. 물론 항생제에는 페니실린만 있는 것이 아니고, 감염증에는 박테리아 외에 바이러스나 곰팡이 등 다양한 병원체가 연루되어 있다. 그렇더라도 페니실린 이후 수많은 항생제가 도입되었음을 감안하면 그 역할을 무시할 수 없을 것이다.

하지만 우리가 박테리아를 압도할 수 있는 시기는 그리 길지 않을 듯하다. 페니실린이 상용화된 직후 내성균이 보고되었으며, 그 내성균을 무찌를 수 있는 다른 항생제가 도입된 직후 다시 내성균이 보고되었다. 내성균의 출현 시기는 점차 빨라지고 있으며, 다양한 약제에 내성을 가지는 다제 내성균의 등장도 계속해서 보고되고 있다. 정작 노벨상을 수상한 플레밍도 1945년의 수상 강연에서 항생제 내성이 생길 경우 무고한 사람들이 희생될 수 있다고 강조했다.

제약회사 입장에서도 난감한 것이, 천문학적 연구비를 들여서 약을 개발하면 1, 2년 안에 내성균이 나타나 사용에 제한이 따른다. 그만큼 판매가 덜 된다는 뜻이다. 제약회사 전체적으로 지난 20여 년간 신규 항생제 연구는 줄어만 가고 있다. 최근 들어 미국에서는 항생제 신규 개발을 위해 제도적 지원을 요구하고 있는데, 주로 개발 기간 단축과 관련되어 있다. 하지만 안전성과 관련한 임상시험을 마냥 최소화할 수는 없기에 고민이 뒤

따른다.

　현재로서는 슈퍼히어로 같은 신약이 나와서 세상의 모든 균을 제압하는 것을 기대하지 않는다. 그러면 또 슈퍼빌런 같은 세균이 나올 것이 분명하다. 그러한 연구도 물론 지속적으로 필요하지만 항생제 사용을 줄이려는 노력도 필요한 것이 사실이다. 2016년에 발표한 국가 항생제 내성 관리 대책에 따르면, 우리나라의 항생제 사용 비율은 여전히 OECD 평균보다도 높고 문제가 되는 슈퍼 박테리아도 많이 관찰되고 있다. 항생제 사용 비율이 높은 것은 수치만으로 나쁘게 해석할 필요는 없다. 우리나라는 다른 나라들보다 훨씬 쉽게 병원을 이용할 수 있는 나라여서 자연스럽게 관련 수치가 높을 수 있다. 다만 슈퍼 박테리아의 등장은 여전히 우려스러운 점이다. 평생 먹는 항생제 양은 정해져 있다. 아껴서 먹기 바란다.

페니실린 생산을 위해
화학자들은 무엇을 하고 있었을까?

옥스퍼드 연구팀은 페니실린이 화합물이라는 것을 일찌감치 파악하고 있었다. 그렇기 때문에 분리와 정제를 위해 많은 화학자들과 함께하며 페니실린을 성공리에 개발할 수 있었다. 그런데 정작 페니실린을 대량 생산하는 과정에서는 화학자들의 역할이 크지 않다. 미생물학자들이 발효 과정을 연구하고, 약제학자들이 페니실린을 주사제로 만들고, 약물학자들이 페니실린의 효능을 확인하고, 공장에서 대량 생산을 하는 동안 정작 화학자들은 이 중요한 화합물을 위해 무엇을 하고 있었을까?

그들도 페니실린의 대량 생산을 위해 자존심을 걸고 연구하고 있었다. 페니실린이 미생물에서 나오는 화합물이라면 미생물학자 못지않게 화학자가 기여할 수도 있지 않은가? 간단한 화합물에서 페니실린을 생산한다면 충분히 국가에 기여하고 경제적으로도 이득을 취할 수 있는 상황이었다. 화합물이라면 화학자가 나서야 한다.

그런데 정작 그들은 페니실린을 대량 생산하는 데 실패했다.

이유는 간단했다. 구조를 몰랐기 때문이다. 페니실린의 구조는 당시로서는 듣지도 보지도 못한 골격을 가지고 있었다. 단순히 복잡하고 말고의 문제가 아니라 불안정해서 자연계에 존재하지 않을 것 같은 구조였다. 물론 화합물이 불안정하다는 것은 그만큼 반응성이 좋다는 것이고, 그러므로 박테리아 사멸 효과를 지니는 것이다. 하지만 당시 화학자들은 전혀 다른 구조를 예상했고, 그 다른 구조를 합성하는 데 전력을 쏟았다. 이 화학자들 중에는 추후 노벨상을 받게 되는 당대 최고의 화학자도 포함되어 있었다.

페니실린의 정확한 구조는 그림과 같다. 다른 구조들도 모두 분자량이나 화학 조성식은 같지만 분자의 구조는 다르다. 이런 관계를 '이성질체isomer'라고 하는데, 그냥 다르다고 생각하면 된다. 페니실린 구조가 어떤지도 모르는데 어떻게 만들 수 있었겠는가? 결국 구조분석학자들이 페니실린의 구조를 X-레이 회절 방법이라는, 당시로서는 최신 기술을 통해 분석하자 그들은 페니실린의 구조를 받아들였고 자신들이 왜 합성에 실패했는지를

정확한 구조   잘못 예측한 구조   잘못 예측한 구조

그림 페니실린 G의 구조

깨닫게 되었다. 역시 사람은 눈으로 보아야 믿는 법인가 보다.

X-레이를 이용한 구조 결정학은 당시로서도 최신 기술이었고 이를 바탕으로 분자 단위의 물질을 눈으로 보게 해준다는 점에서 의미가 깊었다. 물론 모든 것을 X-레이로 볼 수 있는 것은 아니다. 보고자 하는 화합물을 투명한 결정crystal 형태로 만들어야 하는데, 이 과정이 생각보다 굉장히 어렵다. 그리고 X-레이를 투영했다고 해도 구조가 3차원으로 바로 보이는 것이 아니라 X-레이가 휘는 각도가 수치로 나오기 때문에, 이것을 역으로 계산해야 하는 고차원적인 문제 풀이다. 그럼에도 그것에 성공하고 중요 화합물 구조를 분석했을 때의 의미는 더없이 크다. 실제로 페니실린과 비타민B_{12}, 인슐린 등의 구조를 확인한 도러시 호지킨Dorothy Hodgkin은 1964년 노벨상을 받았으며, 지금도 각종 단백질 구조 결정 논문은《네이처Nature》나《사이언스Science》등의 주요 저널에 실리고는 한다. DNA 이중나선 구조를 제시하게 된 결정적인 계기도 DNA를 투명한 결정으로 만들어 X-레이로 촬영한 자료가 있었기에 가능했다. 눈으로 보는 것은 생각보다 강력하다.

페니실린 구조를 눈으로 확인하면서 알게 된 사실이 하나 더 있다. 바로 페니실린이 작용하는 기전을 알게 된 것이다. 페니실린 구조를 바탕으로 사람들은 박테리아의 사멸 기전을 연구했고, 그 결과 박테리아의 주요 구성 요소인 세포벽 합성을 저해한다는 사실을 파악했다. 다음 그림은 페니실린계 화합물의 핵심 구조와 박테리아 세포벽 생합성 중 핵심 구조를 비교한 것이다. 박테리아의 세포벽을 계속 만들어야 하는 효소 입장에서는 입체 구조가 비슷한 페니실린과 우선적으로 반응하는데, 하필 페니실린은 앞서 언급한 것처럼 반응성이 아주 좋다. 결국 세포벽을 만들어야 하는 효소는 페니실린과 반응하고 만다. 다른 물질에 낚여버리는 셈이므로 원래 만들어야 하는 세포벽을 생산하지 않는다. 따라서 박테리아는 더 이상 자랄 수 없고 우리는 박테리아를 이겨낼 수 있다. 사람에게는 세포벽이 없으므로 이러한 문제가 없다는 것도 좋은 점이다.

페니실린의 작용 기전까지 밝혀낸 학자들은 왜 일부 세균에 대해서는 페니실린의 효과가 없는지를 알게 되었다. 세포벽이 중요한 세균들은 페니실린이 치명적이겠지만 세포벽이 얇고 세포벽 밖에 다른 보호층이 더 있는 세균들은 페니실린에 죽지 않는 것이었다. 이러한 차이점을 알게 되며 사람들은 새로운 기전의 항생제를 찾아나섰고, 그 결과 지금 병원 냉장고는 많은 항생

페니실린의 일반적 구조   박테리아 세포벽 생합성 중 핵심 구조

그림 페니실린과 박테리아 세포벽 생합성 중 핵심 구조의 비교

제들로 가득 차게 되었다.

참고로 페니실린의 순수한 화학적 합성은 1957년 중반에
MIT의 화학자들에 의해서 이루어졌다. 합성 과정도 아름답고
의약학이나 화학에서 중요한 의미를 지니지만, 정작 전쟁 부상
병을 위해서는 쓸 수 없었다는 것이 안타까울 뿐이다. 모든 일에
는 타이밍이 있다.

9장

공포의 전쟁, 전쟁의 공포

덩케르크 탈출 작전

1940년 5월 프랑스에 대한 전면전이 시작된 후 독일군은 파죽지세로 진격했다. 벨기에 방향으로 직접 공격하는 독일군과 남쪽 아르덴 삼림을 돌파한 후 벨기에를 우회해 들어오는 독일군 사이에 갇혀 연합군은 대응다운 대응도 해보지 못하고 패주하기 바빴다. 그렇게 사정없이 공격하던 5월 24일, 프랑스와 영국 연합군을 궁지로 몰아넣은 독일군은 마지막 진격을 앞두고 있었다. 연합군은 바닷가인 덩케르크Dunkirk까지 밀려나 이제 더는 뒤가 없는 상황. 독일군이 지금까지 해오던 대로 탱크와 함께 돌진하는 순간 연합군은 항복할 수밖에 없었다. 바다에 빠져 죽을 수는 없는 노릇. 그렇다고 바다 건너 영국으로 헤엄쳐 가는 것도 불가능했다.

그런데 독일군의 진격이 멈춘다. 이유는 지금도 모른다. 여러 가지 추측이 있지만 왜 이 중요한 시기에 화룡점정을 하지 않았는지 확실한 이유는 베일에 가려져 있을 뿐이다. 어쨌든 독일이 허비한 열흘 동안 영국은 군함이든 상선이든 어선이든 배라는 배는 가리지 않고 모두 끌어모아 연합군을 바다 건너 영국 본토로 대피시켰다. '덩케르크의 기적'이라고 불리는 이 열흘간의 탈출 작전으로 30만 넘는 연합군 병사들이 무사히 대피할 수 있었는데, 이들은 대부분 다시 전장으로 복귀해 독일군의 공세에 맞서 싸우게 된다. 독일군이 이때 지체하지 않고 밀고 들어왔다면 어떻게 되었을까? 현장의 지휘관들은 대부분 지체 없이 공격하자고 했다는데, 그랬다면 전쟁의 양상은 심각하게 달라졌을지도 모른다.

30만 넘는 연합군 병사가 귀환했다고는 하지만, 탈출이 순탄했던 것은 아니었다. 지상에서의 공격은 멈추었지만 독일군 항공과 해군 전력이 연합군 선박의 접근을 막고 있었다. 이러한 감시망을 피해 빠르고 안전하게 대피해야 했으니 얼마나 무서웠을까? 더군다나 지금이야 열흘 뒤에 독일이 공격했다는 것을 알고 있지만, 그 당시로서는 당장 독일군 탱크가 공격해 들어온다고 해도 전혀 이상할 것이 없었다.

독일군의 진격이 멈춘 지 7일째인 5월 31일 밤, 프랑스 전함 시로코Siroco호 역시 고립된 프랑스군을 구출하기 위해 덩케르크

지역으로 조심스럽게 들어오고 있었다. 자국 군인을 승선시키는 것까지는 큰 문제가 없었다. 하지만 그 지역을 탈출해야 하는 상황에서 독일 함정에 발각된다. 승선 인원을 까마득하게 초과한 프랑스 전함이 할 수 있는 일은 별로 없었다. 어뢰가 빗나가기를 바라는 것. 그리고 빨리 도망치는 것. 다행히 첫 번째 어뢰는 피해 갔다. 하지만 두 번의 행운은 없었다. 독일군의 두 번째 어뢰는 시로코호를 명중했고, 시코로호는 차가운 도버해협의 밤바다에 침몰하고 말았다. 구출하고자 한 병사의 90퍼센트가 그날 밤 사망했고, 구출하러 간 시로코호의 승조원도 절반 넘게 사망했다.

그런 면에서 앙리 라보리Henri Laborit는 운이 좋았다. 배가 좌초하는 순간 대부분 사망하는데 일단 그 난리통에서도 죽지 않았다. 어두운 밤이었기에 독일군 함정이 무사히 돌아간 것도 좋았다. 구명조끼를 입고 있었던 것도 축복이었다. 그래도 안심할 수는 없었다. 5월의 도버해협은 아주 추웠으니까. 타이타닉호에서 바다로 떨어진 사람들도 대부분 익사한 것이 아니라 동사했다고 하지 않는가? 어쩌면 독일 함정이 약간의 수색만 마치고 돌아간 것도 어차피 얼어 죽을 것으로 예상했기 때문인지도 모른다.

라보리는 포기하지 않고 구조를 기다렸다. 큰 폭음이 들렸으니 조만간 연합군 선박이 올 것으로 기대했다. 그때까지 최대한 에너지를 아끼기 위해 차가운 바다 위에 떠 있는 것 외에 아무 것도 하지 않았다. 옆에는 살아남은 사람들이 서로 판자 조각이라도 잡기 위해 싸우다가 같이 가라앉아 가고 있었다. 하지만 라보리는 겨울잠을 자는 곰처럼 가만히 있었다. 바다 위에 떠 있기만 했을 뿐이다. 아무 생각도 하지 않았다. 생각한다고 달라지는 것도 없다. 그러고 보니 두려움도 조금 줄어드는 것 같았다.

결국 그날 밤이 지날 때쯤 영국 선박이 다가왔다. 그때까지도 살아남은 몇몇 사람들은 서로 먼저 구조해 달라고 뱃머리로 가서 다투다가 함께 죽었다. 모든 일이 정리되고 조용해질 때쯤 라보리는 마지막으로 힘을 냈다. 훈련 중 수영을 익혀두었던 것이 이럴 때 도움이 되었다. 이제는 별로 경쟁이 없는 뱃머리로 간 후 영국 선원의 도움을 받아 갑판으로 올라갔다. 그러고는 탈진했다.

기적적으로 생환한 라보리는 아프리카의 튀니지로 보내졌다. 어차피 프랑스 본토는 이제 독일군의 손에 넘어갔고 튀니지가 아닌 다른 지역에서 할 수 있는 일도 없었다. 그리고 튀니지에서 라보리는 자신의 본업으로 돌아갔다. 그는 외과의사였다.

인공동면 요법

튀니지에서 수술을 집도하면서 라보리는 많은 환자들이 수술 자체보다는 수술에 대한 두려움으로 힘들어하는 것을 보았다. 어쩌면 그런 두려움 때문에 수술이 실패하는지도 모를 일이었다. 환자들의 두려움을 줄이기 위해 라보리는 자신의 경험을 이용하기로 했다. 겨울잠 요법이다. 라보리 본인도 극한의 상황에서 겨울잠을 자는 것처럼 행동하며 전쟁의 공포를 극복하지 않았던가? 이것을 환자에게 적용해서 환자를 진정시킨 후 수술을 하려고 했지만, 막상 해보니 쓸 수 있는 방법이 마땅치 않았다. 체온을 떨어뜨려 동면과 유사한 상태로 만들어 수술을 하겠다는 것인데, 애초에 체온을 어떻게 떨어뜨리겠는가? 전쟁이 끝난 후 파리로 복귀해서는 참전용사로 존경받으며 활동했지만 의사로서 자신의 아이디어를 구현할 방법은 여전히 요원했다.

그랬던 라보리는 당시 연구되고 있던 항히스타민제 소식을 듣게 된다. 항히스타민제는 체온과는 상관없지만 어쨌든 사람을 진정시키는 용도로는 탁월한 물질이다. 얼마나 잘 진정시키는지 항히스타민제는 지금도 약국에서 수면유도제로 팔리고 있다. 그렇다면 이 약을 수술 직전에 투여해서 수술 효과를 높일 수 있지 않을까? 라보리는 항히스타민제를 투여하기 시작했다. 하지만 아쉽게도 수술 성공률과는 별 상관이 없었다. 그런데 좌절하던 라보리에게 신기한 결과가 눈에 들어왔다. 항히스타민제를 복용하고 외과수술을 받기로 했던 정신병 환자가 수술과는 상관없이 정신병 증상이 개선된 것이다.

육체와 정신은 분리된다. 그때까지는 그렇게 믿었다. 위대한 지그문트 프로이트Sigmund Freud도 꿈의 해석을 논하지 않았던가? 정신은 대화로 조절해야지 조잡한 물질 따위가 조절할 수 있는 영역이 아니라고 생각하던 때였다. 그런데 정신병이 개선된 것이다. 간단한 항히스타민제와 함께. 라보리는 이 결과를 인근의 정신병 의사에게 상의하고 곧 검증에 돌입하게 된다. 초기에는 회의적이었다. 외과의사가 찾아낸 정신병 치료제라니. 그런 것은 듣지도 보지도 못했다. 심지어 우연히 찾아냈다니 더 믿을 수 없었다.

하지만 정신병 전문의들이 체계적으로 검증하면서 논란의 항히스타민제가 실제 정신병 치료에 도움이 된다는 결과가 확실해진다. 그렇게 프랑스에서 최초의 정신병 치료제 클로르프로마진chlorpromazine, CPZ이 시판되었다. 이 정신병 치료제는 미국에서도 시판되었는데, 처음에는 의사들이 사용을 주저했다. 그들은 기존에 익숙했던 상담을 더 선호했고, 무엇보다도 물질이 정신을 조절한다는 것 자체에 거부감도 컸다.

하지만 이 기적의 신약을 판매하려는 회사 SK&F도 집요했다. 제약회사는 이 약을 팔기 위해 의사들을 설득하기보다 주 정부를 설득하는 방식으로 방향을 바꾸었다. 당시 정신병 환자들은 완치가 거의 불가능했기 때문에 평생 주에서 운영하는 정신병원에 머무는 경우가 많았고, 이는 주 정부 예산에 갈수록 부담이 되고 있었다. 제약회사는 이 점을 노렸다. 즉, 평생 주에서 관리할 것이 아니라 약으로 완치시켜 정신병원에서 내보내야 한다는 것이었다. 이러한 공략은 주효했고, 주 정부가 의사들을 설득하면서 차츰 클로르프로마진은 자리를 잡아갔다.

라보리는 자신이 공포감을 극복했던 방법에서 출발해 세계 최초의 정신병 치료제를 개발했다. 그런데 이 정신병 치료제는 비슷한 시기에 개발된 다른 정신과 약물들과 함께 정신약물학적 혁명을 이끌게 된다. 그리고 이러한 약들은 다시 전혀 다른 방식으로 사람들의 아픔을 치유하게 된다.

고참 병장 증후군

전쟁터를 반기는 사람이 얼마나 될까? 사랑하는 사람을 지키기 위해 어쩔 수 없이 전장으로 달려가는 사람들이야 많겠지만, 내켜서 누군가를 죽이려는 사람은 많지 않을 것이다. 더군다나 친구들과 토닥이던 것이 다툼의 전부이던 20대 초반들에게 합법적으로 폭력을 행사하는 군대는 너무나도 낯설다.

전쟁이 과학기술의 힘을 빌려 고도화될수록 사람들은 전쟁을 더욱 부담스럽게 느끼기 시작했다. 제1차 세계대전의 경우 고도화된 전쟁 무기와 고도화되지 못한 전술이 어우러진 총체적 난국이었기에, 그 참상을 겪는 사람들의 어려움은 심해져만 갔다. 참호에 갇혀 4년을 끌었던 전쟁이 제1차 세계대전이었다. 자신이 있던 바로 옆에서 전우가 기관총과 독가스에 죽어가는 것을 바라본 군인들은 전쟁이 끝나고 나서도 그 모습을 잊지 못했다.

기술은 사람보다 빠르게 진화한다. 제2차 세계대전의 최첨단 무기들은 제1차 세계대전의 실패를 극복하는 데 도움을 주는 듯했지만, 결국 전쟁은 사람이 하는 것이다. 어제까지 함께하던 전우가 오늘부터 나오지 않는다면 내일 내가 없을 수도 있다. 작전에 성공했을 때도 불편한 것은 마찬가지다. 자기가 죽인 적군은 정말 죽어야만 했던 사람인지, 참호에서 발견한 저항 불가능의 부상병을 굳이 사살해야 했는지를 계속 되물으며 생존자들도 전쟁 자체에 고민하게 된다. 무엇보다 눈앞에 놓인 끔찍한 사체들을 바라보는 것은 평화로운 고향에서는 상상도 할 수 없는 일이었다.

제2차 세계대전이 끝난 1947년, 레이먼드 소벨Raymond Sobel 이라는 의사는 '고참 병장 증후군old sergeant's syndrome'이라는 표현을 썼다. 초기에 의욕 넘치고 실력 있는 신참이 늘어지는 전쟁에 지치는 현상을 말한다. 전쟁이 길어질수록 전우는 죽어가며 남아 있는 동료에 의지하게 된다. 하지만 그 동료들도 언젠가는 죽게 되며 새로운 신참들로 채워진다. 그래도 살아남은 고참 병장은 새로운 신참에게 정을 주지 않는다. 이미 상처 입은 경험이 있기 때문이다. 그들은 마음을 닫고 정신적으로 피폐해진다. 기본적으로 누군가를 죽이지 않으면 자기가 죽는다는 끔찍한 환경 속에서 의지할 데 하나 없는 병사들이 자신을 보호할 수 있는 방법은 마음을 닫는 것뿐이다. 공포에 외로움이 더해졌다.

이와 같은 현상은 뒤를 이어 발발한 한국전쟁이나 베트남전쟁에서도 유사하게 일어났다. 한국전쟁에서는 북한군이 주도권을 잡던 1950년 9월 초까지 미군의 25퍼센트 정도가 전투로 인해 정신적인 어려움을 겪었다. 공포감이 대부분이었는데, 이러한 공포로 인해 경련이나 언어장애, 불면증, 악몽까지 나타나고는 했다. 치료할 수 있는 약이 변변치 않았던 한계도 있었다. 그

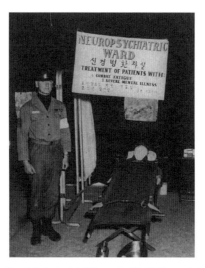

그림 한국전쟁 당시 정신질환으로 휴식을 취하는 군인의 모습

들은 수면진정제나 아편류를 복용하며 지친 마음을 달랬는데, 이런 중독성 강한 약들은 금세 한계를 보였다. 효과가 적합하지 않거니와 내성을 보인 것이다. 이처럼 전쟁의 공포 속에서 어린 병사들은 어려움을 겪었으며, 일본으로 이송된 후 치료를 받고 나서야 전장으로 돌아왔다. 그리고 다시 두려워했다.

1950년 10월 미국에서 정신질환 전문의가 도착해 환자 가이드라인을 설정하고 일선 부대에 치료 지침을 하달하면서 이러한 경향이 조금씩 줄어들었다. 또한 그즈음 미군이 인천 상륙작전과 함께 본격적인 반격에 나선 것도 이러한 공포감을 줄이는 데 도움이 되었다.

군대 가기 싫었던 청년 이야기

전쟁에 대한 공포는 한국전쟁 당시 생각지도 못한 방식으로 의약품 개발에 기여하게 된다. 칼 링크Karl P. Link는 위스콘신대학의 농화학 교수로 있으면서 인근 지역의 소가 사료를 잘못 먹고 쓰러져 죽는 현상을 보고받았다. 1933년의 일이었는데, 이후 그는 소를 죽인 주 원인 물질을 찾기 위해 6년 동안 노력했다. 그리고 디쿠마롤dicoumarol이라는 화합물 6밀리그램을 찾아내며 이 물질이 소를 죽인 주범이라고 보고했다.

그 전에도 소 사료가 오염되는 일은 흔했다. 보통의 경우 이렇게 상한 음식은 버렸는데, 그해가 흉년일 경우에는 막상 버리기가 쉽지 않았다. 지금도 뭔가 찝찝해도 괜찮을 거라는 믿음에 먹는 음식이 얼마나 많은가? 농부들도 그렇게 소에게 상한 사료, 주로 전동싸리sweet clover를 주었고 소들은 피를 흘리며 죽었다. 하지만 이제 그 대참사의 원인을 알아낸 것이다.

링크는 그 물질을 연구해서 더 강력한 물질을 만들고자 했다. 연구비가 필요했던 그는 위스콘신대학기금Wisconsin Alumni Research Foundation, WARF의 도움을 받아 후속 연구를 진행했고 수십여 개의 유도체를 합성한 후 42번째 물질이 가장 강력한 출혈제임을 찾아냈다. 그는 이 물질에 다분히 추가 연구비를 요청하는 듯한 의미의 'WARF-42'라는 코드명을 붙였고 추가 연구도 했지만 더 좋은 물질을 찾는 데에는 실패했다. 그리고 그는 1945년 관련 연구를 마무리하며 이 물질을 시판하려 했다.

WARF-42를 어디에 쓰면 될까? 소를 죽이는 데는 디쿠마롤이나 상한 전동싸리 사료보다 훨씬 강력하겠지만 애꿎은 소를 왜 죽이겠는가? 그는 WARF-42를 쥐약으로 판매하고자 했다. 세상이 쥐 때문에 얼마나 고생했던가? 그는 어떻게든 공중 보건에 도움이 되고 싶었다. 쥐가 다니는 길에 이 물질을 미끼와 함께 넣어두면 쥐도 이 물질을 복용하고 죽을 일이었다. 어딘가에 긁혀 피가 조금만 나도 죽을 수 있는 강력한 쥐약이었다. 그는 WARF-42라는 코드네임 대신 '와파린warfarin'이라는 상품명을 붙이고 센세이션을 일으켰다.

그런데 이 쥐약을 전혀 다른 용도로 사용하는 사람이 나타났다. 익명으로 보고된 22세의 미국 청년 E. J. H.는 1951년 한국 전쟁에 징집되어 파견될 예정이었다. 하지만 그는 군대에 너무

그림 쥐약 와파린을 광고하는 링크 교수

가기 싫었던 나머지 극단적인 선택을 했다. 자살을 시도했고 죽는 방법으로 쥐약을 택했다. 3월 26일 밤, 그는 'D콘d-con'이라는 와파린제 쥐약을 먹었고 그렇게 죽는 줄 알았다. 그런데 막상 다음 날 아무 일 없이 깨어난 것이다. 의아해하며 그날 밤 그는 다시 쥐약을 먹고 자살을 기도했지만 역시 다음 날 아침 아무 일도 없었다는 듯 또다시 일어났다. 이번에는 약간 맛도 느꼈다. 논문에 의하면 마시멜로 맛이었다고 한다. 6일 내내 자살을 기도했지만 미수에 그친 그는 죽지도 못하는 신세를 한탄하며 군대에 입대했다. 그는 군의관에게 이 사실을 상담했고, 군의관은 이듬해에 이 사실을 미국 의학협회지JAMA에 발표했다.

쥐는 잘 죽이지만 사람은 죽이지 않는다면 더 좋은 것 아닐까? 의학자들은 와파린이 이처럼 사람에게 안전하게 작용할 수 있다는 사실을 확인하고 그 이유를 찾아 나섰다. 쥐와는 달리 사람에게는 혈액응고 작용을 하는 비타민K가 다량 있어서 E. J. H.가 먹었던 와파린에 길항했다는 사실도 찾아냈다. 이후 와파린은 심장 수술 등에 쓰이게 되었다. 자살 미수 사건이 있은 지 불과 4년 만인 1955년에는 드와이트 아이젠하워Dwight D. Eisenhower 대통령의 심장 수술에도 사용되었다. 와파린은 지금도 혈전으로 고생하는 환자들의 혈액응고를 막기 위해 자주 사용하는 약이다. 전쟁과 질병, 약의 상호관계에 대해 연구하지만 이처럼 우발적인 사건은 전례를 찾아보기 어렵다. 세상 일은 정말로 알 수가 없다.

외상후스트레스장애

뜻밖에 와파린을 건지기는 했지만, 전쟁에 대한 공포는 여전히 많은 사람들을 힘들게 했다. 문제는 전장에 있는 사람들뿐만 아니라 전장을 떠난 사람들까지도 참혹한 기억을 떠올리게 만든다는 점이었다. 이전에도 이런 증상이 있었고 대부분은 개인의 나약함으로 치부하고는 했다. 하지만 두 번의 세계대전을 거치면서는 더 이상 개인의 문제로 간주할 수 없었다. 많은 사람들이 겪고 있으면 제도적으로 접근을 하게 된다.

미국정신의학협회American Psychiatric Association에서는 제2차 세계대전 후 정신질환을 호소하는 참전자들에 대한 가이드라인을 마련하기 위해『정신질환 진단 및 통계 편람diagnostic and statistical manual of mental disorders, DSM』을 발간하게 된다.『정신질환 진단 및 통계 편람』은 우울증이나 조현병 등의 다양한 정신장애를 진단하는 기준을 제시하고 있다. 이러한 가이드라인이 나오게 됨에 따라 전쟁 후유증으로 힘들어하던 많은 참전용사들은 국가의 보호 아래 재활에 돌입할 수 있었다. 물론『정신질환 진단 및 통계 편람』이 꼭 절대적이거나 유일한 기준은 아니다. 하지만 우리나라를 포함한 대부분의 나라에서는 지금도 이 기준을 참고하여 자국 가이드라인을 만들고 있다.

당연히 이 가이드라인은 시대적 상황에 맞춰서 업데이트한다. 대략 15년에 한 번 정도 이루어지는데, 시대에 따른 변화 양상을 살펴보는 것도 의미 있다.『DSM 1판DSM-1』이 나온 것은 1952년이다. 이 기준에는 제2차 세계대전 직후였던 만큼 전쟁 후 스트레스에 대한 내용도 언급되고 있는데, 당시에는 '종합적 스트레스 반응gross stress reaction'으로 불렸다. 1968년에 발간된 『DSM-2』에서는 스트레스에 대한 내용이 삭제되었다. 이는 상대적으로 전쟁의 여파가 약했기 때문인 것으로 추측된다. 그리고 1980년 『DSM-3』이 발간된다. 이 3판에서는 당시로서는 다소 생소한 질환인 외상후스트레스장애post-traumatic stress disorder, PTSD를 공식적으로 인정했다. 2판에서 빠졌던 내용이 3판에서 정비되어 다시 들어간 것이다. 그 계기는 베트남전쟁이었다.

베트남전쟁으로 인해 특히 많은 PTSD 환자가 발생했다. 전쟁이 힘든 것은 매한가지였다. 그렇지만 10년간이나 전쟁이 길어진 것은 그 전에는 경험하지 못한 일이었다. 물론 군인 한 명이 10년간 복무하는 경우는 별로 없었다. 하지만 베트남전쟁에는 전쟁의 고단함을 이기기 위해 각성제도 두루 사용했다. 각성제는 신경전달물질처럼 작용해 피로를 잊고 집중력을 회복하게 하는 물질이다. 그러므로 병사들은 보다 집중해서 시체를 목격했고 보다 확실하게 기억했다. 이후 유사한 상황에 닥쳤을 때 그 기억은 더욱 선명하게 자신을 옥죄어 왔다.

베트남전쟁이 주는 또 하나의 교훈은 PTSD 환자를 대하는 자세가 중요하다는 점이다. 베트남전쟁은 전쟁이 길어진 것도 특이했지만 환영받지 못한 전쟁이라는 점에서 기존의 전쟁과 달랐다. 기존의 제1차, 제2차 세계대전 당시 미군 파병은 국민적

지지를 받았고, 미국 국민은 전쟁에서 승리하고 돌아온 역전의 용사들에게 깊은 존경과 사랑을 보냈다. 한국전쟁 때도 상황은 비슷했는데, 막상 베트남전쟁 때는 분위기가 많이 달랐다.

일단 전쟁이 길어지면서 왜 미국 청년이 베트남에서 죽어야 하는지에 대해 회의가 생기기 시작했고, 자유의 바람이 불어오면서 본격적인 반전운동이 벌어졌다. 전쟁의 명분도 희미해졌다. 전쟁의 직접적인 명분으로 작용한 것은 1964년의 통킹만 사건이었다. 통킹만에 있던 미군함이 공격을 받으면서 전쟁에 직접 참여하게 된 것이다. 그런데 이 사건이 사실은 자작극이었다는 것이 1971년에 밝혀졌다. 전쟁의 명분이 없었다. 여기에 전쟁 중간에 보도된 민간인 학살 등의 이슈는 윤리적으로도 큰 타격을 주었다.

마지막으로 베트남전쟁에서 미군은 승리하지 못했다. 10년 넘게 5만 명 이상이 희생되며 전쟁을 했지만 막상 그들은 패하고 돌아왔다. 응원하지 않는 전쟁에서 패하고 돌아온 참전용사들을, 미국 국민은 환영하지 않았다. 귀국하는 공항에서 참전용사들은 살인자라는 소리를 들어야만 했다. 베트콩의 지옥 같은 전술에서 빠져나온 그들은 다시 그들만의 세계에 고립되어야 했고 정서적으로도 피폐해졌다. 베트남전쟁으로 인해 PTSD 환자들이 급증한 이유다.

베트남전쟁은 마약이 유행한 전쟁으로도 유명하다. 베트남전쟁 당시 미군 병사들은 난해하기만 한 전쟁의 한복판에서 탈출구를 찾기 위해 대마초를 피우고는 했다. 각성제가 전투력과 집중력을 높인다면, 대마초와 같은 마약류 진정제는 마음을 편안하게 한다. 사람이 항상 긴장해 있을 수는 없는 노릇이다. 이러한 긴장을 푸는 데 식후 대마초 한 모금만큼 좋은 것이 없었다. 그런데 미국 정부는 마약류 중독자를 늘릴 수 없다는 자국 여론에 밀려 대마초 단속을 강화했다. 그 전에도 불법이기는 했지만 마지막 탈출구처럼 열어두었던 틈이었다. 그런데 탈출구가 막혔다.

보통 이러한 극단적인 대처는 안 좋은 결과를 만들어 낸다. 대마초를 구입하는 데 어려움을 겪게 된 미군 병사들은 '어차피 불법'이라는 생각으로 헤로인으로 갈아탔다. 같은 마약류 진정제라도 '게이트웨이' 마약류로 분류되는 대마초와 끝판왕 마약 헤로인은 차원이 다르다. 전 세계 마약류 중독자의 70퍼센트가 대마초 사용자인데, 이들은 대부분 그냥 피우고 만다. 하지만 헤로인은 중독성이 너무 심해 끊기가 매우 어렵다. 그리고 죽는다.

베트남전쟁 당시 미군의 이러한 단속은 당연히 더 많은 고위험 중독자를 만들어 냈다. 문제가 커지자 이번에는 이 마약 중독자들이 제대 후 그대로 미국 본토에 들어오는 것을 막기 위해 귀국 전 소변 검사를 실시했다. 1971년부터 시행된 '골든 플로 작전operation golden flow'이라는 프로젝트였는데, 뒤늦은 감이 있지만 그때부터라도 시행하면서 중독자가 줄었다. 제대 날짜는 소중하니까. 하지만 정작 골든 플로 작전이 시행되기 전에 제대한 마약 중독자들은 아무런 제재 없이 들어와 고국에서 편하게 마약을 사용할 수 있었다.

미국으로 돌아온 마약 중독자들은 계속 마약에 빠져 살았을
까? 여기서 결과가 크게 두 가지로 나뉜다. 가족의 보살핌과 환
대 속에 재활치료에 들어간 제대 군인들은 그 후로 마약에 미련
을 보이지 않으며 정상적으로 사회에 복귀했다. 하지만 가족과
사회로부터 환영받지 못하고 혼자 떠돌던 제대 군인들은 계속
마약에 의존하며 사회적 물의를 일으켰다.

PTSD 역시 일찌감치 진단 지침을 만들고 환자들에게 적절
한 상담과 재활치료를 제공했다면 마약을 멀리한 제대 군인들
처럼 별문제가 없었을지도 모른다. 하지만 베트남전쟁이 끝난
직후인 1975년에는 PTSD에 대해서 딱히 규정된 바가 없었다.
늘어나는 케이스를 보며 『DSM-3』에서 PTSD가 정의된 이후에
야 그나마 환자들이 제대로 관리를 받기 시작했다.

PTSD 치료법

우리가 극한 상황을 겪고 난 이후 유사한 상황에 직면하거나
그 상황을 떠올리면, 우리 몸은 스스로를 보호하기 위해 다양한
신경전달물질들을 방출하면서 투쟁 또는 회피에 들어간다. 이것
은 일반적이고 자연스러운 증상이다. 하지만 이 증상이 너무 심
할 경우 사회적으로 곤란을 겪을 뿐만 아니라 신체적으로도 어
려움을 겪게 된다. 이러한 어려움이 한 달 이상 지속되고 증상이
심각할 경우 PTSD로 분류하고 치료에 들어가게 된다.

PTSD도 정신질환의 일종이기에 증상이 심하지 않은 경우에는 상담으로 치유하지만 증상이 심해서 병원을 찾는 환자들의 경우에는 다른 접근법이 필요하다. 즉, 증상이 심한 초기에는 약물을 사용하며, 증상이 개선된 후에는 상담을 권하고 필요에 따라 약물을 복용하게끔 한다.

안타깝게도 정확히 PTSD를 위해 개발된 약은 없다. 하지만 공황장애나 불안증, 우울증 등을 개선하는 약물이 1980년대에 많이 개발되었으므로 현재 이런 계열의 약물을 주로 사용하고 있다. 우울증 치료제는 대부분 세로토닌 활성을 조절하는 약이다. 물론 최근에는 다른 신경전달물질도 조절하는 약이 나오지만, 그런 약도 세로토닌 활성을 함께 조절하는 특성을 가진다. 이러한 약물을 복용했을 때 40~60퍼센트의 환자들에게서 삶의 질이 개선된다고 알려져 있다. 약간 아쉬운 수치이지만 다른 해답이 없다면 충분히 의미 있는 결과다. 우울감에서 탈출하기 위해 약물의 힘을 빌리는 것에 대해 어색해할 필요는 없다. 전문의의 상담과 함께 적당하게 약을 사용하기만 한다면 더할 나위 없이 적절한 행동이다. 그런데 항상 그렇듯이 약을 잘못 사용하는 경우가 있다.

미군의 비밀 무기

2001년 9·11테러 이후 한 달 만에 침공한 아프가니스탄에서 미군은 색다른 경험을 하게 된다. 전쟁에서 이겼는데 전쟁을 계속하는 것이다. 2003년 미국-이라크 전쟁 때도 비슷한 경험을 한다. 끊임없이 이어지는 반군의 공격과 자살 폭탄 테러에 미군은 적잖이 당황했다. 이미 후세인과 빈라덴을 체포 또는 사살했지만 전쟁은 계속 이어졌다. 길어진 전쟁만큼 그들이 겪는 스트레스도 늘어났고 외상후스트레스장애 역시 늘어났다.

엄밀히 말해 이런 상황을 미군이 처음 겪은 것은 아니었다. 뜻밖에 길어진 전쟁의 대명사, 베트남전쟁을 이미 경험했었다. 그 당시에 병사들이 애용한 방법을 쓰면 안 될까? 물론 이라크 전쟁 당시에도 마약류 진정제로 위안을 삼은 경우는 많이 있었다. 하지만 이라크 전쟁은 2000년대의 일이었다. 마약류 진정제 밖에 없던 1960년대와는 달랐다. 이라크에 주둔하던 미군은 좀 더 세련된 방법을 찾기 시작했다. 그리고 우울증 치료제를 선택했다. 2008년 《타임Time》은 "군대의 비밀 무기The military's secret weapon"라며 우울증 치료제인 프로작prozac과 군복을 합성한 캡슐을 표지 이미지로 실어 보도했다.

프로작은 1987년에 개발된 우수한 우울증 치료제로서 발매와 동시에 '마법의 약magic pill'이라는 찬사를 받았던 약물이다. 이후 관련된 약물이 계속 개발되어 우울증이나 공황장애같이 치료가 불가능하다고 판단했던 질병을 약물로 개선하는 호사를 누리게 된다. 하지만 모든 약은 독이다. PTSD 치료제도 많이 먹으면 죽는다.

인과관계가 명확하게 결론이 나지는 않았지만, 우울증 치료

그림 군사적 용도의 프로작이 소개된 《타임》의 표지

제를 과량 복용한 사람이 자살하는 경우가 종종 보고된다. 정상적인 상황에서도 주목할 부분이기는 한데, 전쟁을 치르는 경우에 이런 문제가 더 심해졌다. 《타임》의 보도에 따르면 2007년 이라크와 아프가니스탄 주둔 미군 중 115명이 자살했는데, 이는 1980년 통계를 작성한 이후로 가장 많은 수치였다. 그 115명 중 40퍼센트에 이르는 희생자는 우울증 치료제를 복용하고 있었다는 것도 중요한 이슈였다.

우울증 치료제를 복용하고 전쟁에 나서는 병사는 편한 마음으로 나갔을까? 우울증이 가벼워지기는 하겠지만, 결국 원인이 해결되지 않았기 때문에 한계를 느끼지 않았을까 개인적으로 생각해 본다. 전쟁에 정신 무장이 중요한 요소인 것은 맞다. 그렇기 때문에 끊임없이 정훈장교가 와서 연설을 하고 관련 영상을 보면서 전의를 다지는 것 아닌가? 그런데 부족한 훈련을 약으로 보충한다면 과연 이런 상황이 옳은 것인지 되짚어 볼 필요가 있다. 스테로이드 사용으로 몸을 망가뜨리는 행위와 무엇이 다른지 모르겠다.

정신병 치료제 역시 PTSD를 치료하기 위해 사용한다. 앙리 라보리가 남긴 유산, 클로르프로마진이 여전히 영향을 주고 있는 것이다. 물론 이제는 클로르프로마진보다 안전한 정신병 치료제를 개발해서 사용하고 있다. 그리고 정신병 치료제는 PTSD 치료를 위한 보조요법으로 권하고 있다. 아무래도 우울증 치료제보다는 효율적이지 못하다.

앞서 언급한 것처럼 PTSD는 특정 기억을 연상하며 자율신경계가 과도하게 흥분하는 특징을 가진다. 자율신경계 중에서도 투쟁이나 회피를 담당하는 교감신경계가 주로 연결된다. 그러다 보니 PTSD 치료를 위해 교감신경계 조절 약물을 사용하는 경우도 있다. 특히 프로프라놀롤propranolol은 예전부터 많이 사용하던 자율신경계 조절 약물인데, PTSD 치료제로 지금도 어느 정도는 유용하게 사용하고 있다.

그런데 최근에 많은 관심을 받고 있는 치료제 후보 물질은 조금 다른 계열의 약물이다. 바로 환각제로 종종 남용되는 엑스

터시ecstasy다. 1970년대 정신과 치료용으로 개발되어 널리 연구되었지만, 환각 및 흥분 효과 때문에 한동안 약학계의 관심을 받지 못했던 물질이다. 성분명은 '3, 4-메틸렌디옥시메스암페타민3, 4-methylenedioxymethamphetamine', 줄여서 보통 'MDMA'이라고 부른다. 이 오래되고 위험한 물질이 PTSD 환자의 증상 개선에 효과가 있는 것으로 알려지며 의학계에 잔잔한 파장을 일으키고 있는 것이다.

2021년 6월 발표된 자료에 따르면 MDMA를 복용하고 상담을 병행했을 때 67퍼센트의 환자가 증상 개선 효과를 보였는데, 이것은 위약을 투여하고 상담했을 때의 32퍼센트보다 유의미하게 높은 수치다. 또한 우울증 치료제의 주요 부작용인 자살 충동과 같은 위험한 부작용이 없었다고 보고하고 있다. 이러한 임상시험 결과를 바탕으로 추가적인 임상시험에 돌입한 상태다. 하지만 섣부른 기대는 금물이다. 원래 위험한 약물이기 때문에 사람들이 포기하지 않았던가? 앞서 언급한 임상시험도 18주간 이루어진 결과일 뿐이다. 넉 달 남짓 투여한 결과로 평가하기에 우리 인생은 길다. 완치되어 약을 더 복용하지 않아도 된다면 다행이겠지만, 그렇지 않고 약을 장기 복용해야 할 경우 MDMA와 같은 신경전달물질 조절 약은 보통 내성을 나타낸다. 그렇다고 저 위험한 약을 증량할 수도 없을 테니, 적절한 용법을 찾는 것 또한 앞으로 풀어야 할 숙제다.

약물의 오남용 또한 우려되는 바다. 약이 합법적으로 시판될 경우 환각 목적의 용도로 처방을 받고자 하는 사람들이 생길 텐데 이것을 구별하는 것도 쉬운 일이 아니다. 물론 전문의 상담을 강제할 것이다. 하지만 비교적 빠른 시간 안에 면담이 이루어지는 우리나라 현실에 적용하려면 규제가 필요하다. 의사 상담 후 처방을 받아야 살 수 있는 비교적 위험한 전문약도 막상 처음 한 번만 상담하면 그 후로는 의사 대면 없이 데스크에서 처방전을 받는 경우가 가끔 있다. 위험천만한 일이고 불법이지만 현실은 그렇다. 안타깝지만 의사나 환자 모두 이런 상황을 편리하게 여기고 있는 것이 더 문제다.

약을 사는 행위는 불편해야 한다. 제도적으로 불편하게 만들어야 한다. 물론 예외적인 경우도 논의할 수는 있겠지만, 기본적으로 약을 사는 과정은 최대한 불편하게 하는 것이 맞다. 예전에는 약국에서 누구나 위험한 전문약을 살 수 있었지만 이제는 그렇지 않다. 이 책에서도 수없이 이야기했다. 약으로 사람 많이 죽었고 또 죽였다고.

이렇게 MDMA처럼 위험한 물질을 다시 꺼내 든 이유는 무엇일까? 그만큼 PTSD가 심각한 질병이기 때문이다. 지금은 미국 인구의 7퍼센트가 평생에 한 번은 PTSD를 경험할 것으로 평가하고 있다. 군인들로 한정하면 13퍼센트까지 높아진다. 공중 보건의 관점과 함께, 예산도 심각한 문제다. 2018년 미국에서는 참전용사들의 PTSD를 치료하기 위해 17조 원의 예산을 투입했다. 다른 자료에 따르면 미국인 참전용사들 중 470만 명이 복무로 인한 후유증을 호소하고 있고 이들을 위한 복지 비용은 연간 73조원에 달한다.

영화 마블 시리즈의 시작을 알렸던 〈아이언맨Iron Man〉 1탄은 토니 스타크가 최신형 미사일 '제리코'를 산속에 발사하는 것으로 시작한다. 산속에 들어가는 적군 한 명을 잡기 위해 저 값비싼 미사일을 쏘는 것을 어떻게 바라봐야 할까? 자국민을 한 명이라도 지키기 위해서는 무엇이든 한다는 것으로 이해할 수 있지만, 경제적으로도 그것이 나은 선택이다. 그 적군이 마을로 내려와 미군을 공격한다면 미군은 전쟁 후유증으로 고생할 것이고 평생 책임져야 하는 미국 정부에는 그만큼 부담이 커진다. 사람이 제일 귀하다. 그리고 비싸다. PTSD를 적절한 의료 행위로 치료할 수만 있다면 그것이 제일 나은 선택지일 것이다. 그래서 위험한 물질도 가능한 치료 선택지로 선정해서 확인하는 것이다.

우리나라에서도 PTSD 환자가 계속해서 늘어나고 있다. 2015년 7,000명 수준이던 PTSD 환자는 2020년 1만 명을 넘었다. 절대적인 수치 못지않게 점점 늘어나고 있는 추세도 중요하다. 이유는 간단하다. 완치가 어려우니까 계속 누적된다. 전쟁이 아니더라도 트라우마는 많다. 당장 2014년에는 국립중앙의료원에서 PTSD 관리를 위한 가이드라인 개발 연구 보고서를 발표했다. 이 연구의 직접적인 계기는 대한민국 긴급구조대나 국제구조대의 PTSD를 관리하기 위해서였다. 처참한 시신을 목격하는 것 자체로도 충격인데 그것을 수습해야 한다거나 죽어가는 시신을 목격하는 것은 잊지 못할 트라우마로 남을 것이다. 일상 생활에서도 폭력, 성적 학대, 재난 등으로 인해 트라우마를 호소하는 경우가 늘어나고 있다.

슈퍼히어로의 PTSD

마블 영화 속 아이언맨은 〈어벤져스〉 1탄에서 핵무기를 우주 너머 치타우리 군대에 배송하며 지구를 구하지만 잠시간 우주에서 미아가 된다. 이후 〈어벤져스〉 2탄에서는 이러한 두려움을 자극한 정신 공격을 받게 되고 이것이 계기가 되어 PTSD 증상을 보인다. 〈아이언맨〉 3탄은 이러한 PTSD 이야기로 시작된다. '천재에 억만장자이자 플레이보이 그리고 박애주의자'인 아이언맨이라도 PTSD는 어쩔 수 없었던 듯하다. 히어로는 참 고충이 많다.

배트맨도 PTSD 환자다. 그는 어릴 적 우물에 빠진 뒤 박쥐를 무서워하게 되었고 이후 수시로 박쥐와 관련한 꿈을 꾸고 유사한 장면에 힘들어한다. 그가 연극을 보던 중 부모와 함께 급하게 빠져나온 것도 연극 중 박쥐를 연상시키는 장면 때문이었다. 전형적인 PTSD 증상이다. 하지만 그의 트라우마로 인해 부모님이 강도를 만나 살해되고 이는 다시 그의 또 다른 트라우마로 자리 잡아 그를 옥죄어 온다. 이후 배트맨의 모습에서는 PTSD와 함께 강박증 증상도 심심찮게 볼 수 있다. 아버지가 지키려고 했던 고담시를 어떻게든 지켜야 한다는 강박에 빠져 있다. PTSD나 강박증이나 세로토닌 부족으로 나타나는 것은 비슷하다. 배트맨이 PTSD나 강박증을 치료하기 위해서는 어떻게 해야 할까? 일단 밤에 그만 돌아다니고 낮에 활동하라고 말하고 싶다. 세로토닌은 낮에 빛을 쬐어야 만들어진다.

마블과 DC를 대표하는 두 캐릭터 아이언맨과 배트맨이 모두 PTSD로 힘들어한다는 것이 흥미롭기는 하지만, 히어로들의 PTSD는 새로운 것이 아니다. 1982년 개봉한 실베스터 스탤론 주연의 〈람보First Blood〉 1탄은 베트남전쟁에서 돌아온 존 람보가 함께 제대한 마지막 전우를 찾아가며 시작한다. 하지만 그 전우가 이미 1년 전에 암으로 죽었다는 사실에 정처 없이 걷다가 지역 보안관의 이유 없는 체포로 경찰서에 잡혀가게 된다. 그리고 가혹 행위를 받던 중 베트남전쟁 당시 포로로 잡혔던 기억을 떠올리며 반사적으로 자신을 방어한다. 이후 전쟁 영웅의 스위치가 켜진 그는 주 경찰을 피해 산으로 숨어들고 산속에서 특기를 발휘해 경찰을 제압한다. 하지만 경찰도 굴하지 않으며 주 수비대까지 불러들이고, 이에 맞서 람보는 자신의 전쟁을 이어가게 된다.

일반적으로 생각하는 것과 달리 막상 〈람보〉 1탄에서 람보는 미국 경찰 및 군대와 미국 한복판에서 싸우게 되는데, 마지막 순간 람보를 멈춰 세운 것은 "전쟁은 끝났어"라는 전임 상관의 외침이다. 그 말에 람보는 그렇지 않다며 항변하고, 자신이 귀국했을 때 공항에서 들었던 '살인자'라는 비난과 제대 후 7년간 아무

것도 할 수 없었던 냉대에 울부짖는다. 산에서의 농성 중 차라리 베트남으로 보내달라는 그의 말은 절절하기까지 하다.

람보는 전형적인 PTSD 환자다. 그가 종전 후 일찌감치 정신과 상담을 받았더라면 어땠을까? 혹은 귀국하는 공항에서 사람들이 제2차 세계대전이나 한국전쟁 후의 참전용사처럼 따듯하게 반겨주고 제대 후 사회에 적응할 수 있도록 도와주었으면 어땠을까? 하지만 베트남 참전용사의 처우에 대해 귀 기울이기 시작한 것은 1979년부터였다. 대부분의 국민이 반전운동을 지지하던 상황이었으니 람보 같은 PTSD 환자는 부지기수였을 것이다.

우리는 토니 스타크도, 브루스 웨인도, 존 람보도 아니다. 히어로가 아닌 우리가 강해지기 위해서는 어떻게 해야 할까? 다행히도 지금은 PTSD가 공식적으로 인정받는 시대다. 그러므로 혼자서 강해지려고 하지 않아도 된다. 우리는 약한 것이 맞다. 그만큼 다른 이와 아픔을 공유했으면 한다. 람보도 마지막 남은 전우마저 암으로 잃은 후에 자신만의 전쟁을 시작했으며, 배트맨은 알프레드밖에 없다. 우리는 그렇지 않다. 토니 스타크와 페퍼 포츠의 관계처럼 잔소리할 사람이 조금은 있다. 앞서 언급한 임상시험 결과도 MDMA 그 자체를 강조하는 것이 아니라 MDMA를 사용한 상담치료를 강조하고 있다. 모든 것을 약으로 해결하지 않고 다른 사람과 함께 이야기하면서 풀어내는 것을 원하는 것이다. 환자가 경험한 상황을 사랑하는 사람과 함께 바라보며 다른 의미로 받아들일 필요가 있다.

또 하나 중요한 것은 본인이 스스로 자신의 상태를 알아야한다는 사실이다. 많은 PTSD 환자는 자신이 PTSD 증상을 보인다는 것을 부정한다. 자신은 정상인데 불운했거나 나쁜 사람을 만났기 때문이라고 여긴다. 그러면서 자신을 치료하자는 지인의 도움을 냉정하게 뿌리치며 자신을 더욱 고립시킨다. 그런데 PTSD는 비정상이거나 나쁜 것이 아니다. 누구나 살아가면서 겪는 어려움 중의 하나다. 그러므로 자신이 특정한 트라우마에 민감하게 반응하는 것은 아닌지 스스로 진단해 볼 필요가 있다. 본인이 먼저 느끼고 도와달라고 해야 다른 사람이 도와줄 수있다. 자신의 아픔을 가까운 누군가와는 공유했으면 한다. 우리사회가 그 정도는 성숙했으니 말이다.

마치며

전쟁이 없으면 약을 못 만들까?

말이 길어지면 할 말이 더 생기는 법. 원고를 쓰면서 꼭 이 말을 하고 싶었다. 맨날 전쟁, 전쟁 그러고 있는데 전쟁이 없으면 약학자들은 약을 못 만드는 것일까? 당연히 아니다. 들어가는 글에서도 밝혔듯이, 의약품 개발이 우연한 계기로 이루어진 경우가 많고, 그 우연한 계기 가운데 하나로 전쟁이 있을 뿐이다. 이 책은 그런 예를 이야기와 함께 엮은 책이다. 모든 약이 전쟁 때문에 개발된 것은 결코 아니며, 심지어 이제는 합리적 분자 설계로 만드는 의약품이 훨씬 더 많다. 오해 없기를 바란다.

전 세계적으로 냉전을 이어가던 1970년대, 의약품 개발은 1차 황금기를 맞았다. 위궤양 치료제, 우울증 치료제, 항생제, 항암제 등 각종 약물이 쏟아져 나오며 의사들을 끊임없이 공부시킨 때다. 그 뒤 시행착오를 거친 학계는 2000년대 들어 더 강해져 2차 황금기로 돌아오는데, 이때는 의약품 개발 시스템 자체가 더욱 공고해졌다는 특징이 있다. 예전처럼 특별한 계기를 기다리는 방식이 아니라 처음부터 만들어 간다는 점에서 그렇다.

구체적인 예를 들어보자. 예전에 사람들은 드라마의 주인공이 백혈병에 걸리면 죽는 것으로 생각했다. 하지만 이제 일부 백혈병 환자에 대해서만큼은 생존율이 높아져서 드라마 작가들을 힘들게 하고 있다. 글리벡Gleevec이라는 약물이 2001년부터 시판되었기 때문이다. 이 약은 초기 개발 단계부터 어떤 단백질을 저해해야 하는지, 어떤 물질이 저해할 수 있는지, 어떤 기전으로 저해하는지 등에 대해 체계적인 연구가 이루어진 결과물이다. 임상시험도 안전성과 효과를 제대로 확인할 수 있는 시스템을 갖추어 이루어졌으며, 소문이 나자 환자들이 임상시험에 자원하겠다고 먼저 편지를 보내기도 했다.

예전에는 화합물이 우연히 효과가 있다는 것이 알려지면 그것을 바탕으로 약을 개발하는 경우가 많았다. 전쟁을 통해 얻는 경우도 있었고, 아주 운 좋게 실수로 얻는 경우도 있었다. 최근에는 화합물에서부터 출발하는 방식이 아니라, 어떤 단백질을 저해하면 약이 될 것인지를 먼저 연구한다. 1980년대를 지나며 생물학이 눈부시게 발전하고 우리 몸의 각종 단백질에 대해 깊이 있게 바라보며 나타난 변화다. 2003년 휴먼게놈프로젝트Human Genome Project가 완성되고 뒤이어 단백질 연구가 고차원적으로 진행되면서 이러한 경향은 가속화되고 있다. 이제 사람들은 무엇을 건드려야 하는지 아는 것이다.

이런 목표 단백질(주로 효소 또는 수용체)을 '타깃target'이라고 부르는데, 원래 표적을 뜻하는 보통명사이지만, 이쪽 업계에서는 고유명사처럼 쓴다. 2022년을 지나는 지금 어지간한 질병에 대해 타깃을 다 찾았을 것 같지만 그렇지 않다. 단백질에 관한 연구는 많이 이루어졌지만 해당 단백질을 저해했을 때 질병이 줄어들지, 부작용이 나타날지, 아무 일도 없을지는 아직도 모르는 경우가 많다. 그래서 좋은 타깃을 하나 찾으면 여전히《네이처》나《사이언스》에 논문이 실리고 제약회사에서 러브콜이 쏟아지는 것이다.

타깃을 찾으면 그 타깃을 저해할 수 있는 물질을 찾아야 한다. 어떤 물질이 잘 저해할지는 참으로 막연한 일이기에 많은 화합물을 테스트한다. 다행히 사람들이 그동안 화합물을 참 많이도 만들어 놓았다. 제약회사에서는 100만 개 이상의 화합물을 테스트하는데, 이때 100만 마리의 쥐를 키워 해당 실험실을 지옥으로 만들 수는 없으므로, 보통은 세포를 접시에 키워놓고 화합물을 떨어뜨려 변화를 본다. 화합물을 많이 테스트하면 바로 약이 나올 것 같지만 실제 그런 경우는 거의 없다. 보통은 좀 괜찮은 화합물을 선별한 후 다시 구조를 변형하며 약효를 최적화한다. 단백질과의 결합 양상이 어떤지, 화합물이 우리 몸에서 얼마나 많이 흡수되고 배설되는지, 다른 부작용은 없는지 등을 살펴보며 개발을 이어나간다.

굳이 비유하자면 예전에는 길거리 캐스팅으로 연예인을 데뷔시켰다면 이제는 오디션을 통해 그럭저럭 괜찮은 연습생을 뽑고 긴 훈련을 통해 데뷔시킨다고 할까? 처음에는 이 시스템이 정착하는 데 시간이 걸렸지만, 이제 많은 성과가 나오는 것도 연예인의 경우와 비슷하다. 당장 글리벡만 해도 유전자나 타깃 단백질에 대해 1960년대부터 연구가 이어졌지만 이 타깃 단백질을 저해하는 것은 불가능하다는 평을 들었다. 그런데 앞에서 언급한 방식으로 개발이 이루어진 것이다. 그렇게 기적은 이루어졌다. 한때 살바르산이나 페니실린에 주어졌던 영광의 별칭, '마법의 탄환magic bullet'이라는 단어는 이제 글리벡을 일컫게 되었다. 물론 최근에는 더 좋은 면역항암제가 개발되어 그 별칭을 빼앗아 갔다. 이렇게 이야기하면 '마법의 탄환'이 남용되는 것 같지만, 절대로 아무 약에나 붙는 것이 아님을 알아주길 바란다. 페니실린, 면역항암제처럼 노벨상을 받거나 살바르산, 글리벡처럼 시대를 대표하는 물질에 주어지는 영광의 별칭이다. 약학자들이 의약품을 개발하기 위해 전쟁만 기다리고 있는 것은 아니라는 사실 또한 알아주길 부탁드린다.

전쟁과 질병에 대비하는 우리의 자세

제2차 세계대전 당시 스위스만 영세 중립국을 선언한 것은 아니다. 벨기에나 네덜란드 같은 유럽의 약소국들은 대부분 중립국을 선언했다. 하지만 나치 독일은 벨기에와 네덜란드를 전쟁 시작과 함께 깔끔하게 점령해 버렸다. 중립국을 선언한다고 남들이 인정해 주지 않는다. 인구의 10분의 1을 현역병으로 동원하고, 예산을 끌어모아 무기를 현대화하고, 산악 게릴라전까지 결심한 스위스 정도는 되어야 중립 선언을 할 수 있다. 중립은 선언하는 것이 아니라 쟁취하는 것이다.

고대 로마 시절부터 내려오는 격언 중에 '평화를 원하면 전쟁을 준비하라'라는 말이 있다. 군사력을 통한 전쟁 억지력을 강조한 표현이자 1,500년 동안의 생명력을 가지는 명언이지만, 정작 이 말을 지키지 않아서 불행해지는 사람들을 우리는 너무 많이 봐왔다. 그렇다면 질병은 어떨까? 우리는 질병을 막기 위해 철저하게 준비하고 있을까?

최초의 에이즈 치료제인 지도부딘zidovudine, AZT은 1987년에 개발되었다. 에이즈라는 질병이 학계에 본격적으로 보고된 것이 1981년이고 바이러스의 정체가 밝혀진 것이 1984년인데 3년 만에 약이 만들어진 것이다. 3년이면 너무 오래 걸린 것이 아닐까 생각할 수도 있지만, 최신 의약품을 3년 만에 만들어 낸다는 것은 기적에 가깝다. 30년이 지나도 못 만드는 경우가 부지기수다.

에이즈 치료제가 이렇게 빨리 개발된 이유는 그 전부터 준비하고 있었기 때문이다. 에이즈의 원인 바이러스인 인간면역결핍바이러스Human Immunodeficiency Virus, HIV는 1984년에 정체가 밝혀졌지만, 이런 성질의 바이러스가 존재한다는 것 자체는 이미 오래전부터 알려져 있었다. HIV의 핵심 효소인 역전사효소는 1970년대에 연구되어 생화학 교과서를 다시 쓰게 만들었다. 심지어 지도부딘이라는 화합물도 1964년에 이미 개발되어 있었다.

나오지도 않은 질환에 어떻게 약이 개발되었나 의아한 독자들을 위해 말하자면, 항암제 목적으로 개발된 것이었다. 비록 항암 효과는 떨어지지만 약으로 개발할 경우를 대비해 간단한 유망주 리포트를 이미 작성해 놓은 상태였다. 그래서 20여 년 뒤 역전사효소가 핵심인 질병 에이즈가 세상을 뒤흔들었을 때 사람들은 부랴부랴 지도부딘을 창고에서 꺼내 세상에 내놓은 것이다.

코로나 백신도 그렇다. 유례없는 속도로 백신이 개발될 수 있었던 것은 mRNA 백신이라는 개념을 전부터 연구했기 때문이다. 지금 개발한 대부분의 코로나19 치료제도 기존에 만들어 놓은 화합물이라는 것을 생각해 보면 사전 준비의 힘을 다시 한번 느끼게 된다.

너무 절박할 필요는 없다. 전쟁이나 질병이 나날이 무서워져 가지만, 지금 우리가 가지는 방어 체계도 앞서 언급한 것처럼 역대급이어서 어느 정도는 시간을 벌어줄 수 있다. 더군다나 기술은 눈부신 속도로 빠르게 발전한다. 코로나19가 어떻게 종식될지는 알 수 없으나 그전과 같은 악몽을 걱정하지 않아도 된다. 지난 100년간의 기술 발전은 유례를 찾아보기 어렵다. 과거 속수무책으로 당했던 선조들에 비해 지금 우리는 잘하고 있다.

우리는 전쟁과 질병이 없는 세상을 꿈꾸지만 한 번도 그랬던 적이 없다. 우리가 아무리 노력해도 우리 세대에서 그런 날을 기대하기는 어려울 것이다. 꾸준히 대비해야 하는 이유이기도 하다. 전쟁과 질병을 넘어, 여러분의 가정의 평화와 건강을 빈다.

참고 문헌

- Edward A. Lindeke, *Textbooks of Military Medicine: Medical Aspects of Biological Warfare. Office of The Surgeon General Borden Institute*, US Army Medical Department Center and School, Health Readiness Center of Excellence Fort Sam Houston, Texas, 2018.

- Jie Jack Li, *Laughing gas, Viagra, and Lipitor: The Human Stories behind the Drugs We Use*, Oxford University Press, 2006.

- Vladimir Marko, *From Aspirin to Viagra: Stories of the Drugs that Changed the World*, Springer, 2020.

- 강건일, 『강건일의 현대약 발견사』, 참과학, 2014.

- 김영식, 『약국에는 없는 의약품 이야기』, 자유아카데미, 2020

- 남궁석, 『바이러스 사회를 감염하다』, 바이오스펙테이터, 2021.

- 남궁석, 『암정복 연대기』, 바이오스펙테이터, 2019.

- 다니엘 바젤라, 로버트 슬레이어, 『마법의 탄환』, 해나무, 2003.

- 대검찰청, 『2021년 마약류 범죄백서』, 2022.

- 도널드 커시, 오기 오거스, 『인류의 운명을 바꾼 약의 탐험가들』, 세종, 2017.

- 리차드 고든, 『역사를 바꾼 놀라운 질병들』, 에디터, 2005.

- 린지 피츠해리스, 『수술의 탄생』, 열린책들, 2017.

- 마크 호닉스바움, 『대유행병의 시대』, Connecting, 2020.

- 매트 파커, 『험블파이』, 다산사이언스, 2020.

- 맷 매카시, 『슈퍼버그: 보이지 않는 적과의 전쟁』, 흐름출판, 2019.
- 모리에다 다카시, 『카레라이스의 모험』, 놀와, 2019.
- 박지욱, 『역사 책에는 없는 20가지 의학 이야기』, 시공사, 2015.
- 빌리 우드워드 외, 『미친 연구 위대한 발견』, 푸른지식, 2011.
- 샘 킨, 『사라진 스푼』, 해나무, 2010.
- 오영옥 편저, 『인도주의를 실천한 여성들』, 대한적십자사, 2020.
- 오후, 『우리는 마약을 모른다』, 동아시아, 2018.
- 윤덕노, 『전쟁사에서 건진 별미들』, 더난, 2016.
- 의약화학 편집위원회, 『의약화학 제6판』, 신일서적, 2019.
- 이소희 외, 『'외상후스트레스장애 관리에 대한 임상적 가이드라인 개발' 최종보고서』, 국립중앙의료원, 2014.09.30.
- 장하준, 『나쁜 사마리아인들』, 부키, 2007.
- 정승규, 『인류를 구한 12가지 약 이야기』, 반니, 2019.
- 조석연, 『마약의 사회사』, 현실문화, 2021.
- 캐서린 아놀드, 『팬데믹 1918』, 황금시간, 2020.
- 토마스 헤이거, 『공기의 연금술』, 반니, 2009.
- 토머스 헤이거, 『감염의 전장에서』, 동아시아, 2020.
- 티모시 C 와인가드, 『모기』, Connecting, 2019.
- 페스트 대응 지침, 질병관리본부, 2018.
- 폴 드 크루이프, 『미생물 사냥꾼』, 반니, 1926.
- 홍익희, 『세상을 바꾼 다섯 가지 상품 이야기』, 행성B잎새, 2015.

- Alan Hawk. The great disease enemy, Kal'ke(Beriberi) and the imperial Japanese army. Mil. Med. 2006, 171(4), 333-339. (doi:10.7205/milmed.171.4.333)
- Ann Reid et al. Origin and evolution of the 1918 "Spanish" influenza virus

hemagglutinin gene. Proc. Natl. Acad. Sci. USA. 1999, 96, 1651-1656. (doi: 10.1073/pnas.96.4.1651)

- B. Lee Ligon. Plague: A review of its history and potential as a biological weapon. Semin. Pediat. Infect. Dis. 2006, 17(3), 161-170. (doi:10.1053/j.spid.2006.07.002)

- Bulut Sefa. Classification of posttraumatic stress disorder and its evolution in Diagnostic and Statistical Manual of Mental Disorders(DSM) criteria, Int. J. Psychol. Couns. 2020, 12(4), 105-108. (doi:10.5897/IJPC2020.0597)

- Carol L Moberg. Penicillin's forgotten man: Norman Heatley. Science 1991, 253(5021), 734-735. (doi:10.1126/science.1876832)

- Carol R. Byerly. The U.S. Military and the influenza pandemic of 1918-1919. Public Health Rep. 2010, 125, 82-91.

- David Steindl et al. Novichok nerve agent poisoning, Lancet 2021, 397(10270), P249-252. (doi.org/10.1016/S0140-6736(20)32644-1)

- Douglas Wardrop and David Keeling. The story of the discovery of heparin and warfarin. Br. J. Haematol. 2008, 141, 757-763.

- Dwight A. Vance, An abridged history of aspirin. Int. J. Pharm. Compd. 2009, 13(5), 404-409.

- Elspeth Cameron Ritchie. Psychiatry in the Korean war: Perils, PIES, and prisoners of war. Mil. Med. 2002, 167(11), 898-903.

- Eugenia Tognotti. Scientific triumphalism and learning from facts: Bacteriology and the 'Spanish Flu' challenge of 1918. Soc. Hist. Med. 2003, Apr;16(1), 97-110. (doi: 10.1093/shm/16.1.97)

- Fred. Griffith. The significance of pneumococcal types. J. Hyg. (London) 1928, 27(2), 113-159. (doi:10.1017/s0022172400031879)

- Issmaeel Ansari et al. Deliberate release; Plague – A review. Journal of Biosafety and Biosecurity 2020, 10-22. (doi.org/10.1016/j.jobb.2020.02.001)

- J. K. Taubenberger et al. Initial genetic characterization of the 1918 "Spanish" influenza virus. Science 1997, 275(21), 1793-1796. (doi: 10.1126/

science.275.5307.1793)

- J. W. Reed and T. Huclicky. The quest for practical synthesis of morphine alkaloids and their derivatives by chemoenzymatic methods. Acc. Chem. Res. 2015, 48, 674-687. (doi.org/10.1021/ar500427k)

- Jae-Llane Ditchburn, Ryan Hodgkins. Yersinia pestis, a problem of the pase and a re-emeerging threat. Biosafety and Health 2019, 65-70. (doi. org/10.1016/j.bsheal.2019.09.001)

- James M. Wilson, Mari Daniel. Historical reconstruction of the community response, and related epidemiology, of a suspected biological weapon attack in Ningbo, China(1940). Intell. Natl. Secur. 2019, 34(2), 278-288. (doi.org/10. 1080/02684527.2018.1536351)

- Jan R. McTavish, What's in a name? Aspirin and the American medical association. Bull. Hist. Med. 1987, 61(3), 343-366.

- Jay D. Keasling et al. Synthesis: A constructive debate. Nature 2012, 492(13), 188. (doi:10.1038/492188a)

- Jennifer M. Mitchell et al. MDMA-assisted therapy for severe PTSD: a randomized, double-blind, placebo-controlled phase 3 study. Nat. Med. 2021, 27, 1025-1033. (doi:10.1038/s41591-021-01336-3)

- K Brune et al. Acetaminophen/paracetamol: A history of errors, failures and false decisions. Eur. J. Pain 2015, 19, 953-965, (doi.org/10.1002/ejp.621)

- K. C. Nicolaou and Scott A. Snyder. Chasing molecules that were never there: Misassigned natural products and the role of chemical synthesis in modern structure elucidation. Angew. Chem. Int. Edit. 2005, 44, 1012-1044. (doi:10.1002/anie.200460864)

- Laura B. Duvall et al. Small-molecule agonists of Ae. aegypti neuropeptide Y receptor block mosquito biting. Cell 2019, 176, 687-701. (doi:10.1016/ j.cell.2018.12.004)

- Marc Simond et al. Paul-Louis Simond and his discovery of plague transmission by rat fleas: a centenary. J. R. Soc. Med. 1998, 91, 101-104. (doi. org/10.1177/014107689809100219)

- Ray J. Defalque, Amos J. Wright. Methamphetamine for Hitler's Germany: 1937 to 1945. Bull. Anesth. Hist. 2011, April;29(2), 21-24. (doi:10.1016/s1522-8649(11)50016-2)

- V. A. Macht et al. Pyridostigmine bromide and stress interact to impact immune function, cholinergic neurochemistry and behavior in a rat model of Gulf War Illness, Brain Behav. Immun. 2019, 80, 384-393. (doi:10.1016/j.bbi.2019.04.015)

- 김연수. 걸프전쟁에 선보인 최신 병기 현황, 전자공학회지, 1991, 18(2), 70-73.

- 박민규 et al. 비스테로이드 소염제의 최신 사용 지침, J. Korean Orthop. Assoc. 2020, 55(1), 9-28. (doi.org/10.4055/jkoa.2020.55.1.9)

- 임현술. 비소, 독의 왕. Korean Industrial Health Association 2016.08, 20-23.

- Alan Schwarz, Drowned in a Stream of Prescriptions, The New York Times, 2013. 2. 2.

- Diane Bernard, How a miracle drug changed the fight against infection during World War II. Washington Post, 2020. 7. 11.

- Four accused of murder bid. the Japan Times, 2000. 4. 17.

- Gina Kolata, Johan Hultin, Who found frozen clues to 1918 virus, dies at 97., The New York Times, 2022. 1. 27.

- Hannah Osborne, The woman in the iron coffin: 150-year-old mummified remains discovered in New York finally identified. Newsweek, 2018. 10. 2.

- Oliver Burkeman, Richard Norton-Taylor, US pilots blame drug for friendly fire deaths. The Guardian, 2003. 1. 4.

- Rachel Nuwer, A psychedelic drug passes a big test for PTSD treatment, The New York Times, 2021. 5. 3.

- Saeed Shah, CIA organised fake vaccination drive to get Osama bin Laden's family DNA, The Guardian, 2011. 7. 11.

- Sanjay Gupta, Vietnam, heroin and the lesson of disrupting any addiction. CNN health, 2015. 12. 23.

- Visual Journalism Team, How do pandemics end? BBC news, 2020. 10. 7.

- West Germany's 1954 World Cup win may have been drug-fuelled, says study, The Guardian, 2010. 10. 27.

- 권순택, 美 조사단 "이라크에 대량살상무기는 없었다" 최종결론, 동아일보, 2005. 1. 13.

- 김기용, 中-몽골서 흑사병. 야생 마멋 잡아먹고 감염, 동아일보, 2020. 7. 7.

- 김병희, 노르망디작전 뒤에 페니실린 있었다, 사이언스타임즈, 2017. 6. 5.

- 김창원, 유용원의 군사세계, 노르망디 상륙작전[5], 조선일보, 2013. 1. 14.

- 남궁석의 신약연구사, 바이오스펙테이터, 2017. 10. 11.

- 박근빈, PTSD 환자, 최근 5년간 '45.4%' 급증세..20대 여성 '가장 취약', 뉴데일리경제, 2020. 6. 19.

- 박지욱, 손씻기, 뒤늦게 인정받다, 청년의사, 2013. 9. 23.

- 박지욱, 수혈의 역사(I), 메디포뉴스, 2016. 12. 15.

- 박지욱, 수혈의 역사(II), 메디포뉴스, 2017. 6. 12.

- 이동훈, 실패한 연구가 낳은 엄청난 결과, 사이언스타임즈, 2020. 8. 5.

- 이보배, 중국서 '흑사병' 걸린 다람쥐 발견…연말까지 4급 경보, 한국경제신문, 2021. 4. 27.

- 이성규, 헬리코박터균을 직접 들이마신 의사, 사이언스타임즈, 2019. 12. 26.

- 이현우, [火요일에 읽는 전쟁사] 일본 해상자위대는 왜 금요일마다 카레를 먹을까?, 아시아경제, 2019. 12. 11.

- 이현우, [화요일에 읽는 전쟁사] '히로뽕', 원래 야간행군 때 먹던 각성제?, 아시아경제, 2019. 8. 13.

- 정병선, [러시아] "인질 구출 때 쓴 가스는 펜타닐", 조선일보, 2002. 10. 31.

- 정승원, "고용량 마약성 진통제로 환자 뇌손상…4억 배상하라", 청년의사,

2015. 2. 5.

- 정은혜, ‘IS 전투마약’ 1조원어치 적발…"며칠 못 자도 무적이 된 느낌", 중앙일보, 2020. 7. 2.

- 정재훈, 타이레놀서방정 퇴출의 진실, 약업신문, 2018. 3. 28.

- 채인택, 레이건·클린턴도 배신…쿠르드족, 美에 100년간 8번 당했다, 중앙일보, 2019. 10. 13.

- 최성우, 생물은 저절로 생겨날까?, 사이언스타임즈, 2017. 9. 1.

- 토크멘터리 전쟁사, 143부 제2차 세계대전의 비밀 병기 유보트, 국방티비, 2019. 3. 21.

- 토크멘터리 전쟁사, 200부 프랑스vs영국 트라팔가르 해전, 국방티비, 2020. 4. 24.

- 토크멘터리 전쟁사, 4부 걸프전쟁, 국방티비, 2016. 7. 11.

- http://antidrug.drugfree.or.kr/page/drugDB.php?pIdx=A11&mIdx=177&idx=1253

- https://peoplepill.com/people/frederick-griffith

- https://www.acs.org/content/acs/en/education/whatischemistry/landmarks/flemingpenicillin.html

- https://www.cdc.gov/mmwr/preview/mmwrhtml/figures/m829a1f1.gif

- https://www.fda.gov/drugs/development-approval-process-drugs.

- https://www.fda.gov/drugs/drug-safety-and-availability/fda-approves-drug-treat-smallpox

- https://www.fda.gov/news-events/press-announcements/fda-approves-first-drug-indication-treatment-smallpox

- https://www.gatesnotes.com/Health/Most-Lethal-Animal-Mosquito-week?WT.mc_id=00_00_00_share_em

- http://www.mentalhealth.go.kr/portal/disease/diseaseDetail.do?dissId=28

- https://www.nobelprize.org/prizes/chemistry/1993/summary/

- https://www.nobelprize.org/prizes/medicine/1945/summary/

- https://www.psychiatry.org/psychiatrists/practice/dsm/history-of-the-dsm

- https://www.who.int/health-topics/poliomyelitis#tab=tab_1

그림 출처

〈생물학무기: 페스트와 천연두〉

- https://history.rcplondon.ac.uk/blog/touching-kings-evil-short-history

- Marc Simond et al. Paul-Louis Simond and his discovery of plague transmission by rat fleas: a centenary. J. R. Soc. Med. 1998, 91, 101-104. (doi. org/10.1177/014107689809100219)

- https://mk0mexiconewsdam2uje.kinstacdn.com/wp-content/uploads/2020/04/2-b-Smallpox-in-Mexico.jpg

〈마약, 전쟁을 지배하다〉

- https://hannemanarchive.com/2014/12/12/history-of-pharmacy/image-28/

- http://civilwarrx.blogspot.com/2016/06/soldiers-disease.html

〈화학무기와 해독제〉

- https://en.wikipedia.org/wiki/Highway_of_Death

- https://news.un.org/en/story/2017/11/636182-afghanistan-opium-production-jumps-87-cent-record-level-un-survey

〈비타민 전쟁〉

- https://www.sisajournal.com/news/articleView.html?idxno=187675

- https://www.jpo.go.jp/e/introduction/rekishi/10hatsumeika/umetaro_suzuki.html

- Alan Hawk, The great disease enemy, Kal'ke(Beriberi) and the imperial Japanese army. Military Medicine 2006, 171(4), 333-339.

〈전쟁의 골칫거리, 말라리아〉

- https://flashbak.com/fighting-malaria-in-world-war-two-a-photo-story-4591/

- https://external-preview.redd.it/EveZAQKs9hByH7X5QW-CZzgra3_C6jT3EY3BMXPAYOY.jpg?auto=webp&s=520eca3cafbaa6eff4459cf06ed31d2f4638c146

〈스페인 독감, 그 시작과 끝〉

- https://en.wikipedia.org/wiki/Spanish_flu

- https://ko.wikipedia.org/wiki/%ED%8C%8C%EC%9D%BC:Spanish_flu_death_chart.png

- https://smartcdn.gprod.postmedia.digital/thestarphoenix/wp-content/uploads/2018/12/img_0296.jpg

- https://www.cdc.gov/flu/images/pandemic-resources/1951-virus-dig.jpg

- https://www.cdc.gov/flu/pandemic-resources/reconstruction-1918-virus.html

〈대륙봉쇄령과 아스피린 그리고 타이레놀〉

- https://www.bayer.com/sites/default/files/inline-images/aspirin_im_weltraum_info_01.jpg

〈마법의 탄환〉

- https://www.nationalww2museum.org/sites/default/files/2017-07/thanks-to-penicillin-lesson.pdf

- https://snappygoat.com/free-public-domain-images-nightingale_mortality

- https://www.flickr.com/photos/charmainezoe/5332426927

- https://www.nobelprize.org/uploads/2018/06/fleming-lecture.pdf

- The Alexander Fleming Laboratory Museum, London, UK. The discovery and development of penicillin 1928-1945. American Chemical Society and Royal Society of Chemistry. 1999.

- http://www.bbvaopenmind.com/wp-content/uploads/2019/05/2-Dorothy-Hodgkin-1.jpg

〈공포의 전쟁, 전쟁의 공포〉

- Elspeth Cameron Ritchie. Psychiatry in the Korean war: Perils, PIES, and prisoners of war. Mil. Med. 2002, 167(11), 898-903.

- https://www.sciencehistory.org/distillations/a-study-in-scarlet

- http://content.time.com/time/covers/0,16641,20080616,00.html

아내 최수현 씨와 아들 백건우 군에게 감사드립니다.